U0126770

郭店儒簡〈性自命出〉與
儒學禮樂思想的哲學研究

謝君直　著

臺灣學生書局印行

自　序

筆者對於儒學的深入研究固由於 1995 年郭店楚墓竹簡的公布，然而郭店儒簡文獻內容之蘊藏思想意義，纔是吸引學者一探古典儒學之根本因由。面對出土文獻，尤其材料涉及古代思想與文史記錄這方面，學界所採取的態度不外乎接受、排斥、存疑、觀望和存而不論。觀望和存而不論者多因學者自身對傳統國學與義理研究課題之設定的緣故，學術界研究議題多如恆河沙數，是否涉獵乃至知曉或不知當代出土文獻的現況，本不在研究必要性之要求中。排斥出土文獻或表示懷疑者則多由於文獻材料有考古爭議，筆者認為這部分問題可交由現代科學考古與專業考證來解決，只要考古證據充足且判斷方法的形式非常明確，此中知識的真假性立判，故文史哲研究的問題性自不在這方面立論與探討。最值得審慎看待的是參與出土文獻思想研究者，然而筆者並不如有些學者採極高度的研究姿態來看待出土文獻的研究活動，乃至樂觀地展望所謂簡帛學的未來。基於哲學研究者的身份，筆者參與出土文獻的研究工作，除了先行確認材料的客觀性外，嚴肅地重視簡帛文獻所蘊含的古代哲學，纔是身為學者應有的意識，此亦筆者接觸長沙馬王堆漢墓帛書乃至郭店楚墓竹簡的根本研究觀念。因此，當我們能夠確保研究觀念的正確性與問題意識的相應性，則郭店楚簡的哲學研究即有學術重要性可論述。

郭店楚簡研究的資料數量中，〈性自命出〉僅次於竹簡《老子》，此由於〈性自命出〉文獻內容包含了哲學史上孔子之後的各種儒學觀念發展，故引起學界諸多研討。筆者認為簡文可統整為以「人道」為名，而內涵人文、人義、人情、人性等之哲學問題，本書所附參考書目於〈性自命出〉項目，即顯示簡文出版二十多年來學界在思想研究方面，不僅涉及文獻所述「心」、「性」、「情」三者的理論關係，並且也涉及各種從古自今傳統道德哲學與儒家倫理學的多面向問題的探討。而研究者主要與孟荀思想比較即是反應簡文在儒學傳統思想的特色，此中又以〈性自命出〉所述性善不善的人性論問題為研究者關注所在，如簡文在強調「情生於性」下，又表示「好惡，性也。所好所惡，物也。善不善，性也，所善所不善，勢也。凡性為主，物取之也」（簡 4-5），以及「人之雖有性，心弗取不出」（簡 6），顯見《孟子・告子上》載公都子指出當時存在著三種性與善概念的組合狀況，實是孔子之後的先秦儒者的思辨主體，此所以簡文首應視為古代儒學人性論的流傳文獻。再者〈性自命出〉簡 35 與簡 67 末皆有分篇符號，顯示簡文具備論理上的劃分，其中文獻後半部多涉及禮樂政教問題，蘊含〈性自命出〉對於道德實踐以及成德工夫的考量，此即引生筆者繼續就儒學的實踐理論有所探討。且依學者們以文獻學方法所做研究而言，郭店儒簡亦多與《禮記》相互討論，故在思想上必朝向「禮」的問題意識，此遂構成筆者另一面向的連續性研究。

本書亦是筆者近年來申請科技部（原國科會）計畫，並以儒學文獻與禮思想為課題所作之哲學研究的呈現。依研究過程，文本資料涉及郭店楚墓儒家簡之〈性自命出〉、《孟子》、《荀子》與《禮記》中的〈樂記〉〈學記〉，以及附錄的《左傳》。

自以《郭店楚簡儒家哲學研究》為研究歷程之階段性任務以來，筆者除了持續探究儒學的重要義理外，於思辨過程中，乃意識到古典儒學的發展存在著禮思想的線索，唯此禮思想非從傳統經學禮學出發，而是自有孔子創建儒家哲學以來之禮觀念的學問，倘若就其所蘊含人之意義在禮樂文化的創造來立論，本書正文首以〈性自命出〉之「人道」觀念作論述，即是意在先行鋪陳禮觀念之理論性與實踐性的研究探討的預設。而且，儒學禮思想的研究方向固非筆者苦心孤詣，在古代學者與當代前輩先生亦多有指明，然身為學者之所以有此意識，則是得力於研究郭店楚簡過程中對傳統學術的涉入，瞭解到文獻流傳的思想脈絡對經典理解與詮釋的重要性，發覺到禮觀念對儒學思想發展的重要性，是以能引領筆者朝儒學禮思想的研究方向前進。

再就儒學所展現之實踐觀念的特性而言，郭店儒簡的人道思想所可據以研究的畛域，實際還有〈緇衣〉、〈窮達以時〉、〈五行〉、〈忠信之道〉、〈成之聞之〉、〈尊德義〉、〈六德〉等文獻。〈緇衣〉從多面向敘述為政以德，〈窮達以時〉涉及天命與人義的問題，〈五行〉以仁、義、禮、智、聖等德之行論天人之間的道德關係，〈忠信之道〉論至忠與至信的倫理觀念，〈成之聞之〉論君子教化民眾之務本與德行，並敘述人倫的天道觀，〈尊德義〉從多角度論治民之道務在明人倫及治民的實踐方法，〈六德〉內容則是服喪原則所涉之仁內義外的思想，凡此，皆可視為古典儒學人文精神的多元發展面貌，並可就思想意義來探討其中所蘊含之人的存在性與價值的理論，亦即這些文獻皆可從論述人之所以為人之哲學視域來考察。而這方面的研究，〈忠信之道〉、〈成之聞之〉、〈尊德義〉三篇已為眾多學者論述，其成果已有一定的學術價值，至於〈緇衣〉、〈窮達以時〉、〈五行〉、〈六德〉等四篇文獻，拙著《郭店楚簡儒家哲學研究》已有定論，唯因〈性自命出〉是郭店儒簡篇幅最長者，故置於後續研究工作。

另外，在上述研究期間，因與國立高雄師範大學經學研究所接觸，而有相當學術活動的參與，並與師友談及整合型研究計畫。當時基於王先謙《荀子集解・考證下》所錄汪中〈荀卿子通論〉述及荀子傳《春秋左氏傳》，筆者因而選擇《左傳》研究。跨校研究計畫雖未成行，然順此機緣，得以再次深入傳統經學文獻，重新認識《左傳》，研究史文禮觀念所涵儒學思想的意義，以為擴展儒學禮思想的探索範疇。且因《左傳》亦為史書的性質，尤其啟發筆者在本書研究方法之歷史意識的提出。值此研究著作付梓之際，筆者統整《左傳》禮觀念的儒學思想的研究成果為本書附錄，以饗讀者。

西學東漸，當代的儒學研究呈現爭奇鬥豔的景象。儒學研究的多元現象固令人驚喜，然若無重新審視傳統儒學的脈絡歷程，則吾人對儒學的研究是否落入比較哲學後的涇渭分明或相對主義，不無疑問。是以本書經出土文獻而作傳統儒學議題的研究，亦意在釐清理論，希冀為當代儒學貢獻研究意義。

學海浩渺，學術天地無垠。如同筆者上一本專書序言的結語，學問之道一路走來，有太多的人事物玉成今日小小的收穫，倘若只在一篇簡短的序言後略述幾句，實難以表達筆者對他們的感激之情，故僅以謝謝上蒼象徵無盡的致意。

2019 年 1 月

凡　例

1. 本著作所引「郭店楚墓竹簡」〈性自命出〉文獻本自荊門市博物館編《郭店楚墓竹簡》（北京：文物出版社，1998 年）及涂宗流、劉祖信（原楚簡整理及釋讀小組成員）《郭店楚簡先秦儒家佚書校釋》（臺北：萬卷樓圖書公司，2001 年）[1]，釋文並參考李零《郭店楚簡校讀記（增訂本）》（北京：北京大學出版社，2002 年）的考證。校釋與補字逕自引用，須特別說明者則在行文或註釋中表示。

   行文引述〈性自命出〉或它篇簡文，亦寫明簡序，以相應出土文獻的考古形制特性。
2. 荀子文獻本自王先謙《荀子集解》（臺北：華正書局，1988 年），並參考王氏校釋，逕自引用，須特別說明者則在行文或註釋中表示。
3. 本書所引傳統經典文獻，包括：

   孔安國傳，孔穎達正義《尚書正義》，

   毛公傳、鄭玄箋，孔穎達正義《毛詩正義》，

   鄭玄注，賈公彥疏《周禮注疏》，

   鄭玄注，賈公彥疏《儀禮注疏》，

   鄭玄注，孔穎達正義《禮記正義》，

---

[1] 此書可視為《郭店楚墓竹簡》的修訂版。

杜預注，孔穎達正義《春秋左傳正義》，
何休解詁、徐彥疏《春秋公羊傳注疏》，
范寧集解、楊士勛疏《春秋穀梁傳注疏》，
何晏注，邢昺疏《論語注疏》，
趙岐注，孫奭疏《孟子注疏》，
以上皆本自阮元重刻《十三經注疏》（臺北：藝文印書館發行，1989 年），並參考阮氏校勘記，逕自引用，須特別說明者則在行文或註釋中表示。

4. 本書析論亦多引述朱熹《四書章句集註》的解釋，其本自朱傑人、嚴佐之、劉永翔主編《朱子全書（第陸冊）》（上海：上海古籍出版社、合肥：安徽教育出版社，2002 年）。
5. 以上典籍文獻於本書行文不再註明上述相關原文出處的現代出版項目格式，僅註出處頁碼。至於其它引述書籍與期刊論文，皆於每一章第一次出現時註明現代出版項目，之後引用亦僅註出處頁碼。
6. 因簡帛研究在中國大陸近二十年來國學或古典學中已有顯學的趨勢，致使論文發表出現一稿多投或重複出版的現象，故筆者引用期刊或專書論文出處以手邊所蒐羅到為主。

郭店儒簡〈性自命出〉與儒學禮樂思想的哲學研究

目　次

自　序 ………………………………………… I

凡　例 ………………………………………… V

第壹章　緒　論 ………………………………… 1

　第一節　研究背景與問題意識 ……………… 1
　第二節　研究方法 …………………………… 13
　第三節　論證結構 …………………………… 19

第貳章　〈性自命出〉的人道思想 …………… 25

　第一節　前　言 ……………………………… 25
　第二節　自天至命的意義 …………………… 27
　第三節　性的價值涵義 ……………………… 35
　第四節　心術與性情的關係 ………………… 42
　第五節　結　語 ……………………………… 51

第參章 〈性自命出〉的心性論與當代孟學詮釋之對比…… 53

第一節 前 言…… 53
第二節 心性論的詮釋架構…… 63
第三節 天的形而上義涵與命的存在意義…… 77
第四節 結 語…… 86

第肆章 〈性自命出〉與荀子心術觀之對比…… 89

第一節 前 言…… 89
第二節 〈性自命出〉的心術觀…… 90
第三節 荀子思想的心術觀…… 102
第四節 〈性自命出〉與荀子心術觀之異同…… 115
第五節 結 語…… 127

第伍章 《荀子・禮論》與禮義之道的義涵…… 129

第一節 前 言…… 129
第二節 〈禮論〉的理論結構與義涵…… 132
第三節 禮義之三面向：分、道、統…… 151
第四節 荀學的禮思想…… 161
第五節 結 語…… 169

第陸章 〈學記〉的成德之教與其禮思想義涵…… 171

第一節 前 言…… 171
第二節 〈學記〉的成德之教…… 173

第三節　成德之教的禮思想義涵 …………………………… 192
第四節　結　語 ……………………………………………… 199

第柒章　〈樂記〉樂教思想的再析論
——以心與心術爲探討脈絡 ……………… 203

第一節　前　言 ……………………………………………… 203
第二節　〈樂記〉論「心」 ………………………………… 205
第三節　〈樂記〉的心術觀 ………………………………… 215
第四節　心術觀與樂教 ……………………………………… 221
第五節　結　語 ……………………………………………… 231

第捌章　〈樂記〉的天道思想與王船山的詮釋 ……… 235

第一節　前　言 ……………………………………………… 235
第二節　樂理的天道義涵 …………………………………… 238
第三節　天道的和諧性與樂理的內涵 ……………………… 245
第四節　和樂的體用 ………………………………………… 256
第五節　結　語 ……………………………………………… 264

第玖章　結　論 ……………………………………………… 269

附錄　《左傳》禮觀念的儒學省察
——以隱公至閔公爲範疇 …………………… 289

參考書目 ……………………………………………………… 339

第壹章　緒　論

第一節　研究背景與問題意識

自孔子創建儒家哲學思想而進入歷史發展以來，儒學觀念的理解與詮釋已成為哲學傳統，並為學者永恆的終極關懷。然觀察《荀子・儒效》與《禮記・儒行》的論述，儒者的活動及其所代表的思想意義，在當代並未如吾人所熟悉之《孟子》《荀子》乃至《中庸》《易傳》所呈現之義理，給予時人發聾振聵的感受。如〈儒行〉伊始即指出當時人或以為儒者特立獨行，故作者乃藉孔子口胳細數十七種儒者修身與處世的德行[1]。再如〈儒效〉提到戰國王者以功利主義問儒者是否有益於國家，荀子即以「儒者法先王，隆禮義」，「儒者在本朝則美政，在下位則美俗」[2]，論述儒者無論得勢位與否，皆能維繫政治與倫理，而應當為君民

1　孫希旦引呂大臨曰：「儒者之行，一出於義理，皆吾性分所當為，非以是自多而求勝於天下也……竊意末世儒者將以自尊其教……考其言，不合於義理者殊寡，學者果踐其言，亦不愧於為儒矣」。孫氏於篇文末按語亦自謂：「蓋戰國時儒者見輕於世，故為孔子之學者託為此言，以重其道……其正大剛毅之意，恐亦非荀卿以下之所能及也」。《禮記集解》（臺北：文史哲出版社，1990 年），頁 1398, 1410。

2　《荀子集解》，頁 75, 76。

所尊貴。〈儒效〉與〈儒行〉所論固是以實踐觀念回應實效性的問題，然面對價值實證的問題[3]，亦即對儒學實踐性觀念的疑問，至漢初學術界仍然存在。司馬談〈論六家要旨〉一方面申論儒家「序君臣父子之禮，列夫婦長幼之別，不可易也」，另一方面卻指出儒者「勞而少功」[4]，功效不高。此固然是司馬談黃老道家的學術態度所造成[5]，然而其中所蘊含的實務要求，仍反映在西漢中期的《鹽鐵論・論儒》[6]。此文中，辯論反方質疑儒者觀念於政治能否有效、是否有能言不能行的問題，再再顯示儒者、儒學與儒家在實踐性思想的建立上面對嚴峻的挑戰。價值證成本是儒學做為實踐智慧所應該正視。面對世道不彰，以孔子學說為代表的儒家思想，其所提出的理論如非曲高和寡，或至迂闊玄遠，則儒學所提供的思考方向與解決之道，其意旨是如何切合於真實生命而能使吾人挺立於生活世界，實乃值得深論。易言之，〈儒效〉〈儒行〉〈論六家要旨〉〈論儒〉等固皆後設地評論儒學觀念的理論意義，唯從古代學者皆有見於德行價值義而保

[3] 此價值實證非是經驗主義式底實用主義的倫理學，而是指生命智慧之理論與實踐結合的思辨思考與體證。

[4] 文獻本自瀧川龜太郎《史記會注考證》（臺北：漢京文化公司，1983年），頁1367。

[5] 〈論六家要旨〉於道家（道德家）無一非議，多作贊詞。然彼非認同老莊道家觀念，而是黃老道家思想的立場。司馬談的黃老思想傾向請參見吳光《黃老之學通論・第六章・第一節 漢初黃老學的興盛》（杭州：浙江人民出版社，1985年），頁194。丁原明《黃老學論綱・第一章・二、黃老學的特徵內涵》（濟南：山東大學出版社，1997年），頁26-28。

[6] 王利器《鹽鐵論校注》（北京：中華書局，2015年），頁149-151。

留住「儒」的觀念，乃指引吾人切實思考儒學在哲學史中的面貌。

藉由出土文獻的契機，現代學者重新反省上述儒學思想歷史發展的問題。如龐樸先生即據郭店楚墓儒家簡文來探討孔子有關「仁」的學說的發展，並將孔子之後的思想路線分為二條，一為向內求索，另一則為向外探尋，而通過對郭店儒簡心性說部分的探究，可進一步斷定這些古代資料屬於向內求索的路線，從而在思想史上將郭店儒簡有關心性說的部分歸屬為上承孔子而下啟孟子，〈性自命出〉即是這方面的代表。[7]然而，值得反省的是，孔子歿後對「仁」觀念的探求如果僅歸納為二條思索路徑，則《韓非子・顯學》概括孔子之後儒者一分為八，與《史記・儒林列傳》云孔子之後的七十二子是「散游諸侯，大者為師傅卿相，小者友教士大夫，或隱而不見」[8]，如此多向的孔門及其後學的學術發展，「向內」與「向外」的二元思想路線，是否窄化了思想自身的發展，亦即在孔孟之間的細部發展上是否都能統攝在明心見性與本體天人，或社會倫理功用的思維中呢？是否孔子之後

7　龐樸先生說：「孔子以後，弟子中致力於夫子之業而潤色之者，在解釋為什麼人的性情會是仁的這樣一個根本性問題上，大體上分為向內求索與向外探尋兩種致思的路數。向內求索的，抓住『人之所以異於禽獸者幾希』處，明心見性；向外探尋的，則從宇宙本體到社會功利，推天及人。向內求索的，由子思而孟子而《中庸》；向外探尋的，由《易傳》而《大學》而荀子出發；後來則兼容並包於《禮記》」。〈孔孟之間——郭店楚簡中的儒家心性說〉，收入姜廣輝主編《郭店楚簡研究（《中國哲學》第二十輯）》（瀋陽：遼寧教育出版社，2000 年），頁 23。

8　《史記會注考證》，頁 1285。

的儒家學說其實還有其它可能發展呢？筆者認為，所謂孔門及其後學乃意味著孔子的學說在歷史中成為脈絡而為繼志者不斷闡釋，意即孔子哲學的理解必須在學者的詮釋中顯現儒學的思想意義。孔學無疑是孔門及其後學之「前理解的視域（horizon）」，而前理解的視域乃是以歷史（哲學傳統）做為詮釋者與哲學闡釋（發展）的先行結構，以此形成觀看（解釋）的角度，從而反映出理解的歷史性，而有過去與現在乃至未來的結合[9]。因此，既然孔子的學說在歷史中流傳著，那麼理解孔子的學說與發展孔學所遺留下來的思想就不會只有二條路線，而是會隨著當代學者的視域而有多元發展的可能。進而言之，以郭店楚簡文獻對孔子及其後學知悉的程度來看[10]，處在孔孟之間的郭店儒簡的作者，應是在孔子思想的背景下來開展與轉化，亦即孔門後學是接續孔子的問題意識與學說來繼續闡釋相關思想。職是，在孔學的背景下來思考，立於性善來思考是應有的哲學精神，從天道與性命的關係來回應亦是應有的思想面向，省察禮的存在意義更是學思之當然。戰國學者們或許試圖解決孔子所面對的問題，或許另作發揮，乃至於在各自的學術背景中有不同的提問方式與解答。孔學的繼承者也許無法密合於前人的思路，或者啟迪了當時後學者的思維，但古代學者的學術活動的紀錄，對後世閱讀到這些文獻的人而言，實即進入到其所開顯之意義世界。且倘若將此詮釋歷程

9　參考加達默爾（Gadamer）著，洪漢鼎翻譯《真理與方法・第二部・第二章・第一節　理解的歷史性上升為詮釋學原則》，臺北：時報文化出版公司，1993年。

10　如郭店楚簡〈六德〉篇中已有六經的各部書名，〈語叢〉也有《論語》語句的札記。

置於戰國歷史的理解與脈絡觀之，亦能就孔子儒學的發揚者——孟子與荀子——來對比研究。

本書對古典儒學的研究即是從「郭店楚墓竹簡」儒家類〈性自命出〉[11]出發。依〈性自命出〉「道者，羣物之道。凡道，心術為主。道四術，唯人道為可道也。其三術者，道之而已」（簡14-15）[12]，簡文的哲學問題可以「人道」的探索來概括。林素英先生即據前引簡文所引發對「道」、「人道」、「心術」等之解讀與詮釋的歧異為問題意識，從「禮」「樂」分合的理論關係

---

11 當代出土文獻，另有「上海博物館藏戰國楚竹書」之〈性情論〉可與〈性自命出〉作文本對比。從文獻學的角度，學者們亦指出〈性自命出〉與〈性情論〉可能是不同版本的流傳，請參閱馬承源主編《上海博物館藏戰國楚竹書（一）》之註釋者的說明，上海：上海古籍出版社，2001 年。另可參考丁原植《楚簡儒家性情說研究》（臺北：萬卷樓圖書公司，2002 年），以及竹田健二著、盧彥男譯〈郭店楚簡《性自命出》與上海博物館藏《性情論》之間的關係〉，收入竹田健二等《戰国楚系文字資料の研究》（東京：島根大学教育学部，2004 年），原文〈郭店楚簡『性自命出』と上海博物館藏『性情論』との關係〉刊載《日本中国学会報》第 55 集，2003 年。
唯筆者基於三點考量，將本書的哲學研究文本專注在郭店本〈性自命出〉。一是筆者先前的研究皆以郭店楚墓竹簡為主，故連續性的研究著作亦維持該出土文獻的本文為探討對象；二是從考古角度觀之，郭店楚墓竹簡乃是搶救性發掘，與上博簡從古董市場蒐購而得相比較，前者的墓葬背景較為明確，能夠提供較多有關竹簡文獻的基本科學資料，因而哲學研究以穩定性的文獻為主。三是從竹簡整理狀況而言，上博簡〈性情論〉的殘損較多，部分編排也不同於郭店簡本，雖然可以經由與〈性自命出〉校對而有所補釋，但畢竟上博本與郭店本二者是相互出入的版本，所以在避免歧出的情況下，乃單一地選擇郭店簡本為研究材料。

12 《郭店楚墓竹簡》，頁 179。

來釐清簡文「心術」及「人道」觀念與道四術的內容[13]。林先生的研究指出，〈性自命出〉文獻本身並未能給出內證，因而解答線索即須從其它文獻尋找，尤以提供思想方面的可能性為要。誠然，唯筆者認為回到簡文其實還有探討空間，即若從〈性自命出〉所述天、命、性、情、人道及心術觀念的思想脈絡來探討，則簡文思想所蘊含之「禮樂」意義當能豁顯。因此，本書於〈性自命出〉的探討乃對前述相關哲學問題有所推斷，尤其著力在「心」、「性」、「情」三者所組成的心術理論，此所涉討論要點有二。首先，從《孟子·告子》中公都子的說法，可知當時對「性」的含意存在著數種思辨，而〈性自命出〉的文獻即提供了當時代的資料，尤其在先秦人性論的論述中，除了一般所熟悉的《孟子·告子、盡心》與《荀子·解蔽、正名、性惡》等篇章之外，簡文提供其它可供對比的資料，故本書即將析論方向設定於「心」、「性」、「情」及其相關觀念為主要探討課題，並且澄清研究者對〈性自命出〉思想所涉理解與詮釋問題。如有研究指出，簡文的議題涉及自然人性論與道德人性論的爭議，也涉及自然情感與道德情感的問題[14]；或有論者分析性情關係中「情」的意涵可以有何類型的解讀[15]。再者，由於簡文述及「喜怒哀悲之

---

13 〈從「禮樂」的分合與特性論〈性自命出〉「道」四術或三術的迷思——兼論相關學者的研究方法〉，《文與哲》第 25 期，2014 年 12 月。

14 梁濤〈《性自命出》與早期儒家心性論〉，收入龐樸等著《古墓新知》（臺北：臺灣古籍出版社，2002 年）。

15 東方朔〈《性自命出》篇的心性觀念初探〉，收入武漢大學中國文化學院編《郭店楚簡國際學術研討會論文集》（武漢：湖北人民出版社，2000 年）。

氣，性也」（簡 2）[16]和「凡道，心術為主」的觀點，亦引發研究者認為簡文是在自然情感下的「以氣說性」（自然之性）[17]，或是可以討論儒家身心觀與儒學所謂「心」觀念是否有各種型態[18]。筆者觀察前述問題的討論內容，他們的詮釋理路乃預設了「性」在道德價值分判上是先驗的善，還是後天所型塑出來的，意即從當代儒學詮釋或研究者所使用的哲學術語，這些觀點其實涉及倫理學主體與道德形上學的思維，顯示出研究者們探討〈性自命出〉所運用的詮釋架構與進路，是否融貫於文本與哲學觀念，因而理論上有必要釐析與澄清。猶有進者，據〈性自命出〉抄錄的編排，其內容可分為二部分來解讀[19]，即前半部主要論述天、命、性、心、情、道之間的關係與作用，後半部是闡明心、情對外在世界的反應，以及陳述禮、樂、詩、書（主要是前二者）等所涉成德之教的重要性，則理解簡文天、命、性、心、情、道以至人道等觀念與道德實踐活動之間的關係，實是〈性自

---

16 《郭店楚墓竹簡》，頁 179。

17 陳來〈郭店楚簡《性自命出》與儒學人性論〉，原發表在《儒林》第 1 輯（濟南：山東大學出版社，2005 年），後收入《竹帛《五行》與簡帛研究》（北京：三聯書店，2009 年）。

18 郭齊勇〈郭店楚簡身心觀發微〉，出處同上註。值得一提的是，簡本〈緇衣〉主張「民以君為心，君以民為體。心好則體安之，君好則民欲之。故心以體廢，君以民亡」（傳本〈緇衣〉亦有類似文句），也被郭先生認為是在治術中隱含身心觀。關乎此，筆者曾探討，請參見〈郭店楚簡〈緇衣〉異文詮釋及其儒學意涵〉，《東吳哲學學報》第 17 期，2008 年 2 月。

19 簡 35 與簡 67 末皆有作鉤形的分篇符號，顯示簡文具備論理上的劃分。此符號於荊門市博物館編《郭店楚墓竹簡》所作〈性自命出〉釋文部分未見摹寫，然於圖版可一目瞭然。

命出〉所蘊含之儒學思想的重要脈絡，而且也引發研究者思考簡文是否傾向孟子學說，抑或接近荀子理論[20]。實則，其中問題探討的著力點在於，〈性自命出〉與孟子，乃至與荀子思想的理論關係，是否能從年代與文本的思想性質而依思想發展的脈絡與詮釋來進行古典文獻之間的比較研究。此在理論程序而言，乃是保守論證效力，避免主張郭店儒簡文獻對其後所出現的儒學發展造成影響力[21]，而來客觀地展示〈性自命出〉在古代儒學思想史中的意義。換言之，在確認郭店儒簡以孔子學說為前理解下，與其推測孟子的思想以〈性自命出〉為主要線索，實則應該轉向思考簡文的出現所對映出孔子之後的學說發展，存在著何種思想面貌，而能使得研究者可以有清晰的思路輪廓來掌握儒學思想。凡

---

20 張茂澤〈〈性自命出〉篇心性論大不同於〈中庸〉說〉，《人文雜誌》，2000 年第 3 期。馬育良〈先秦儒家對於「情」的理論探索〉，《安徽大學學報（哲學社會科學版）》第 25 卷第 1 期，2001 年 1 月。

21 由於郭店楚墓的時代與孟子晚年重疊，基於著作成書必早於墓葬的說法，即可推算郭店楚簡在時間上與《孟子》成書同期，甚至更早。此遂造成研究者可以從〈性自命出〉明顯表述人性論，而來主張〈性自命出〉一定影響到孟子。詳見李天虹《郭店竹簡《性自命出》研究》（武漢：湖北教育出版社，2003 年），頁 79。然而，判斷郭店儒簡與《孟子》二文本的關係僅能根據文獻事實。首先，郭店簡〈尊德義〉所述「德之流，速乎置郵而傳命」的文句雖相合於《孟子．公孫丑上》「德之流行，速於置郵而傳命」，但此在《孟子》文脈中是孔子的話，故僅能指出郭店儒簡是對孔子學說較為熟悉的。再者，竹簡〈五行〉中「金聲而玉振之」的文字雖相同於《孟子》書中的記述，但彼此語意、語脈完全不一樣，則遑論《孟子》對〈性自命出〉的繼承與發展，詳細論證請參見拙著《郭店楚簡的天道思想．第四章 竹簡〈五行〉的天道思想》，中國文化大學哲學系博士論文，2004 年。

此，基於對儒學的探索與哲學觀念的思辨，本研究著作乃對〈性自命出〉所關涉之「心」、「性」、「情」等概念為脈絡線索，並試圖比較簡文與孟子、荀子思想之間的儒學觀念。

再者，〈性自命出〉與荀子哲學思想的對比亦顯出荀學在戰國儒學後期發展的思想意義。此由於簡文中因表述心、性、情等概念而提出的「心術」觀念，除了用來傳達簡文的「人道」義涵外，其另一意義乃是為具體闡釋實踐禮樂的工夫所在。而從古典儒學文獻的思想體系觀之，荀子哲學為建立「化性起偽」與「禮義之道」的客觀實踐而論述的心術思想，即是對比〈性自命出〉的心術觀極為有研究意義的參照點，並可為理解〈性自命出〉之人道與心術的理論關係提供相應的說明，尤其是禮樂實踐之作為成德之教方面。即以「心術」觀念中「情」的關鍵思考而言，李美燕先生曾以《荀子・樂論》與《禮記・樂記》為主要文獻，以「情」為脈絡來與〈性自命出〉文獻比較，並藉此討論先秦儒家樂教思想。在與郭店儒簡〈性自命出〉文獻比較方面，該文指出「心」受外物感動而有「情」可以接受音樂教化，是簡文與〈樂記〉〈樂論〉的共識。然而同中有異則是，〈性自命出〉並未表述樂教以移風易俗的目的，而此在〈樂記〉與〈樂論〉則是重點[22]。李美燕先生另外提出，荀子並未正視以樂教化導人之情而成就道德生命之體現的人性論依據為何的問題，亦即何以樂教能夠成就道德教化的作用與意義？李先生還問道，〈樂論〉的「情」說表示樂教可以感動人的善心，這是否意味著與生俱來之善心的

22 〈《荀子・樂論》與《禮記・樂記》中「情」說之辨析——兼與郭店竹簡《性自命出》樂論之「情」說作比較〉，《諸子學刊》，2009年第1期。

說法。筆者認為前述問題，除了從〈性惡〉回顧荀子的人性論外，道德教化之所以成立另可從荀子的心知理論來獲得解答，而此在本書的研究中，乃從〈性自命出〉與荀子「心術」思想作比較，以為說明儒學在成德之教的重要思想。

禮樂做為生命實踐的成德工夫，荀學禮義之道的思想乃儒學論證價值實踐之所以可能的標誌性理論。此由於禮樂生活對儒者而言本非返古或恢復周文之儀式行為，而是表現禮樂所蘊含的人文精神，彰顯人之所以為人的意義。且倘如以孔子為學者的典範，其生命歷程之「十有五而志於學」（〈為政〉）[23]的方向，且以「不學禮無以立」（〈季氏〉）[24]為立志之具體目的，則儒學不啻成德之學；亦即「學」做為實踐性觀念，非是制式教育體制的建構或客觀知識的賦予，而是完成學習者的生命價值意義。是以學之成德之在荀子禮義之道下，乃「始乎誦經，終乎讀禮」（〈勸學〉）[25]，學習的意義非停留在廣博地涉獵文本，而是以學習規範為終極關懷，此乃「禮者，法之大分，類之綱紀……學至乎禮而止矣」（〈勸學〉）[26]，禮義之道即在「學」的工夫中落實，並與「禮」的觀念形成理論關係。禮做為規範的意義在荀子人性論中固具外在性，然而強調學與禮的外在聯繫，仍須面對人之所以能夠學禮，亦必有實踐的內在依據以為使「『學』禮」之事得以成立。而問題之解答一方面在〈解蔽〉所述「心」與「知」的理論，本書於荀子心術觀有所討論，另一方面，除了荀

23 《論語注疏》，頁16。

24 《論語注疏》，頁150。

25 《荀子集解》，頁7。

26 《荀子集解》，頁7。

學體系中之〈勸學〉思想外，《禮記・學記》亦即值得作相關探討。此由於該文獻做為《禮記》的內容，除了顯示「學」本身與禮觀念的關連外，〈學記〉文中所論學的定義、學的對象、學的方法、學者的主觀面、學習成效成果等，乃至教育者的職分與教學主體的內在性問題，皆是儒學實踐之以成德之學為核心的思想回應，此即〈學記〉做為論述實踐禮（義）的相關文獻，且益可探討「學」亦是「為『禮』」的意義。

復次，上述〈樂論〉與〈樂記〉比較部分，李美燕先生認為荀子的「情」主要是欲望情性，也包括情緒與情感，它們是樂教治理的對象，故有移風易俗之說。又李先生認為荀子的「情」是用來做樂教感化的通孔，即樂教是對「人之情」做變化氣質的工作。而此作法之所以能成立，在荀子還有情與「體氣」關連的說法，即「聲氣感應」，「氣」作為樂教之所以能涵養與化導人之情的中介。至於〈樂記〉，李先生則是分析出文獻中的「情」說有二個層次，一是人的情緒情感與樂之情實，另一是人之真實性情而有之德所作的表現，後者是〈樂記〉提出樂教的關鍵，文獻依據即在「德者，性之端也；樂者，德之華也」，意即真實情性所發情感（樂），由內而形諸於外，表現於樂曲，才能感動他人情性，並產生教化的作用。誠如是，唯基於文獻與思想的深入對比與分析，李美燕先生所述儒學樂教觀，其實還有再釐清的空間，一方面〈樂記〉文獻較〈樂論〉完備，〈樂論〉主要內容重見於〈樂記〉，情與樂教的相互聯繫其實應從〈樂記〉來探討，尤其文獻所述「心」的觀念乃是思辨的著力點。而且，〈樂記〉所述「心」亦關連「心術」之實踐，此在〈樂論〉所無之概念詞語，乃見於《荀子》其他篇章。而筆者經上述〈性自命出〉與荀子「心術」思想的研究，發覺〈樂論〉與〈樂記〉之間，天道觀乃為重要思想分野，此由於據荀子〈天論〉的敘述，「天」的觀念是否具有價值指涉並非荀子思想關懷之所在，甚至，天或天地的存在僅是做為一般客觀事實而為人道實踐所應用，價值思惟無須存在著「天道」觀念。然而，天道的意義在〈樂記〉實為音樂思想的主要內涵，且與「心」與「心術」的觀念形成理論關係。倘如以「禮之本」做為問題思考的模式，則音樂實踐的存在意義在儒學的實踐觀中亦必有所探問。意即音樂生活對實踐者若非僅是外在形式或儀式持守的作為，則其在價值彰顯方面，是否亦有本源之意義？易言之，樂理（「禮」）是否具備超越性，並成為儒學思想的議題，而且反映在儒學思想的形成與發展中呢？是以〈樂記〉天道思想亦為本書的研究議題，以為從（禮）樂面向探討儒學天道觀。

歸納而言，古典文獻須置於哲學史的脈絡中纔有更深刻的意義，而面對郭店儒簡所記載的文獻，〈性自命出〉作為古代心、性、情論述之文本的來源，其思想實亦表現為儒學之發展歷程。因此，本書不僅從文獻內部來分析〈性自命出〉的思想，亦從〈性自命出〉做為儒學歷史中之發生因素與其所引伸之思想，而盡可能地鋪陳古典儒學的理論型態。進而言之，哲學研究若作為一封閉系統觀之，則完整地展示其內部理論即可，〈性自命出〉的思想研究也就侷限在某一畛域。然而，思想發展乃不斷堆積與延伸，必有多元闡釋陸續出現，豐富儒學的內涵。是以〈性自命出〉以簡文「人道」所述心、性、情概念乃應展現為一開放體系，使研究者的視域擴展而有延續性的探討。故本書乃在儒學歷史脈絡中，探討相關儒學思想，開展理論間的對話，進而在儒家哲學豐富的文獻資料中，確認古代傳統作為當時儒學發生之問題意識的對象，瞭解到古典儒學的本質亦有在「禮樂」的文化背景中進行思想活動之表現。是以筆者析論郭店儒簡〈性自命出〉的哲學內容，提出相關討論，亦因儒學思想發展的深遠視野來探討禮與樂觀念，希冀發掘古典儒學的思想義涵，此乃本書之儒學研究之重要性所在。

第二節　研究方法

基於對儒學思想脈絡的探尋，從歷史發展的視域來掌握儒學的歷史意象（historical images），則在研究方法上，吾人面對思想與文本，當有歷史意識的觀念，以為貫通義理的聯繫性。十九世紀德國歷史學家 Droysen 說：

> 以歷史方式進行思考的人，不只是歷史研究者及寫歷史的人，不管在理論上或實際上，凡是與道德團體有關連的人，都必須具有瞭解及掌握此道德團體變化中脈絡的能力……人們必須喚醒並且接近歷史事實中的意義。因為歷史事實有兩個不同的面向：表面現象，以及藉此現象而存的理念——現象的真理。現象會反覆的變化，因為真理從未完完全全的被整個表達出來過。人類歷史向前邁進中，在人類不斷活動的有限現象中，有與至善狀態相類似的現象。人們追求對歷史適時的認識，其原因是，人們可以在其中認識到真理，同時可以在其中瞭解到自己追求真理的

熱切。[27]

易言之，歷史事實現象背後的真理纔是追尋歷史的終極關懷。而且，歷史所提供的內容，應是與價值有關的人事物，因而吾人對儒學發展脈絡的研究，除了關注個別思想理論與文本外，亦當有留意價值觀念的承繼與延續，以顯示歷史與儒學義理的結合。此即思想在歷史中的意義，亦是歷史承載了思想，思想是歷史的主體。

Droysen 又說：

在歷史的發展中，有時候某個倫理道德團體顯示出其重要性；有時另外一個道德倫理團體領頭發展，好像一切要靠它，一切以它為中心。這個起領導作用的團體，表現出的就是時代或民族的思想。這思想（或思想叢），就是我們作歷史研究時所要指出的。這個思想代表某段歷史發展的真理。而這段歷史發展是該思想所以能表現出來之所憑藉，是所謂的真相。藉著思想我們瞭解現象；反過來，我們也藉著一個現象而瞭解思想。[28]

---

27 Johann Gustav Droysen 著，Jorn Rusen 編，胡昌智譯《歷史知識的理論·序言》（臺北：聯經出版公司，1986 年），頁 2。

28 《歷史知識的理論·第二章 方法論》頁 59，第 44 條。該條後半部說：「經過考證所得的正確的歷史知識，保存了歷史過程中的思想，而且考證出的歷史事實也是歷史思想的見證」。「對我們而言，思想的真，指的是該思想合乎事實，而事實之真，也因為它合乎某思想」。

歷史的真理蘊含於思想中，歷史發展的現象表顯了活動於其中的人們的意向，指引吾人思考的面向，尤其在價值觀念方面。進而言之，古代儒家學者的思想活動，其主要理論在於從事倫理道德的反省，亦引向人在歷史中的意義，孔子云「其或繼周者也，雖百世可知」（〈為政〉）[29]，孟子〈盡心下〉末章對道統歷史的自覺期待，荀子對先王與後王之禮義文理的抉擇，其中最富啟示性的，莫過於人文精神的煥發與接續，展示儒學精神對生命實踐採取價值批判與創建的觀點，直指生命歷程不應背離正道，並反映出儒者在歷史中對喚醒生命價值實在的勇於承擔。繼 Droysen 之後的狄爾泰（Dilthey）說：

> 生命就是這些個體所共同體驗到的一切事物的充盈性、多樣性和互動性。生命的基本內容與歷史是一致的。生命存在於每一歷史時刻。歷史包含著一切處於多樣性關係之中的生命類型……做為內在價值的個體用自己的目的和意義構成了生命和歷史。[30]

歷史是由生命所組成的，並且生命的思想主體所構造出的歷史乃是動態而多元的。而吾人之所以審視歷史，乃在使思想體察生命

---

29 《論語注疏》，頁 19。

30 安延明譯《精神科學中歷史世界的建構》（北京：中國人民大學出版社，2010 年（譯自德文版《狄爾泰全集》第 7 卷）），頁 231。譯文中「生命」原作「生活」，然筆者據文脈將德文 Leben 理解作「生命」而非「生活」，詳參《精神科學中歷史世界的建構》頁 66 註腳 5 之中譯註說明。下同此。

的價值與意義，體會歷史所展示出之生命發展的全幅面向與精神。是以探查歷史即應有生命哲學的進路，觀察歷史生命的實踐脈絡。狄爾泰又說：

> 歷史概念依賴於生命概念。歷史生命是生命總體的一個部分。然而，生命就是我們在體驗和理解中獲得的內容。在這意義上，生命包括客觀精神的全部領域，因為它可以經由體驗而展現出自身……生命被體認為一種時間中的演進過程，一種逐漸浮現的生產關連體，就此而言，它是歷史性的。[31]

做為「精神科學」（Geisteswissenschaften）或「人文學科」（Human sciences）的倡導者[32]，狄爾泰的歷史哲學與生命哲學

---

[31] 《精神科學中歷史世界的建構》頁 235-236。生命與歷史存在著互為充要條件的關係，狄爾泰說：「歷史關連體也即是生命關連體。當整體的關連體中的一個部分實現了一種早已內在於生命中的關連時，我們便可以說，它具有一種與該關連體相關的意義……我們必須通過部分去建構整體；然而，那賦予部分以意義並且相應地為其指定好位置的，恰恰是整體本身」。又，「正是那些與整體及其部分相關的規定性之間的相互依賴推動了歷史研究的發展。歷史應該告訴我們，什麼是生命。然而，歷史依賴於生命，因為歷史就是運行於時間之中的生命，而且它是在生命中找到了自己的內容」。《精神科學中歷史世界的建構》頁 236。

[32] 「精神科學」的主要意涵是：「在自然科學旁邊，從生命本身的問題中自然地生長出一組知性認知的結果。它們因為其共同的對象而聯繫在一起。歷史學、政治經濟學、法學—政治學，關於宗教、文學、詩歌、造形藝術和音樂的研究，關於哲學世界觀與哲學體系的研究，以及心理學等都是這樣一些科學。它們都涉及同一個偉大的實在物——人類。它們

啟發吾人應以生命體驗面對歷史，因為歷史是生命意義的場域，歷史是各種文化、人文觀念與價值網絡的整體存在，缺少歷史觀感，生命實踐也就失去了真實的意義。進而言之，在哲學思想做為生命實踐的主體下，歷史研究即呈現為哲學研究，歷史乃是哲學研究的方法與途徑。此即當代歷史哲學家 Collingwood 所表明的，歷史乃是思想的一種特殊形式，而對此思想形式所蘊含之各種問題的回答，除了應當具有歷史思維的經驗外，還應當反思歷史經驗，即從做為哲學家，從他的哲學思想來注意歷史思想的各種問題。[33]是以在歷史意識視域下的儒學發展，歷史脈絡即是思想自身。在文獻乃至思想傳承與批判中，儒者們一方面興發思想進程與軌跡，詮釋與思想關連之禮樂文化的客觀意義；然而另一方面，儒者以生命親身感受傳統乃至經驗歷史文物，即以生命實踐體察歷史脈絡，則儒學的世界即非僅是客觀性儀文與制度的客體架構，而是充滿人文思想與生命智慧的豐富存在。

吾人體察思想應是帶著歷史意識的。觀諸《論語》記載「子

描寫、講述和判斷這一實在物，並且構想出與其相關的概念和理論」。《精神科學中歷史世界的建構》頁 73。狄爾泰另外表示「精神科學」過去也曾被稱為「道德科學」或「文化科學」，他在認同孟德斯鳩與黑格爾所謂的「精神」上，使用「精神科學」一詞。《精神科學中歷史世界的建構》頁 78。

33 Robin George Collingwood 著，Jan van der Dussen 編，何兆武、張文傑、陳新譯《歷史的觀念（增補版）‧導論‧第二節 歷史學的性質、對象、方法和價值》（北京：北京大學出版社，2010 年），頁 8-9。Collingwood 亦評論 Hegel 的《歷史哲學》說：「由於他的方法是基於所有的歷史都是思想史這一原則，所以當他所處理的題材是最純粹狀態的思想時，也就是哲學的思想時，他的方法就不僅是合法的，而且取得了出色的成功」。《歷史的觀念‧第三編‧第七節 黑格爾》頁 120。

張問：『十世可知也』。子曰：『殷因於夏禮，所損益，可知也；周因於殷禮，所損益，可知也；其或繼周者，雖百世可知也』」（〈為政〉）[34]。孔子鑒往知來，於禮的實踐掌握因革損益，此乃是「周監於二代，鬱鬱乎文哉，吾從周」（〈八佾〉）[35]的體現。此即歷史不惟客觀記錄的歷史，亦應是禮樂精神的歷史。一方面，客觀知識的進路傳達三代禮樂文明的累積固是「經禮三百，曲禮三千」、「禮儀三百，威儀三千」（《禮記・禮器》、〈中庸〉）[36]。知識性文明的浩瀚，不容小覷。唯另一方面，生命實踐的思想進路演繹出「觀乎天文以察時變，觀乎人文以化成天下」（〈賁・彖〉）[37]，仰觀俯察，歷史時空的變動所呈現給實踐者的，不僅是物換星移的規律或事物法則的演變，抑或是人事政治的常態與變異，更應該留意的是，文化涵蘊於歷史中的意義，歷史中的人文精神纔是使得天下萬物值得永續之所在。職是，本書的儒學思想研究固是從現代出土文獻內容出發，然依歷史意識的進路為方法，筆者的研究乃思想發生與理論本質兼具，從〈性自命出〉與孟荀哲學對比，並通過荀子禮義之道，再由《禮記・學記》以至〈樂記〉，探究儒學義理在歷史中的主脈意義。

---

34 《論語注疏》，頁 19。

35 《論語注疏》，頁 28。

36 《禮記注疏》，頁 459, 897。

37 王弼、韓康伯注，孔穎達正義《周易正義》，本自阮元重刻《十三經注疏》（臺北：藝文印書館發行，1989 年），頁 62。

第三節　論證結構

根據上述問題意識與研究方法，本書在第貳章就〈性自命出〉的人道思想在以性、情、心等觀念為主要理論架構下，再依簡文「性自命出，命自天降」之命題為理解簡文人道思想的關鍵，經由「命」所指涉本性之源的「天」，論述簡文思想非是將價值直接從本性中導出，而是從價值經驗指出「性」的活動在「情」的因素，由此人性之有價值性可言，亦是「人道」的開始。本章亦據簡文所述「心術」一詞，說明人道是以心實踐性情之價值。此中可見〈性自命出〉的人性價值觀乃為即心言性情的理路，人性價值的具體表現則在詩書禮樂等成德之教，簡文以「義」言之。故本章結語〈性自命出〉的人道思想乃以心術的實踐觀，聯繫天道與人義，而有價值理序的形成。

〈性自命出〉除了因考古考證而被視為時代與孟子學術活動相近，以及被研究者歸屬於思孟學派之外，還因為文獻內容與孟子思想相近，亦造成研究者們在義理與思想表述上，顯現出當代孟學詮釋的色彩；並且因著詮釋詞語與概念的比對，當代孟學詮釋的問題亦反映在〈性自命出〉心性論的哲學詮釋中。因此第參章乃就相關問題從二面向來析論，首先釐析心性概念的內涵，指出如將心或性善視為主體之價值本質或先驗的道德主體，則做為本質的心與性善將與行為之不善產生張力。是以這部分探討乃試圖說明，心性論的詮釋進路如若能避免道德主體性的概念語言，而以實踐的形上學的理路來詮釋心性情思想，並確認心性情的實存性，則人之為不善的緣故即可獲得合理的解釋，並可證成人之得以為善的理論有效性何在。第二個析論對象是天的形上意涵，細分二點說明，一是倘如視天為超越實體或形上學的第一因來理解，則天人關係底下的實踐者必將因人的有限性，而無法體知天做為客觀實體的整全面貌；二是倘若將心性視為道德主體，則將使天與人處於主客對立的狀態中，導致說明天人之間的理論關係時，出現思想理路上的衝突。是以這部分的探討即在於指出形上天的觀念應是在道德實踐中證成，而且「天」的概念與天道觀念的省察應避免以西方傳統形上學的絕對實體來詮釋，如此纔能體現天道造化的無盡意義，並在實踐者做為在世存有下，成為開顯存有意義的所在。順此即可進而討論實踐者之有道德本心乃須從人與天道的相互感通處來理解，瞭解人的價值意義並非理性主體所能窮盡，而是人以其存在體驗來展現天道的無限義涵。價值活動的過程中除了通過心性的實踐，顯化出人之存在意義的價值外，亦是領會人之命感隨時與天道相銜接，而一往無盡於「即命立義」的自由。

基於第貳章論〈性自命出〉人道思想所涵性情觀念與第參章論孟子心性觀念所涉儒學理論，第肆章乃以「心術」觀念做為〈性自命出〉與荀子儒學對比的基點。本章較第貳章深探心術意旨，並說明簡文所涉人性論的指歸。這部分的析論依「性」的概念內涵與人性論的取向，情的客觀性與心的意向，以及修身成德之踐履，〈性自命出〉與荀子二者所顯示先秦儒學對人文與道義之性、情、心等之思辨，乃有三面向可說明，一是簡文論「性」蘊含天命存在，而荀子思想則在天人之分的觀念下，既無天道觀，且「性」與「情」的觀念亦無價值義涵。二是簡文之「心」與「情」觀念皆具價值內涵，然而荀子論「心」僅止於知理（道），而非將心視為具有道德性，即實踐的終極依歸不在生命之內。三是簡文論成德之教與學，其傾向詩書禮樂之從生命內在啟發，至於荀學論教學雖亦重成德，然則著重道德規範之養成與外塑。故就思想的脈絡而言，本章結語將判別〈性自命出〉與荀子心術觀的理論間距。

第伍章乃意識到荀子做為傳經之儒對傳統禮學的影響，故從最具「禮」觀念的〈禮論〉篇文分析，以為討論荀子哲學禮思想的依據。本章分數節析論，首先說明〈禮論〉的問題意識在於觀察到人欲所造成的爭亂，故提出「禮」以為解決之道。第二，因應治亂，〈禮論〉所謂「禮」即有四義，一、禮義以分，明分以禮，禮（義）乃為建立人而有倫，倫而有理（禮）的族羣社會。二、禮有三本，天地、先祖、君師乃是禮之存在之所由，禮之有本亦指出人文禮義的客觀與普遍。三、禮有文理飾情的作用，其相應面即是客觀規範的建立。四、以喪禮顯情文，哀戚的自然情感轉化為禮意表現，乃在顯示倫理活動的終始如一與事亡如事存。據〈禮論〉禮觀念的基本思想，本章進而申論荀子對「禮」的理論所述「禮義之道」的義涵。其一，禮義之道乃是「禮義之分」，荀學所謂「分」有二義，一是指分辨，即知性活動；二是結合「義」，表示「分義」，即道德倫理。其二，「禮」的理論所蘊含的「禮義」義，乃條理聖王之道而來，故禮義之道亦可視為實踐性道德原則的「禮義之統」。依〈禮論〉思想與禮義之道，本章歸納荀子哲學禮思想的主要內涵在禮義與禮儀的理則次序、客觀性與道德性的結合、人性自然情感應在禮的規範與節制下如理地表現、禮節作用的價值性在客體，以及禮的實踐性有修身、人格、教育、禮治等多面向。是故可以結語荀學禮思想內涵豐富，應從禮的儀式義、規範義與哲學意義來釐清。

由於觀察到〈性自命出〉與荀子心術觀皆由成德之教落實禮義，以及基於教育思想與「禮」的理論關係的問題意識，第陸章乃經由探討《禮記・學記》的成德之教（學）觀念，分析教育目的、教學方法與師生關係，說明成德之教與學在結合禮觀念下所顯示的儒學思想。在教育目的方面，〈學記〉雖述及教育與政治的結合，其理論卻不是以政治為目的，而是將成德之教學延伸至政治實踐，以後者為方法，使教育成為政治的目的。在教學方法方面，〈學記〉除了外在的輔導外，亦著重受教者的內在性，引導學者向學的心志。在師生關係方面則是教學相長，且經由教者做為傳道者，強調因尊道而嚴師的觀念。根據〈學記〉的教育思想，本章推論成德之教學不僅是傳統「學禮」的制度，其內涵亦包括德性與德行之理的實現，藉由教育體制與規範（禮）以實踐生命存在的價值意義，而且使教育主體之教者與學者蘊含相互的價值關係。是以依成德之教學的目的與理想而言，本章結語「學」之做為「禮」的觀念當可謂哲學性的禮思想。

古典儒學對禮觀念的思想省察，依禮樂連言與禮樂生活文化的形式架構，吾人對儒學禮思想的探討，當進而對「樂」觀念有所論述。而第柒章之以《禮記・樂記》為研究對象，乃因〈樂記〉作為《禮記》的一篇，古代學者認為此篇是「記樂之義」與論「義理為本」，亦即〈樂記〉內容以哲學思想為主。本章首先說明〈樂記〉的音樂思想本於「心知」的感應活動，肯定音樂可以對治心之情感的流蕩，使人性人心中的道德可能性得以顯現，並表現為人倫價值理序。再者，〈樂記〉將心的實踐稱之為「心術」，該理論除了譬喻禮樂教化有如天地化生萬物的天道觀外，更主張古樂德音可以對心性產生正面影響，確保人道倫理的實踐。第三，面對人心感物而動的客觀性，為政者做為有德者，應該制禮作樂，表現音樂教化而為治道，此即〈樂記〉的理論目的以音樂活動做為成德之教的方法，期使人文化成天下，傳達儒家哲學的文化理想。依「心術」觀念的理論內涵而言，本章結語〈樂記〉思想非是當代哲學詮釋之音樂美學或藝術哲學，而應屬倫理思想範疇纔是。

第捌章的研究接續前章對〈樂記〉思想的探討，因著〈樂記〉「天理」與「人欲」的理論關係為問題意識，並依王船山天道觀的體用架構為論證方法，探討〈樂記〉音樂觀念所蘊含的天道思想。本章首先據船山的詮釋，說明「天理」對「人欲」乃是理氣運化的過程，天理是人性之當然根據，而「欲」若是人性的內容，則其為氣化的事實，價值問題即落在「私欲」的對治，此即音樂活動的作用對象。而存理遏欲的音樂教化之所以能在生命實踐成立，一方面生命存在有源於天道天理的形上依據，此即性理乃內在生命的根本；另一方面，生命雖有經驗活動而與物交接，然物欲問題的本質不在生活世界的外物，而是生命氣化運動所出現的偏滯，故須有道德性音樂以為轉化氣質傾向的工夫。而人性之所以能夠呼應天理，則是由於樂理的和諧性的協調所成，意即〈樂記〉所云古樂、德音、和樂所內涵的平和性理能表現出心和、和志與和德，故「和樂」乃〈樂記〉天道體用觀的實證。和諧性即〈樂記〉天道觀的另一意義，天道運行的宇宙和諧與樂理的協和人倫同作為價值理序，並可有政治實踐與倫理實踐之證成。本章結語指出，經由船山哲學的天道體用觀理解〈樂記〉德性音樂的涵義，其天道思想不啻天人合德的生命實踐。

上述乃先行展示問題思考與理論方向的探討歷程及論述架

構，指引本書對古典儒學的連貫研究，詳細內容則請見下文論述。

第貳章　〈性自命出〉的人道思想

第一節　前　言

郭店儒簡〈性自命出〉云：「凡道，心術為主……唯人道為可道也」（簡 14-15）[1]，其所謂「道」是根據「性自命出，命自天降。道始於情，情生於性」（簡 2-3）[2]等觀念推論而來，亦即「人道」實踐乃關乎「天」、「命」、「性」、「情」等的落實程序，而來與「心」聯繫。歸納學者們的研究，陳麗桂先生指出，〈性自命出〉所要凸顯的主題有心、性、情、義、道、禮、樂、習（學）、教等，並詮釋「性」是天生本然的身心狀態，「心」是有主體意識的存在，「心（志）」的作用決定了性的呈顯，「情」是心靈交通的媒介與訂定人文儀節的依據，「義」作為善的表徵亦與情配合，「道」主要是治「心」之術的人道，「禮」與「樂」是人道的核心課題，它們是透過「學習」與「教化」培養出來的[3]。又魯瑞菁先生表示，〈性自命出〉的「天命」概念是指涉「性」發生的源頭，但簡文不對天、命的根源作

1　《郭店楚墓竹簡》，頁 179。

2　《郭店楚墓竹簡》，頁 179。

3　〈郭店儒簡〈性自命出〉所顯現的思想傾向〉，《中國學術年刊》第 20 期，1999 年 3 月。頁 139, 140-141, 145, 147。

追問。又「性」是喜怒哀悲之氣，它們會被外在的物、勢引動而成為情，如此〈性自命出〉的性論是「性可善可不善」或「性有善有不善」。又「心」具有內在生命的能動性及人格主體的獨立性，也是人的實踐原則或活動原則。而「情」有兩種意義，一是客觀情事、人類行為的真實情況，二是情緒與情感。至於教、道、學、習則是實際表現在人的身心兩方面，簡文落在「心術」與「修身」上來說[4]。郭齊勇先生則強調〈性自命出〉的主題在「心術」，其目的在建立人的主體性，包括 1.以心志導情氣；2.以禮樂之教養性培氣；3.內外交修，心身互正[5]。另外在〈郭店儒家簡與孟子心性論〉中，郭先生又進一步指出，〈性自命出〉雖以「喜怒哀悲之氣」和「好惡」來界定氣，但是情氣並沒有排除好惡中的善端，所以情不僅僅指自然情欲，也指道德情感，這正是孟子所要發揮的[6]。而東方朔先生先分析「性」、「情」與「心」三字，指出「性」字原初並無善的意思，此「性」可釋為人之欲望，欲即當節而不流於縱，當教而不使出位；「情」字有「情感」、「情態」、「情實」三義；「心」概念則是感覺概念，其覺感有二種形式：「心知」和「情心」。東方先生綜合前義表示，「性」為「情」之源，而「心」為「情」所由生之

---

4 〈《郭店竹簡‧性自命出》的思想特色〉，《靜宜人文學報》第 14 期，2001 年 8 月。頁 73-76, 80-81, 84-85。

5 〈郭店楚簡《性自命出》的心術觀〉，《安徽大學學報（哲社會科學版）》，2000 年第 5 期。此文原出自〈郭店楚簡身心觀發微〉上半部，該文收入武漢大學中國文化學院編《郭店楚簡國際學術研討會論文集》（武漢：湖北人民出版社，2000 年），頁 199-202。

6 《武漢大學學報（哲社會科學版）》，1999 年第 5 期。頁 25。

「官」，所以〈性自命出〉是即情言性。並且東方先生進一步主張言性不言情即心性論斷流為枯槁，言情不言性即情不復為情而流為荒蕩。如何保持心、性、情三者的平衡乃是各種心性論的課題，也是構成對實存的人之不同瞭解的原因。[7]

上述學者的研究有著多元的詮釋，亦顯示〈性自命出〉的內容包含了哲學史上孔子之後的各種儒學觀念發展，可統整為「人道」（人文、人義）的哲學問題，尤以「心」、「性」、「情」三觀念為主要理論結構，並涉及性善不善的人性論問題。然而，從上述學者們的說法觀之，以「心」為主體義是否足以說明道德實踐的意義，「性」理解為欲望是否可還原到文獻中而能獲得一致的解讀，以及「情」作為客觀情實是否涵具價值義，實則學者們的詮釋仍有令人未安之處。猶有進者，文獻中「命自天降」應是理解〈性自命出〉的人道思想的關鍵所在，亦即所謂「心」的主體意涵、「性」作為本性及氣性的含義，以及「情」在心術與性命中的意義等詮釋，皆涉及「性自命出，命自天降」該命題之理解。故下文即經由分析天、命、性的關係，說明〈性自命出〉以性、情、心為人道內涵之義理。

第二節 自天至命的意義

郭店楚簡整理者認為〈性自命出〉所謂「命自天降」與《中庸》「天命之謂性」的意思相似[8]，而學者們一般也直接肯定這

---

7 〈《性自命出》篇的心性觀念初探〉，收入武漢大學中國文化學院編《郭店楚簡國際學術研討會論文集》，頁322-329。

8 《郭店楚墓竹簡》，頁128。

樣的理解[9]，但是《中庸》的表達方式是在以「天命之謂性」的前提下，開展出「率性之謂道，修道之謂教」的道德實踐觀，相較於「性自命出，命自天降」的表述，簡文乃以「命」作為「天」與「性」之間的聯繫（天→命→性），「命」是天人關係的媒介，所以從簡文的理路模式來看，瞭解「命」概念的意涵纔能呈顯由「天－命」到「性－命」的脈絡，此亦是簡文人道意義的前理解，本節即以「命」觀念的發展來豁顯文獻的義理。

「命」在經驗生活中一般被認知為偶然與不可操控，牟宗三先生即對「命」提出一哲學性說明：「個體生命與氣化方面相順或不相順的一個『內在的限制』之虛概念」。牟先生進一步解釋命作為一個有限制的「虛概念」，它既不是一個經驗概念，也不是一個知識中的概念，而是一個實踐上的虛概念。所謂命是落在「個體生命與無窮複雜的氣化之相順或不相順」的分際上，意即我們是從個人存在與氣化順否的關係來界定「命」，其並非單純地被表達為時空中的客觀命題。另外，從道德實踐意義上來說，

---

[9] 如杜維明先生說《性自命出》的天道問題就是「天命之謂性」，〈郭店楚簡與先秦儒道思想的重新定位〉，收入姜廣輝主編《郭店楚簡研究（《中國哲學》第 20 輯）》（瀋陽：遼寧教育出版社，1999 年），頁 5。陳來先生即理解「性自命出，命自天降」為「天命為性」，〈荊門竹簡之《性自命出》篇初探〉，亦收入《郭店楚簡研究（《中國哲學》第 20 輯）》，後更名為〈郭店竹簡《性自命出》篇初探〉，收入氏著《竹帛《五行》與簡帛研究》（北京：三聯書店，2009 年），頁 23。歐陽禎人先生則認為「性自命出，命自天降」可超拔為「天命之謂性」，〈在摩蕩中弘揚主體——郭店楚簡《性自命出》認識論檢析〉，原收入《郭店楚簡國際學術研討會論文集》，後收入《郭店儒簡論略》（臺北：臺灣古籍出版社，2003 年），見〈貳、人學思想〉之一其三，頁 75。

牟先生以為「命」既不是一個全幅的經驗，也非一種事實知識，而是生命中雖有限制卻可以「轉境」的實有[10]。果如是，則「命」的限制固然由於與經驗或時空條件相順與否的緣故，但從主觀角度而言，人在實踐上面對「命」，卻又可以在境界上有所轉化而有價值意義出現。然而，「命」的存在倘若僅是價值實踐上的主觀境界，則實踐者的道德活動是否具有客觀義呢？與〈性自命出〉一同出土的〈語叢一〉云：「有天有命，有物有名……有命有度有名……」[11]，「有天有命」反映出「命」來自客觀之「天」，如「天生民而成大命」（《逸周書・命訓》）[12]，或「民受天地之中以生，所謂命也」（《左傳・成公十三年》）[13]。簡文「有命有名」意謂「名」的出現與「命」的存在有關，此由於「命」的概念蘊含「名」的意思[14]。加以「有物有名」，

---

10 《圓善論》（臺北：臺灣學生書局，1985 年），頁 142-144。

11 《郭店楚墓竹簡》，頁 193。

12 朱右曾《逸周書集訓校釋》（臺北：世界書局，1980 年），頁 18。

13 《春秋左傳正義》，頁 460。

14 《說文・口部》云：「命，使也，從口令」；段玉裁注：「令者，發號也，君事也。非君而口使之，是亦令也。故曰命者，天之令也」。《說文解字注》（臺北：天工書局，1987 年），頁 57。「命」的字義是發號施令。根據傅斯年先生的考證，命本與「令」同，甲骨文無命字，金文命令互用無分，至西周中葉始確立分化，而且，「命」還有「名」的意思，以《左傳》為例，〈桓公・六年〉云：「以生名為信，以德命為義，以類命為象」，傅先生指出，由於這些文句是敘述有關命名原則的相關事情，所以從上下文意來看，「命」「名」互換更能說明記述內容。《性命古訓辨證・上卷・釋字》（臺北：中研院史語所，1992 年），詳見第二章與第五章。又《廣雅・釋詁三》云：「命，名也」，王念孫《廣雅疏證・卷下三・釋詁》亦云：「命即名也」，又解釋

則「命－名」關係乃指謂事物的存在有其客觀根源，即「有天有命」，而顯現事物的存在即以「名」[15]。因此，簡文「命自天降」乃是以「命」的觀念在存有上指向根源之天，並顯示一切存在物有其客觀根源。倘若進一步比對《詩經》與《尚書》文獻中有關「天」與「命」的聯繫，亦提供吾人瞭解「命」所指涉之對象的究竟意義。

> 《詩經・大雅・文王之什・大明》云：有命自天，命此文王。[16]

> 《尚書・周書・康誥》云：天乃大命文王，殪戎殷，誕受厥命。[17]

「名……命古亦同聲同義」，此亦可做為傳先生考據的輔證。《廣雅疏證》（南京：鳳凰出版社，2000 年），頁 103。

15 《說文・口部》：「名，自命也。從口從夕。夕者，冥也。冥不相見，故以口自名」（《說文解字注》頁 56）。從會意的角度而言，「名」是人在晚上互相看不見時，張口自名以表明自己。易言之，「名」字的使用除了詞例上之「命名」或「稱名」外，「名」還意謂著顯示、顯明、顯露，可詮釋為「自身的顯現」。《老子・第一章》云：「無名天地之始，有名萬物之母」，此即以「名」說明有無和天地的起始與萬物的發生有明確關連。由此可見，「名」與「命」存在著相互關係：「名」呈顯「命」的關連存在，透過「名」的運用認識到萬有存在著「命」的因素，而「命」則是藉由「名」的呈顯作用，表現出對所關連事物的溯源。《老子》文獻參見王弼《老子道德經注》，本自樓宇烈《王弼集校釋》（臺北：華正書局，1992 年）。

16 《毛詩正義》，頁 542。

17 《尚書正義》，頁 201。

> 《尚書・周書・酒誥》云：惟天降命肇我民，惟元祀。[18]

傅斯年先生考證古文字「命」「令」互用無分[19]，所以天之降命（命令）在《詩》《書》中確是人格化之意志天之貫徹，而貫徹之內容在上引文獻中主要表現在政事方面。然而在周文的時代中，天之降命亦另有深刻的含意，即由「天命靡常」（〈大雅・文王〉）[20]與「皇天無親，惟德是輔」（《周書・蔡仲之命》）[21]而來的人文之德之義，意即天命與德的關係乃用來說明周朝的建立不單單是一種統治天命的降受，而且還有人（王）自身在價值實踐上的努力，所以文王有天命是因為文王有德。易言之，天人之間乃是有德有天命的關係，天命不再是單向地以天為本位來賦予人王政治意義，而是由政治實踐者的有德來回應天命的存在。唐君毅先生說中國古代《詩》《書》的天命觀有三義：「天命之周遍義」、「天命與人德之互相回應義」與「天命之不已義」[22]。尤其是第二義，唐先生認為此乃中國後來宗教道德政治思想的起源，他說：

> 人之受天命，當更敬厥德，即「顧諟天之明命」，敬德即

---

[18] 《尚書正義》，頁 201。

[19] 《性命古訓辨證・上卷・第二章》。

[20] 《毛詩正義》，頁 536。

[21] 《尚書正義》，頁 254。亦見《左傳・僖公五年》，《春秋左傳正義》，頁 208。

[22] 《中國哲學原論（導論篇）》（臺北：臺灣學生書局，1986 年），頁 527。

> 所以承天命之思想之本。人有德而天命降之，即引申為易傳所謂「先天而天弗違」式之思想。人敬厥德，即所以承天，即引申為易傳所謂「後天而奉天時」之思想。合而言之，則第二義為中國一切人與天地參、與天地同流、天人感應、天人相與之思想之本源。[23]

根據唐先生的闡釋，「人德」乃回應天之降命，亦是自身足以受命的必要條件，這除了彰顯天對人的支持作用外，肯定「命」的存在當是天人關係中的關鍵。然而，以「天」作為一個實踐脈絡展現於治天下的活動，天命觀念乃是針對人王有德為根本因素，亦即從歷史角度來看，周初天命觀念中的人指的是政治上的（文）王，它的理論特點在於天命的對象是個體與個別身份（天子），而非普遍的人。統治者有德而有天命雖是出於治理天下事務所形塑出來的觀念，但是卻窄化了天人關係，意即這時期「命」的存在雖足以彰顯人與「天」的關連，唯此關連相對地被隱蔽在具體的天子之後，是以德的普遍義並不顯。其中問題我們從二方面來說明。一是天命降於一人（王）的觀念形成思想上的困境，意即人王因為天命而集政治、宗教於一身，天下人也將他們的存在活動根據託付給王一人，然而一旦人謀不臧，天下人是否應怪罪於天或是其他人事因素？所以唯獨王有命在天的觀念應當重新思考。徐復觀先生乃指出，西周末政治領導者的「不德」，常常會招致人民對天的反省，而這實際上也就是對帝王的批評，這是因為政治、宗教的權力「過分直接」由王而來的緣

---

23 同上註。

故[24]。另一方面，哲人們在憂思中重新領會天命的意義，除了理解「天」的意涵可以有更豐盈的內容外，對於周文之政治宗教所建構的天人關係，在「命」的聯繫方向上亦應有所反思。此即當古代學者重新透過「命」面對「天」的存在時，意識到價值的擁有不再是「天」降大命於文王之單向的賦與，而是以實踐者「有德有命」來重新回應根源之「天」，進而使天命的顯現具有道德價值的意義[25]。

綜合上述，《詩》《書》的文獻乃是先秦諸子反省並詮釋古代天命觀的共同依據，其不僅涵蘊由「天」至「命」再到「人」的關係過程，亦啟發知識份子思索以「命」為中介的天人關係當有更廣闊的視野，此即進入到周文失序的東周時代，侷限在統治者受命的思想已不再能滿足人類哲學智慧的發展與實踐活動，唐君毅先生在義理上指出春秋時期的天命觀有四個新發展[26]，而從《左傳》與《國語》來看，排除「命」作為壽命以及禮儀動作之名詞使用外，其中最值得注意的是，有德承天命者不再是王，亦

24　《中國人性論史（先秦篇）》（臺北：臺灣商務印書館，1988 年），頁 40-41。

25　孔子云：「天生德於予，桓魋其如予何」（〈述而〉）與「天之將喪斯文也，後死者不得與於斯文也；天之未喪斯文也，匡人其如予何」（〈子罕〉），此乃將天的存在意義賦與道德價值的最佳寫照。《論語注疏》，頁 63, 77。

26　（一）直接承周初命隨德定之思想，而加以擴充者；（二）承命隨德定之思想而發展，又略異其義，而以命涵預定之義者；（三）引申「命」之義，而為近於所謂「壽命」之義、及當為之「義」之義者；（四）以命為動作禮義威儀之則者。《中國哲學原論（導論篇）》，頁 528-32。

可涉及人臣，如《左傳・襄公二十九年》曰：「善之代不善，天命也。其焉辟子產」[27]。子產有善遂使得鄭國政事由他來主導，此意謂當時學者認為天命的施予對象不再僅是天下的統治者或一國之君，而是可擴及至有德的人臣。換言之，「命」概念在思想的發展中，「天命」的承受者不再僅止於個別的統治者，而是逐漸普及至價值實踐者，亦即將價值對象普遍化，並預示了人文精神自覺之方向。筆者認為，在「命」中強調人文精神之自覺（人德），不但揭示了「命」的實存是天人關係之間的聯繫，同時也將人的存在意義溯源至「天」，而洞悉此一關係之關鍵即在明瞭「命」的顯名特質具有導向存在根源的意義。

因此，〈性自命出〉之「命自天降」乃蘊謂經由「命」的顯發導回到根源之「天」，「天」之所指涉已非是政治或宗教方面的個別意涵，而是就萬物生化的根源自身來理解，亦即「命自天降」意指所有的「命」皆須回歸自「天」之做為存在之源來重新思考，而簡文又云「性自命出」，則「命」作為實然存在觀之，其具體呈現即是「性」，由此乃涉及人性問題，並關乎人之所以為人的義涵。值得一提的是，以「天－命－（人）性」的架構對照《中庸》「天命之謂性」的觀念，兩者雖皆肯定價值性之探源的思考，然而簡文思想傾向以「命」溯源、指向原初本然之「天」，且又以「性」的意義必然與「命」隸屬關連，則簡文對於人性價值（人道）的論述，明顯比《中庸》預先表示「命」的關鍵作用，這應是〈性自命出〉與《中庸》不同之處。

---

27 杜預注：「言政必歸子產」。《春秋左傳正義》，頁674。

第三節 性的價值涵義

〈性自命出〉起首即以「凡人雖有性，心無定志」指出文獻主題，而學界對〈性自命出〉「性」的觀念亦多集中在簡文如何是或不是性善的討論。然而，如上文的分析，「命自天降」的觀念應是探究「性」之價值性的前理解，其意謂透過「命」的聯繫，由造化流行之天而來之「性」的內涵，乃是吾人行為活動能力之所在，而「命自天降」即象徵「命」所出之「性」乃是實踐本性，亦即自「天」降「命」的過程產生出「性」，「性」則在與「命」的連結中可回溯至形而上的根源——「天」。申論而言，「命」是客觀而自然的存在，其根源在「天」，而人作為存在的一員，天人之間的關係是以「命」來相聯繫，故「性」在由天降命而來的情況下乃蘊含「本性」之義。由此可知，「性自命出」的「性」並未預設人性本善的觀念，換言之，簡文並未先驗地將價值性賦予「性」之中。然而，〈性自命出〉如何說明「性」之有價值意義呢？《孟子》中孟告之辯所述人性觀念即是瞭解「性」義的對照點。

察告子「生之謂性」的說法，其云雖反應「性」字的本義[28]，然在人性價值的討論中卻不具積極意義。因為從人文的反省

---

28 郭店楚簡隸定作「性」字者皆由「眚」字釋寫，此字以「生」之音與「性」通假，《說文・目部》：「眚，從目生聲」。甲骨文無「性」字有「生」字，寫作「\\」，金祥恆先生說：「象草木生出土上也」，並分析甲骨文「生」字有四義：「生育之生」、「生死之生」、「百姓之姓」及「來」（〈釋生——止之〉（上、下），《中國文字》第五、六冊，1961 年 9 月、1962 年 1 月）。清人阮元云：「姓字本從心從生，

而言，原始之性（生）的觀念未能說明人性是否蘊含善惡，亦即「性」以「生」來界定乃意謂不具倫理道德價值內涵的本然狀態，但是倘若僅停留在如此解釋，則人之有善，抑或人之所以能有道德價值的表現將如何說明？《孟子・告子上》中公都子道出當時對「性」的價值觀的三種說法類型，即「性無善無不善」、「性可以為善，可以為不善」以及「有性善，有性不善」[29]。第一個命題排除「性」在倫理道德中的因素，以為「性」無關乎善惡；第二個命題則隱含邏輯形式的矛盾，即「性」可能出現同時是善又不是善的情況；第三個命題無法對人性價值問題給予確切的回答，也意味著人性沒有普遍性。前述命題雖然都提供我們思辨「性」的價值表現的空間，但是皆未涉及「性」本身的道德義涵該如何證明的問題，換言之，「性」之表現善不善，與「性」本身是否蘊含道德性，乃是分屬不同的理論層次，須分別思考，而〈性自命出〉即將這二面向分述如下：

先有生字，後造性字。商周古人造此字時即已諧聲，聲亦意也。然則告子生之謂性一言本不為誤……蓋生之謂性一句為古訓」，《性命古訓》，收入《揅經室一集・卷十》，《文選樓叢書》（臺北：藝文印書館，1967 年景本）。傅斯年先生另指出周代鐘鼎彝器款識中，生字屢見，性字不見，生字乃性字的原義。《性命古訓辨證・上卷・釋字》之〈第二章〉。從文字學而言，「生—性」相通，然而徐復觀先生亦從研究方法辨明「性」字的本義（生）並不能決定「性」的觀念在文獻脈絡與思想史的意義。詳見《中國人性論史（先秦篇）》中〈第一章　生與性——一個方法上的問題〉。是以《說文・心部》云：「性，人之陽氣，性善者也」，段玉裁注：「論語曰性相近也。孟子曰人性之善也，猶水之就下也。董仲舒曰性者，生之質也，質樸之謂性」。《說文解字注》，頁 502。許慎與段玉裁皆指明「性」字應就人性觀念來說解。

29 《孟子注疏》，頁 194-195。

好惡，性也；所好所惡，物也。（簡 4）[30]

善不善，性也；所善所不善，勢也。（簡 4-5）[31]

陳來先生分析第一句話說：「好惡是人的本性，物是好惡的對象。感情活動的好惡屬於情慾範疇，這裡的好惡是指人的內在傾向和要求」[32]。「物」固然是「性」之好惡加諸其上的對象，但是「性」之好惡的表現如何產生則更值得追問。換言之，好惡做為喜愛與憎厭的情感態度，雖在道德判斷上可以「好善惡惡」來表達[33]，然而簡文「所好所惡，物也」並未具體指涉態度對象的道德性，而是用普遍的「物」來說明行為表現能力的對象。〈性自命出〉云：「凡見者之謂物」（簡 12）[34]，可見「物」是經驗對象，唯此對象在價值實踐的論述中有一特殊意義，〈性自命

30 《郭店楚墓竹簡》，頁 179。

31 《郭店楚墓竹簡》，頁 179。

32 《竹帛《五行》與簡帛研究》，頁 21。

33 此以宋明儒者最為著重。如朱子云：「好惡是情，好善惡惡是性。性中當好善，當惡惡。泛然好惡，乃是私也」。《朱子語類（一）・卷十三》，朱傑人、嚴佐之、劉永翔主編《朱子全書（第拾肆）》（上海：上海古籍出版社，2002 年），頁 396。歐陽南野云：「如好善惡惡，亦是徹上徹下語，循其本體之謂善，背其本體之謂惡，故好善惡惡亦只是本體功夫，本體流行只是好善惡惡」。（《明儒學案・江右王門學案二》），沈善洪、吳光主編《黃宗羲全集（第七冊）》（杭州：浙江古籍出版社，2005 年），頁 418。又劉宗周云：「有善有惡者心之動，好善惡惡者意之靜，知善知惡者是良知，有善無惡者是物則」。（《明儒學案・蕺山學案》），《黃宗羲全集（第八冊）》，頁 896。

34 《郭店楚墓竹簡》，頁 179。

出〉云：「凡人雖有性，心無定志，待物而後作，待悅而後行，待習而後定」（簡 1）[35]。「物」可以引動蘊含在「性」中的心志，進而有實踐的定向。意即人皆有性，性的活動以心志來表現，而人的心性會隨著外物、感通及學習而有所興作、行為與安定，所以〈性自命出〉在實踐上特別肯定「教」[36]、「學」[37]、「習」[38]的效果。因此，「好惡，性也；所好所惡，物也」乃就外在經驗之「物」的存在，指出「性」固然對外在世界有所反應，「性」的表現方向會感應外在的客觀對象，亦即「好惡，性也」意謂態度取向的發動。進而言之，「所好」「所惡」者是啟動「性」產生好惡現象之存在物，雖然「好」「惡」是因為外在事物的影響而發生，但是「性」自身能「好」「惡」則是本性。是以簡文在「好惡，性也；所好所惡，物也」之後，進一步從道德價值意義云：「善不善，性也；所善所不善，勢也」。「勢」與「物」皆指外在事物[39]，簡文強調外在因素的影響作用，惟「勢」是抽象地意指外在作用力。在人性價值論中，「勢」的概

35 《郭店楚墓竹簡》，頁 179。

36 「四海之內，其性一也。其用心各異，教使然也」（簡 9）。《郭店楚墓竹簡》，頁 179。

37 「牛生而長，雁生而伸，其性使然，人而學或使之也」（簡 7-8）。《郭店楚墓竹簡》，頁 179。

38 「養性者，習也」（簡 11-12），「習也者，有以習其性也」（簡 13-14）。《郭店楚墓竹簡》，皆 179 頁。

39 〈性自命出〉從「物」的外延上云「物之勢者之謂勢」。丁原植先生認為「物」是外在的整體，而「勢」則作為外在的具體個別對象。詳見《郭店楚簡儒家佚籍四種釋析》（臺北：臺灣古籍出版社，2000 年），頁 28。

念涉及辨明客觀事物是否是價值性產生的由來的問題，《孟子・告子上》記載：

> 告子曰：「性猶湍水也，決諸東方則東流，決諸西方則西流。人性之無分於善不善也，猶水之無分於東西也」。
> 孟子曰：「水信無分於東西。無分於上下乎？人性之善也，猶水之就下也。人無有不善，水無有不下。今夫水，搏而躍之，可使過顙；激而行之，可使在山。是豈水之性哉？其勢則然也。人之可使為不善，其性亦猶是也」。[40]

孟子的譬喻指出「性」的表現雖然會被導引，但是導引者作為客觀的存在（勢），若無「性」本身涵具能動性，則遑論任何事物能牽引「性」的發動。意即「性」的活動可因勢力引導而有不同方向，然而「勢」僅是外在的作用力，它的存在雖然會影響人性的表現，但並非絕對決定人性的走向，而且人性之可以有方向乃來自本性含有動能，孟子即認為本性的活動能力當以價值性（善）為核心，否則無法探討價值實踐與否的問題[41]。換言之，（人）性的探討必關乎實踐活動，而實踐的根據及實踐的現況乃實踐者之活動的二個面向，前者是實踐者之所以能夠活動的依

---

[40] 《孟子注疏》，頁 192。

[41] 孟子是以證成人性之善而排除人性之不善，並否定「人性之無分於善不善」的觀點，亦即價值本性的觀念是可以成立的。至於不善的出現，則以「人之可使為不善」之行為因素來探討。孟子針對告子的說法，提示不善乃是行為之不善，而非性不善，亦即不善是外在之勢加諸於性所造成的，並非性本身的問題。

據，此即肯定人性之善是價值的根源；後者乃指涉實踐活動的具體表現與對象，即肯定人有道德行為，此乃致力於性善而來，亦即性善論的觀念不僅論述行為道德與否的問題，其更追問道德產生的根源。是以從前述二個面向的區分可知，〈性自命出〉一方面指出「性」乃蘊含「善」「不善」的可能性，另一方面敘述「性」的價值表現在面對「勢」的影響下而發生「所善」「所不善」，意即「性」面對客觀事物所產生活動內容，其內容事物亦可成為價值與否的對象。然而，簡文是否主張道德行為的原因來自於外在事物或他者呢？根據〈性自命出〉對「性」的相關論述，答案是否定的。

> 喜怒哀悲之氣，性也。即其現於外，則物取之也。（簡2）[42]

> 凡性為主，物取之也。金石之有聲，弗扣不鳴，人之雖有性，心弗取不出。（簡 5-6）[43]

丁四新先生針對第一句話以及「好惡，性也」的文獻說：「此性即情氣之性，顯然已落入物中，與物直接對待……性既為已落入物中的情氣之性，則此性或善或不善，沒有必定……性有善有不善，正是《性自命出》篇定性為情氣之性的必然結論」[44]，又說：「《性自命出》的人性有善有不善論，還不是分別地針對不

[42] 《郭店楚墓竹簡》，頁 179。
[43] 《郭店楚墓竹簡》，頁 179。
[44] 《郭店楚墓竹簡思想研究》（北京：東方出版社，2000 年），頁 177。

同個體生命的，而很可能是就同一個生命內涵之性的善、不善而言」[45]。根據丁先生的詮釋，受物影響的情氣之性，所表現的善或不善，除了是一窮盡關係外，也可能是矛盾關係，亦即「性」本身不是為善就是為不善，或是同一人性有善也有不善。再者，丁先生將簡文所謂「勢」視為外存的力量，進而認為〈性自命出〉的表述「充分肯定了主體之性對客體之勢的價值判斷作用」[46]。很明顯地，丁先生是用道德主體的觀念來詮釋「性」面對外在事物的價值判斷。然而令人不安的是，對於情氣之性採取主體性的說法是否隱含著理論張力？亦即一方面說道德主體具有做出善不善的判斷表現，一方面又承認主體之「性」有情氣的經驗因素，則主體性是否與經驗性混淆了？又或主體與客體之間的界線可以泯除[47]？換言之，倘若嚴分主客相對，則情氣的經驗性當對立於道德主體，可是簡文卻又明確肯定「喜怒哀悲之氣，性也」，情氣乃性的內容，故主客二分的說法難以還原到文獻中。

---

45 同上註，頁 178。丁四新先生又表示，從公都子的談論可知〈性自命出〉的人性論早於孟子（《郭店楚墓竹簡思想研究》，頁 177），但丁先生未指出簡文的人性論是屬於公都子所說的哪一種句話。筆者認為，以丁先生將性有善有不善收攝到同一生命與主體而言，他的說法應指「性可以為善，可以為不善」，而不是公都子另外所說「有性善，有性不善」的個別個體狀況。

46 《郭店楚墓竹簡思想研究》，頁 177。

47 歐陽禎人先生將〈性自命出〉有關禮樂教化的文獻詮釋為形而下的人性修養層面，並認為包含〈性自命出〉在內的儒家簡是：「主體性的內在超越，是身與心、主體與客體、內在與外在……就是人與天的完全冥合」。〈郭店儒簡的宗教詮釋〉，《中國哲學史》2001 年第 3 期。該文又更名為〈郭店儒簡的宗教性思考〉，收入《郭店儒簡論略》，頁 8。

而倘若不嚴分主客對立，則在詮釋上似乎有混淆理論概念之嫌。是以筆者認為理解簡文所謂「性」的意義不在以主客相對的模式，而是簡文文脈所云「即其現於外，則物取之也」之「性」的外現與物之取的作用，亦即「喜怒哀悲之氣」是性與物相感的經驗性反應，此乃強調「性」可與外界互動，為物所感，而非獨立自存且與生活世界有隔的「實體」。猶有進者，「性」之具有經驗活動乃是客觀之義，且並不妨礙其道德意義的呈顯，因為〈性自命出〉認為「人之雖有性，心弗取不出」，人性之中還有「心」的活動，可以決定「性」之有道德表現（所善所不善），亦即「性」所蘊含的價值性是藉由「心」的操持而表現出來，簡文稱之為「心術」。因此，「心」的存在解答了價值的產生並非來自外物或是客觀之勢，而是內在的道德意識。另一方面「心」的觀念也回答了人性善否的問題，此在〈性自命出〉中則又涉及以「情」的觀念說明人文價值的規劃，請見下節分析。

第四節　心術與性情的關係

〈性自命出〉云：「道始於情，情生於性。始者近情，終者近義。知情者能出之，知義者能內（納）之」（簡 3-4）[48]。「道」乃因著性情的出現而開始，並發展出價值意義，簡文將此一實踐觀念以「心術」名之，〈性自命出〉云：「凡道，心術為主……唯人道為可道也」。由此可知，「人道」的主要活動是「心術」，故〈性自命出〉主張「凡人雖有性，心無定志」、

---

48 《郭店楚墓竹簡》，頁 179。

「凡心有志也」（簡 6）[49]、「不有夫柬柬之心則采……不有夫恆怡之志則縵」（簡 45）[50]、「君子執志必有夫廣廣之心」（簡 65）[51]。此皆說明簡文認為道德實踐表現在「心志」的運作上，即「心無定志」後所云之「待物而後作，待悅而後行，待習而後定」的回應外物與操持心志之想法，所以「心術」的觀念乃關乎「性」之心志之指向與發展。〈性自命出〉云：「四海之內，其性一也。其用心各異，教使然也」（簡 9）[52]，又云：「牛生而長，雁生而伸，其性使然，人而學或使之也」（簡 7-8）[53]，而且在文獻的後半部，簡文敘述禮樂教化的內容與效果，即實踐心志的具體方法是「教」與「學」，內容則為禮樂。依簡文，成德之教與學的過程與心術的實踐對象——「情」——有關。以下分析之。

首先，從「道始於情，情生於性」來看，「道」不是從「情」出來的，而是針對「情」的狀況才設立的。東方朔與楊儒賓先生皆認為〈性自命出〉中「情」字的意涵主要是指「情實」或「實情」，一種真實的情感[54]；丁原植先生則分析「情」有三義：「性所趨發之情」（情感）、「性所興作之情」（情態）與「性之實然之情」（情實）[55]。前述觀點說明「情」是經驗性的

49 《郭店楚墓竹簡》，頁 179。

50 《郭店楚墓竹簡》，頁 181。

51 《郭店楚墓竹簡》，頁 181。

52 《郭店楚墓竹簡》，頁 179。

53 《郭店楚墓竹簡》，頁 179。

54 前者見〈〈性自命出〉篇的心性觀念初探〉，《郭店楚簡國際學術研討會論文集》，頁 325；後者見〈子思學派試探〉，出處同前，頁 613。

55 《郭店楚簡儒家佚籍四種釋析》，頁 26，註釋 1。

表現，即「情」是針對實際情況而有所反應者，同時如此反應亦是人的真實樣子。〈性自命出〉主張「情」與「性」的關係是：「喜怒哀悲之氣，性也」，意即人性可以顯現四種基本的情感之氣。以「氣」說「性」在古文獻中並非少見，《左傳．昭公二十五年》子大叔談論有關禮的問題時曾說：

> 民有好惡喜怒哀樂，生於六氣，是故審則宜類，以制六志。哀有哭泣，樂有歌舞，喜有施舍，怒有戰鬥；喜生於好，怒生於惡。是故審行信令，禍福賞罰，以制死生。生，好物也；死，惡物也。好物，樂也；惡物，哀也。哀樂不失，乃能協於天地之性，是以長久。[56]

上引文意謂禮制乃針對六氣、六志而制訂，並指出如此制訂可以相應於人性的本來秉賦，進而顯示人之六種情感的氣性具備可塑的價值。又《大戴禮記．文王官人》云：「民有五性，喜、怒、欲、懼、憂也……五氣誠於中，發形於外，民情不隱也」[57]，文中「民有五性」《逸周書．官人》作「民有五氣」[58]，並同《大戴禮記》，喜、怒、欲、懼、憂皆作「氣」來表述。由此可知，先秦思想普遍認為性可以生發情氣，並且喜、怒、欲、懼、憂顯現於外時，還可視為「人情」。然而，情氣之發乃由於外在經驗世界的緣故，〈性自命出〉云：「喜怒哀悲之氣，性也。及其現

56 《春秋左傳正義》，頁 891。

57 王聘珍《大戴禮記解詁》（臺北：文史哲出版社，1986 年），頁 191-192。

58 《逸周書集訓校釋》，頁 177。

於外，則物取之也」，此除了指出「性」的感應活動外[59]，另一方面也指明了「性」對外的交流關鍵在「氣」這個因素，所以「性」纔能夠「待物而後作，待悅而後行，待習而後定」。進而言之，「性」若對生活世界沒有反應，亦即無「情」的出現，則「道」之建立將無著力點，也就沒有人文價值的出現。是以「性」對「物」的感應是必然的事實，同時也反映出「性」、「物」之間固然有「情（氣）」的存在。

再者，誠如東方朔先生所指出，〈性自命出〉在表達「即情即性之當體自己」的思想[60]，亦即情是相應於本性而有的表現，後世典籍也有相合於此的論點，如《荀子・正名》云：「性之好、惡、喜、怒、哀、樂謂之情」[61]，或《禮記・禮運》曰：「何謂人情，喜、怒、哀、懼、愛、惡、欲，七者弗學而能」[62]由此可知，人（性）的真實狀態即是「情」的顯現，它是人存在的經驗事實，並將「性」帶到生活世界中。關於人情，〈性自命出〉進一步主張：

> 凡人情為可悅也。苟以其情，雖過不惡；不以其情，雖難

59　〈性自命出〉云：「凡性為主，物取之也」，又說「凡性，或動之，或逆之，或交之，或厲之，或出之，或養之，或長之。凡動性者，物也；逆性者，悅也；交性者，故也；厲性者，義也；出性者，勢也；養性者，習也；長性者，道也」（簡9-12）。《郭店楚墓竹簡》，頁179。

60　〈〈性自命出〉篇的心性觀念初探〉，《郭店楚簡國際學術研討會論文集》，頁326。

61　《荀子集解》，頁274。

62　《禮記注疏》，頁431。

不貴。苟有其情，雖未之為，斯人信之矣。（簡 50-51）[63]

引文蘊謂人之真情在價值實踐的重要性。意即道德行為首重過程中是否有真實情感，而不在於結果是否有一定的功效，甚至若有真情，在還沒付諸道德實踐前，人們也會對這樣的態度產生信任，所以〈性自命出〉明確表述「未言而信，有美情者也」（簡 51）[64]。言行關係亦重價值內涵，此乃人與人相交往的基礎原則，而且在道德實踐中表現出有情有義的人文價值[65]。又，與「情」相對反者即是「人偽」，矯飾、假作的情感、不真實的表現[66]，所以〈性自命出〉云：「信，情之方也。情出於性」（簡 40）[67]。真情蘊含信實，此亦是人之本性的實際情況。因此，根據上節對「性自命出」之「性」的討論，「性」除了是行為活動的依據外，還因為「天命」而成為人存在的根源（本性），唯簡文認為本性作為道德實踐的根源，還須有「情」在生活世界的經驗表現，而且在經驗世界的實踐過程中，〈性自命出〉更強調唯有「心」的操持運作才能確立「情」的價值，其云：

---

63 《郭店楚墓竹簡》，頁 181。

64 《郭店楚墓竹簡》，頁 181。

65 〈性自命出〉云：「君子美其情，貴其義」（簡 20）。《郭店楚墓竹簡》，頁 179。

66 〈性自命出〉云：「凡人偽為可惡也」（簡 20，《郭店楚墓竹簡》，頁 179），「偽」原釋寫作「憍」，龐樸先生從義理上將這個字解釋為「矯情」。詳見〈郢燕書說——郭店楚簡中山三器心旁文字試說〉，《郭店楚簡國際學術研討會論文集》，頁 39。按成語而言，文題應改為「郢書燕說」。

67 《郭店楚墓竹簡》，頁 180。

> 雖能其事，不能其心，不貴。求其心有偽也，弗得之矣。人之不能以偽也，可知也。不過十舉[68]，其心必在焉，察其見者，情安失哉？（簡 37-38）[69]

引文意指實踐價值的失落乃由於違背了真性情，亦即使心有所造作，倘若使心無偽，真情當使價值意義表現出來。進而言之，性情落實於經驗當中必然會因面對客觀的外在世界而有所反應，反應內容的價值性則在將道德具體化的作為——「心術」的實踐，所以心術的觀念意指運用心志的方法以面對性有經驗的反應（情），並由此顯現道德意義[70]。換言之，〈性自命出〉是以「即心言性情」來說明道德實踐如何可能。值得注意的是，《禮記．樂記》云：「夫民有血氣心知之性，而無哀樂喜怒之常，應感起物而動，然後心術形焉」[71]，又云：「是故君子反情以和其志，比類以成其行。姦聲亂色，不留聰明，淫樂慝禮，不接心術，惰慢邪辟之氣不設於身體，使耳、目、鼻、口、心知、百體皆由順正以行其義」[72]。〈樂記〉指出，因為「氣」的感應無外，常常使得人會有墜惰的表現，唯有心術的導引，才能導正人

---

68 丁原植先生參考上博簡〈性情論〉的文獻，將此句釋讀作「不過十舉」，為「十舉不過」的倒裝句，其意謂以「心」為主導，即能在屢次的舉事中，均不見任何的誤失。《楚簡儒家性情說研究》（臺北：萬卷樓圖書公司，2002 年），頁 225。

69 《郭店楚墓竹簡》，頁 180。

70 有關〈性自命出〉的心術觀請見本書第肆章申論。

71 《禮記注疏》，頁 679。

72 《禮記注疏》，頁 681。

的氣，並行人義[73]。由此可知，〈性自命出〉的心術與性情觀念乃是說明，情氣的存在是生命整體經驗的表現，一方面，心雖然可以決定與主導價值呈顯，不過另一方面，人作為一實際的存在，心還是會因為情氣的緣故而受外物影響。

猶有進者，〈性自命出〉云：「四海之內，其性一也。其用心各異，教使然也」。此一方面說明「性」是普遍的，人固然有之，另一方面「性」還需經由教（學）的用心，才能使人性價值展現，換言之，體現「性」的價值須依靠對「心」的操持，所以價值意識即落於「心」上說[74]。唯簡文所述「用心」之對象並非直接針對「性」，而是就性之有「情」來論述，上引「情生於性」、「情出於性」以及情氣之說，皆是明證。申論而言，〈性自命出〉肯定「唯人道為可道」以及心術之道，除了指出「道」著重在「人道」，亦即強調與人有關之「道」的實踐意義外，還意指人道乃是所有關於人的行為活動，其中當以心術為人道最重要的內容[75]，即心的活動主導著性情與其道德呈現，簡文云：「人之雖有性，心弗取不出。凡心有志也，無與不可，心之不可獨行，猶口之不可獨言也」（簡 6-7）。「心志」即是人（性

73　〈樂記〉心術觀的詳細析論，請參見本書第柒章。

74　〈性自命出〉說「思之用心為甚」（簡 32，《郭店楚墓竹簡》頁 180），又說「用心之躁者，思為甚」（簡 42，《郭店楚墓竹簡》頁 180）。「心」的主動能思性意謂著判斷活動，此在先秦儒學並非孤例，如《孟子・告子上》云：「心之官則思」（《孟子注疏》頁 204），《荀子・正名》亦曰：「情然而心為之擇謂之慮」（《荀子集解》頁 274）。

75　「道」與「術」一體相關，《說文・行部》云：「術，邑中道也」，即「術」是「道」的具體分支。《說文解字注》，頁 78。

情）的價值意向，而且由此開始了人的意義之所在，簡文於「道始於情，情生於性」之後云：「始者近情，終者近義。知情者能出之，知義者能納之」，「情」「義」並舉，說明人道的開始與發展。《禮記・禮運》認為「人義」伴隨著「人情」[76]，〈樂記〉亦云「是故情見而義立」[77]。由此可知，「人道」始於人「（性）情」而立於「義」乃是儒學的主要觀念。因此，「始者近情，終者近義」即蘊含著人道的施行者應該知道「情」的根源，而人之所以為人才能自此開始；然後，人之價值的成就則在於應該知道與建立倫理道德的具體內容與規範，此即是「義」。簡文所謂「義」並非意指價值根源之道德心，而是指詩書禮樂等教化內容所蘊含之道德秩序的意義，其云：

> 聖人比其類而論會之，觀其先後而逆順之，體其義而節文之，理其情而出入之，然後復以教。教，所以生德於中者也。禮作於情或遷（興）之也，當事因方而制之，其先後之序則義道也，或序為之節則文也。（簡 16-20）[78]

簡文乃就詩書禮樂的教化作用，表述有德者依據教化重要性的差

---

76 〈禮運〉：「何謂人情？喜怒哀懼愛惡欲，七者弗學而能。何謂人義？父慈、子孝、兄良、弟弟、夫義、婦聽、長惠、幼順、君仁、臣忠，十者謂之人義」。《禮記注疏》，頁 431。

77 《禮記注疏》，頁 683。

78 《郭店楚墓竹簡》，頁 179。簡文中二「文」字原釋作「度」，引文據李零先生的考證而改，詳見《郭店楚簡校讀記（增訂本）》（北京：北京大學出版社，2002 年），頁 112。筆者認為「節文」與「節則文」乃文從字順，呼應簡文理、教、制、序之文脈。

別而有不同的施行。其中，「體其義而節文之」即實踐文化秩序之謂，丁原植先生解釋此句之意乃「體會『禮』之作為人文制度的適宜性而加以『節文』」[79]，誠如是，則「禮作於情」之興發作用當有「義道」價值理序之建立。而且就「禮云禮云，玉帛云乎哉？樂云樂云，鐘鼓云乎哉」（〈陽貨〉）[80]，以及「人而不仁，如禮何？人而不仁，如樂何」（〈八佾〉）[81]為先秦儒學的共同脈絡，亦即將「禮」原初所含的儀式性轉化為蘊涵道德的秩序性，乃是儒家普遍的精神，則〈性自命出〉以人道之心術面對「道始於情，情生於性。始者近情，終者近義」之道德實踐，即是「禮作於情」與「理其情而出入之」。而且簡文還強調「教，所以生德於中者也」，儒學教化的目的乃是希冀內心之德性能夠表現出來，是以簡文「義」與「禮」的關係亦應指涉價值意識的觀念。[82]

職是之故，「人道」的擘劃是針對「性」之有「情」的呈現而實踐人文之「義（禮）」的教化，而此過程之呈現道德價值的關鍵即在「心術」的實踐性，筆者稱之為「即心言性（情）」的觀念。而且，「心」所擔負的責任不僅在於導引性情來表現價值，另一方面還因為情氣的感通，使得心成為對外在物勢之影響

---

79 《楚簡儒家性情說研究》，頁 104。

80 《論語注疏》，頁 156。

81 《論語注疏》，頁 26。

82 勞思光先生分析孔子思想時曾謂：「禮以義為其實質，義又以仁為其基礎。此是理論程序；人由守禮而養成『求正當』（義）之意志，即由此一意志喚起『公心』（仁），此是實踐程序。就理論程序講，『義』之地位甚為明顯；就實踐程序講，則禮義相連，不能分別實踐」。《新編中國哲學史（一）》（臺北：三民書局，1991 年），頁 121。

的接受與回應者，所以性情之顯現取向還要透過「用心」的適當調節作用以產生人文價值的意義。故而〈性自命出〉有一半的篇幅特別強調「教」與「學」的推行，它們的具體內容就是詩、書、禮、樂，〈性自命出〉云：「詩、書、禮、樂，其始出皆生於人」（簡 15-16），即人的意義當包含禮樂教化等成德之教。

第五節　結　語

總結本章的探討，「天」、「命」、「性」、「情」、「心」的關係結構，在〈性自命出〉的價值論述中，其實是相互連結為意義脈絡。雖就性情心此端為「人道」，但順著「命」的實存及其聯繫，「人道」恆與「天道」關連。換言之，在義理上洞悉即心言性情與即命以言天，以及性命之相互關係脈絡，則天命與性情心在道德意義中是可道通為一的。〈性自命出〉云：「道者，羣物之道。凡道，心術為主……唯人道為可道也」（簡 14-15）[83]，「道」固然是關涉萬物的哲學理論，然而「道始於情，情生於性」，而且「性自命出，命自天降」，唯有洞察到「天命」之所在與人之性情的本然真實之後，纔能提出以「心術」操持（用心）為主的「（人）道」。唯就道德意義的形上思辨這方面，簡文並未多作描述，如此特色亦保留了先秦儒學天道觀的發展空間，亦即當哲學家思索形而上者之謂道的問題時，在儒學的思考中則進化為如何領會道德意義與天命存在的關係的命題，而此命題在先秦儒學中，則乃須比較孟子「盡其心者知其

83　《郭店楚墓竹簡》，頁 179。

性，知其性則知天矣」（〈盡心上〉）[84]的理路，並從「天人合德」[85]思維的脈絡，纔能對儒學史之天道與人道關係有所省察，並可就當代學者對心性論與天道觀的哲學詮釋有所反省。猶有進者，本章所論心、性、情等相關心術與人道問題，在荀子哲學亦是其理論核心觀念，對於〈性自命出〉的理解亦有相當對照性啟發。凡此，請見以下兩章的討論。

84 《孟子注疏》，頁 238。

85 張亨先生在〈「天人合一」的原始及其轉化〉中將儒道的天人思想分為「天人合德」、「天人為一」與「天人感應」三個類型，張先生以孔孟、《易傳》、《中庸》與王陽明為儒家「天人合德」的代表。該文收入《思文之際論集——儒道思想的現代詮釋》（臺北：允晨文化公司，1997 年），頁 258-280。

第參章　〈性自命出〉的心性論與當代孟學詮釋之對比

第一節　前　言

郭店儒簡〈性自命出〉的心性論研究，學者們主要以之與孟子哲學思想作比較，此由於考古上郭店簡的陪葬時代與《孟子》文本成書時間相近或重疊，另一方面則因研究者推論郭店簡中的儒家文獻與「思孟學派」有關，遂在思想史與中國哲學的研究上認為郭店儒簡可與孟子學相互發明[1]。而就〈性自命出〉的文脈觀之，其與孟子哲學形成探討聯繫的關鍵在於簡文云：「喜怒哀

---

[1] 龐樸〈孔孟之間——郭店楚簡中的儒家心性說〉與李學勤〈荊門郭店楚簡中的《子思子》〉是最早的研究代表。二文皆收入姜廣輝主編《郭店楚簡研究（《中國哲學》第 20 輯）》（瀋陽：遼寧教育出版社，1999 年）。接續主張者，梁濤《郭店竹簡與思孟學派》可謂集大成。北京：中國人民大學出版社，2008 年。
雖然，歷史上固可確認子思與《子思子》的存在，但因為文獻不足徵，實不宜貿然以子思或思孟學派概括〈性自命出〉乃至推斷郭店儒簡的思想本質。而之所以形成以子思或思孟學派概括簡文思想的傾向，另一原因則由於思想研究方法的不充分所造成，詳細分析請參見拙著《郭店楚簡儒家哲學研究》（臺北：萬卷樓圖書公司，2008 年），頁 5-8。

悲之氣，性也」（簡 2）、「性自命出，命自天降，道始於情，情生於性」（簡 2-3）、「凡道，心術為主」（簡 14）等文獻[2]，郭店楚簡整理者除了以《中庸》「天命之謂性」來理解外[3]，熟悉孟子學的研究者亦以「盡其心者知其性，知其性則知天矣」（〈盡心上〉）來概括之。梁濤先生認為：

> 儒家心性論不僅僅是從自身出發來說明人的問題，它和中國哲學中的天人關係這個基本問題存在著密切聯繫。竹簡提出「性自命出，命自天降」，認為性來自於天，是天的賦予，把性與天、命統一起來，正反映了這點。由於這一命題出現在很少談及「性與天道」的孔子之後……目前學術界對此存在兩種不同的理解，一種是道德形上學的，認為竹簡的天是形而上的超越者，是普遍至善的，由這種天所出的性必然是善的。[4]

以「道德形上學」詮釋〈性自命出〉者，梁先生舉郭齊勇與呂紹綱二位先生為代表，郭先生說：

> （〈性自命出〉）在以「喜怒哀悲之氣」和「好惡」來界定「性」的同時，申言此性命是天命的，是內在的，實際預涵了此能好人的、能惡人的「好惡」之「情」即是

2 《郭店楚墓竹簡》，皆頁 179。

3 《郭店楚墓竹簡》，頁 182，注釋〔二〕。

4 〈《性自命出》與早期儒家心性論〉，收入龐樸等著《古墓新知》（臺北：臺灣古籍出版社，2002 年），頁 121。

「仁」與「義」的可能，「仁」「義」是內在稟賦的內容。

（〈性自命出〉）這裡的確有「性有善有不善」的意思，至於經驗事實上、人的行為表達上究竟是善還是不善，依賴於客觀外在力量的誘導、制約等。但這裡並沒有完全排拒「情氣」好惡中的「善端」。這就為後世的性善論埋下了伏筆。[5]

呂先生則這麼說：

「天命之謂性」，謂天命就是性。而「性自命出」意思自明，性是從命產生的，性是性，命是命，性、命二也。《中庸》合性命為一，天命善，故性必也善。《性自命出》分性命為二，故言性善，顯得理論乏力。[6]

梁濤先生認為只要性命合一，則呂先生在思路上仍與道德形上學一致。至於〈性自命出〉思想的另一種理解乃是反對道德形上學的說法，梁先生舉李澤厚先生為代表，李先生云：

竹簡有「天」、「命」，卻未見「天命」連用。「天」義含混，其中包含有非人力所可測度、控制的神秘力量，卻並無人格神的性格。「命」無神秘的道德含義，指的即是

5　〈郭店儒家簡與孟子心性論〉，《武漢大學學報（哲學社會科學版）》，1999 年第 5 期。

6　〈性命說——由孔子到思孟〉，《孔子研究》，1999 年第 3 期。

人的感性生命和生存。[7]

「性自命出，命自天降」的「性」，便是與物性相區別的自然人性。竹簡非常詳盡地描述喜、怒、愛、思、欲、慮、智、念、強、弱等等均出於此自然之性。這裡毫無「人性善」的道德說法。後儒直到今天的現代新儒家對「人性」和「天命」的道德形上學的闡釋，似乎值得重新考慮。[8]

梁濤先生贊同李澤厚先生的說法而認為，道德形上學的理論「把天看作善性的根源，以『天命』來說明善性的形成，可能是受到宋明理學道德形上學的影響，不一定符合早期儒家的實際」。宋明理學的義理歸屬該如何判定不是本書的討論範圍，但就天人關係的問題意識，除了道德形上學的詮釋進路外，天命與心性的價值關係是否有其他理解的可能？抑或心性與形上天之間不存在著關連？再者，梁先生認為〈性自命出〉的自然人性會產生道德情感，「它具有善惡的判斷能力，表達、反映的是主體的意志與欲求。人具有了仁、義、忠、信之情或性，便不再是被動地接受外在的規範和支配，而表現出主體的自覺和自由」，又說〈性自命出〉在人性問題上具有「含混、二元特徵」，呈現出「由自然人

---

7 〈初讀郭店竹簡印象記要〉，收入中國哲學編輯部、國際儒聯學術委員會合編《郭店簡與儒學研究（《中國哲學》第 21 輯）》（瀋陽：遼寧教育出版社，2000 年），頁 2。

8 〈初讀郭店竹簡印象記要〉，《郭店簡與儒學研究（《中國哲學》第 21 輯）》，頁 3。

性論向道德人性論的過渡」。然而熟悉康德（Kant）道德哲學者皆應知，由實踐理性所建構的道德形上學，主張自然世界與道德世界分別佔有各自的領域，二者完全不相涉，凡是有關自然世界對道德主體的影響，在康德實踐哲學的批判中是假問題，道德意志遵從道德法則不會受自然世界所干涉[9]。因此，前述種種對〈性自命出〉的解說，如果詮釋理路預設了自然與主體同為人性，或是解讀出外在客觀經驗可以誘導內在人性[10]，則簡文的哲學詮釋將難以避免內在衝突，因為自然與主體之間的本質概念是建立在「實然／應然」二分的架構，以這些對立概念解讀文獻必定產生不一致的詮釋。

上述主體性的問題，以及心性與形上天關係該如何理解的問題，其實關乎心性之學的哲學詮釋，而此乃以當代新儒家的論述最具代表性。牟宗三、徐復觀、張君勱與唐君毅四位先生在面對「西學東漸」的浪潮下，於 1958 年共同發表了一篇宣言：〈中國文化與世界〉[11]。諸位先生的理論目的乃重新思索中國文化的

---

[9] 如此觀點固然在《道德形上學的基礎》與《實踐理性批判》已表明清楚，但回顧康德的論證程序，在《純粹理性批判》的辯證論與方法論中，康德已預示了這些觀點，詳見 *Critique of Pure Reason*, A631B659-A634B662 & A811B829-A813B841。Translated by Norman Kemp Smith, London: Macmillan, 1964。前者涉及自然神學與道德神學的討論；後者則在說明最高善，並從自然世界與道德世界的差異論及自由的觀點。

[10] 蒙培元先生即以「理性情感」與「自然情感」來詮釋〈性自命出〉所謂「情」，並且解釋簡文「始者近情，終者近義」，指出外在客觀的「義」可以陶冶人的性情。〈《性自命出》的思想特徵及其與思孟學派的關係〉，《甘肅社會科學》2008 年第 2 期，2008 年 3 月。

[11] 此文原標題為「為中國文化敬告世界人士宣言」，並有副標：「我們對中國學術研究及中國文化與世界文化前途之共同認識」，見《中華人文

未來，他們在宣言內容中提出，由先秦孔孟跨越到宋明儒的心性之學是中國哲學研究的核心，中國文化生命的精髓即在此。他們認為：

> 中國由孔孟至宋明儒之心性之學，則是人之道德實踐的基礎，同時是隨人之道德實踐生活之深度，而加深此學之深度……此心性之學中，自包含一形上學。然此形上學，乃近乎康德所謂的形上學，是為道德實踐之基礎，亦由道德實踐而證實的形上學。而非一般先假定一究竟實在存於客觀宇宙，而據一般的經驗理性去推證之形上學。[12]

他們還認為當人從事於道德實踐活動時，即足以印證人與天地萬物實為一體：

> 由此印證，即見此心此性，同時即通於天。於是人能盡心知性則知天，人之存心養性亦即所以事天。而人性即天性，人德即天德，人之盡性成德之事，皆所以贊天地之化育……由先秦之孔孟，以至宋明儒，明有一貫之共同認識。共認此道德實踐之行，與覺悟之知，二者係相依互進，共認一切對外在世界之道德實踐行為，為依於吾人之欲自盡此內在之心性，即出於吾人心性，或出於吾人心性自身之所不容自已的要求；共認人能盡此內在心性，即所

與當今世界（下冊）》（臺北：臺灣學生書局，1975 年）之附錄四。《唐君毅全集》版則編入卷四之二。

12 同上註，頁 25。

> 以達天德、天理、天心而與地合德，或與天地參。此即中國心性之學之傳統。[13]

從引文可知「中國文化以心性為一切價值之根源」[14]，當人對道德生活有所自覺時，則宇宙人生的意義皆能圓滿呈現，人的生命遂安頓在此心性之中。諸位先生認為在研究客觀化對象之外，人類應該還要接受一門學問，這門學問會要求人的主體進於「圓而神」的境界[15]，使之充滿惻隱悲憐之仁心，並超化人之存在，此即中國的心性之學。但諸位先生並不囿於心性之學的傳統中，他們面對西方民主與科學的現代化發展，提出了對應之道：

> 我們說中國文化依其本身之要求，應當伸展出之文化理想，是要使中國人不僅由其心性之學，以自覺其自我之為一「道德實踐的主體」，同時當求在政治上，能自覺為一「政治的主體」，在自然界，知識界成為「認識的主體」及「實用技術的活動之主體」……而使中國人之人格有更高的完成，中國民族之客觀的精神生命有更高的發展。此人格之更高的完成、與民族之精神生命之更高的發展，正是中國人之要自覺的成為道德實踐之主體之本身所要求的。[16]

---

[13] 同上註，頁 26-7。

[14] 同上註，頁 54。

[15] 同上註，頁 64。

[16] 同上註，頁 34-5。

換言之，整個心性之學在當代的發展，除了貞定為中國文化的立足點之外，它還可以詮釋出有別於西方傳統「觀解的形上學」[17]之「道德的形上學」，並且在面對時代衝擊下，從此一理論所肯定之「道德實踐的主體」開展出各種以主體為核心與動力的現代世界，亦即心性論在當代的意義是以「主體性哲學」為基礎。而在當代先秦思想研究中，從主體性哲學進行探討者，則以理解與詮釋《孟子》文本最為精彩。牟宗三先生以自律道德理解〈盡心上〉「盡心－知性－知天」的關聯時說：

> 道德，不是具體的個體物，而是人（廣之一切理性的存有）所獨特表現的精神價值領域中之實事實理，這不是可以由上帝之創造而言的，亦不是可以由天道創生而言的。反之，我們可以籠綜天地萬物而肯定一超越的實體（上帝或天道）以創造之創生之，這乃完全由人之道德的心靈，人之道德的創造性之真性而決定的。此即是說：天之所以有如此之意義，即創生萬物之意義，完全由吾人之道德的創造性之真性而證實。外乎此，我們絕不能有別法以證實其為有如此之意義者。是以盡吾人之心即知吾人之性，盡心知性即知天之所以為天。天之所以為天即天命之于穆不已也。天命之于穆不已即天道不已地起作用以妙運萬物而

17 牟宗三先生認為觀解的形上學（Theoretical Metaphysics）亦可名之曰「實有的形上學」（Metaphysics of Being-form），其理智思辯的興趣與分解的精神是中國思想中所不著重的。《中國哲學的特質》（臺北：臺灣學生書局，1974 年），頁 14。

使之有存在也。[18]

引文意謂道德實踐即可籠罩天道創生萬物的意義，將天道實體給予「實踐理性上的一個肯定」[19]，所以牟先生又說：

> 說上帝創造萬物，這只是宗教家的一個說法而已，說實了，只是對於天地萬物的一個價值的解釋。儒家說天道創生萬物，這也是對于天地萬物所作的道德理性上的價值的解釋，並不是對于道德價值作一存有論的解釋。因此，康德只承認有一道德的神學，而不承認有一神學的道德學。依儒家，只承認有一道德的形上學，而不承認有一形上學的道德學。此義即由孟子盡心知性知天而決定，絕無可疑者。[20]

易言之，孟子心性論的形上學取向在於實踐主體給予天地萬物的存在一個合理的價值解釋，亦即道德理性的運作保障了形上天的存有。但是，接受道德主體概念並非皆採取道德形上學的詮釋理路，勞思光先生在肯定孔孟先秦儒學「以道德主體性為中心」[21]之下，乃「不認為心性論必歸於道德形上學」[22]，勞先生在詮釋孟子「盡心－知性－知天」的義涵時說：

18　《圓善論》（臺北：臺灣學生書局，1985 年），頁 133。

19　同上註，頁 134。

20　同上註。

21　《新編中國哲學史（一）》（臺北：三民書局，1984 年），頁 81。

22　同上註，頁 403。

> 此處之「天」字，不重在「限定義」，而有「本然理序」之義。「天」作為「本然理序」看，則即泛指萬事萬物之理。說「知其性，則知天矣」，意即肯定「性」為萬理之源而已。
>
> 形上學重視「有或無」，故必以「實體」觀念為根本；心性論重視「能或不能」，故以「主體」或「主宰性」為根本。明乎此，則先秦儒學之本旨方不致迷亂也。[23]

依勞先生所說，道德主體性的詮釋進路即是充分的論證，倘若將形上天視為實體的觀念，則其應與主體性觀念有所區隔，以免發生扞格。果如是，則上述前輩先生的論證乃反映出某種理論張力，即同是以道德主體性為心性論的詮釋架構，一方的理論融攝形上學，另一方的論證則是排斥形上學，換言之，形上天的思維能否在主體性觀念中取得理論的有效性呢？此一問題乃涉及主體性的價值涵意及其範圍、形上天是否該保留於道德踐履中及其意義等這些議題。而對照上述〈性自命出〉的哲學詮釋問題，並對比當代孟子學的詮釋進路，心性論實乃二先秦文本的共同問題意識，理解〈性自命出〉與《孟子》所使用的詮釋概念與架構，亦是二儒學文獻之多元哲學研究的交集處。是以下文經由釐清孟子心性觀念作為實踐哲學的理論意義，以之做為理解〈性自命出〉心性論的哲學觀念架構，並進而討論天之形上義涵的詮釋問題，以為〈性自命出〉的哲學研究有所簡別。

---

23 同上註，頁 196。

第二節　心性論的詮釋架構

孟子心性觀念的提出，其實涉及人禽之辨，根據牟宗三先生的論述，「人之所以異於禽獸者幾希」（《孟子・離婁下》）[24]整章所欲表達的心性概念，乃完全不同於西方本質主義以種差邏輯構造出的形成之理，而是須從內在於人的「實現之理」來說此幾希一點的「道德實踐心靈」，其云：

> 形成之理之人性表示劃類，而實現之理之人性則歸於每一個人之自己而言其具體的實踐生活之本源或動力。此不表示劃類，而是言人之每一個體自己之「主體」。孟子所說「性」就是人之每一個體自己之主體，道德實踐之主體。[25]

牟先生詮釋孟子「人性」概念的要點即在肯定「具體的實踐生活之本源或動力」以為吾人心性之內涵，此固是牟先生強調儒家思想的特質在「主體性」與「內在道德性」[26]，亦是通過「即心言性」[27]的進路來論證。然而，「即心言性」所詮釋的道德觀念一

24　《孟子注疏》，頁 145。

25　《道德的理想主義》（臺北：臺灣學生書局，1992 年），頁 125。

26　《中國哲學的特質》，頁 8。

27　此一概念詞語的文獻根據是《孟子・告子上》的「乃若其情」章，實即劉宗周（蕺山）對該章的解說文辭，見《語類十四・學言下》，戴璉璋、吳光主編，鍾彩鈞編審《劉宗周全集（第二冊）》（臺北：中研院文哲所籌備處，1996 年），頁 549。劉蕺山的另一用語是「以心言性」，見《語類九・原旨・原性》，出處仝前，頁 329。

當代新儒家的前輩先生們乃從「即心言性」所提供的詮釋進路，盛發孟

方面指明價值實踐的實現有動力因素，另一方面也應留意孟子的人性概念是「決定人生全幅意義與內涵，且任何情形都關乎到每一自我實現與否的『實存』（existence）概念」[28]。換言之，孟子的心性作為道德我，它是「具有明照存在界及人倫社會之價值秩序的功能」，它是在一個由人類與事物所構成的「生活世界」（Life-world）中成就人之所以為人，它是一「在世存有（Being-in-the-world）」[29]。倘若肯認心性概念具有「內在道德性」的意涵，並且呼應孟子「明於庶物，察於人倫」的脈絡，則吾人心性的活動或道德實踐定然是不斷朝向存在界來展現為價值意義的共同結構，亦即道德心的觀念應從其與世界是相互共榮共

子心性論之意涵。詳見唐君毅《中國哲學原論（導論篇）》（《唐君毅全集（卷十二）》，臺北：臺灣學生書局，1986 年），頁 95-104；《中國哲學原論（原性篇）》（《唐君毅全集（卷十三）》，臺北：臺灣學生書局，1989 年），頁 38-46。牟先生的說法則是「即心說性」與「即心見性」，《中國哲學的特質》，頁 59。又牟先生另以「以心著性」與「即心體以言性體」規範蕺山之學（含胡五峯思想），前者見《從陸象山到劉蕺山》（臺北：臺灣學生書局，1990 年），頁 458；後者見《宋明儒學的問題與發展》（臺北：聯經出版公司，2003 年），頁 333。筆者認為，從《孟子・盡心上》之「君子所性，仁義禮智根於心」而言，牟先生對蕺山思想的哲學詮釋，實亦順孟子「即心言性」之本旨而闡釋。

28 《孟子三辨之學的歷史省察與現代詮釋》（臺北：文津出版社，1992 年），頁 47。

29 袁保新〈盡心與立命——從海德格基本存有論重塑孟子心性論的一項嘗試〉，收入李明輝主編《孟子思想的哲學探討》（臺北：中研院文哲所籌備處，1995 年），現收入袁保新《從海德格、老子、孟子到當代新儒家》（臺北：臺灣學生書局，2008 年），頁 55。

通的存在來理解。[30]

根據上述，道德心做為價值意識在實踐中具有優位性，因此活動過程中應能不受經驗因素的干擾而彰顯善之真性，此亦超越「即生言性」的關鍵。但是，為何仍有「人之為不善」的情況發生？關於這個問題，《孟子．告子上》提出二個答案：「弗思」與「不能盡其才」。孟子觀察到一個實情：「富歲子弟多賴，凶歲子弟多暴，非天之降才爾殊也，其所以陷溺其心者然也」[31]，由此可知，「不能盡其才」就是不能盡「性」[32]，其原因在於環境的影響使人「陷溺其心」。然而，更根本的因素則是「弗思」，孟子即從大人小人、大體小體的分辨來論述：「耳目之官不思，而蔽於物，物交物，則引之而已矣。心之官則思，思則得之，不思則不得也。此天之所與我者，先立乎其大者，則其小者弗能奪也。此為大人而已矣」[33]。針對這段文獻，牟宗三先生說明道：

---

[30] 誠如牟宗三先生詮釋「心」的概念為「以感通為性，以潤物為用」（《中國哲學的特質》頁 36），則心性即不僅是主體性概念，而應是含有成己成人成物之道德自覺心，亦即道德本心的存在乃是關聯世界的「感通原則」，此所以孟子倡言「仁心」必建立「仁政」的哲學意涵。「感通原則」的說明請參考袁保新〈盡心與立命〉，同上註，頁 55-56。

[31] 《孟子注疏》，頁 196。

[32] 《孟子注疏》，頁 204。楊伯峻先生據《說文》之「才，草木之初也」，因而考證說：「草木之初曰才，人初生之性亦可曰才」。《孟子譯注》（臺北：華正書局，1990 年），頁 260。

[33] 另外出現三個弗思的地方分別在《孟子．告子上》的第 6、13、17 章，此分章據楊伯峻《孟子譯注》。

> 案此中「思則得之，不思則不得也」，此語中之「之」字即指心官言。心官，孟子此處即隱指仁義之心言。心官與耳目之官相對而言，「思」是其本質的作用，故通過此「思」字，它可以與耳目之官區以別。「思」能使你超拔乎耳目之官之拘蔽之外，它是能開擴廣大你的生命者。故若你能思，則你便得到你的心官（你的仁義之本心）而實有之，即你的心官（仁義之本心）便可存在在這裏而不放失；你若不思而只隨物欲轉，一若純任耳目之官而逐物，則你便得不到你的心官（仁義之本心）而實有之，即你的心官（仁義之本心）便不能存在在這裏而亡失。此處以思不思定心之存亡，前第八中（按：「牛山之木」章）以操存與否定心之存亡。操存是工夫語，思是心官所發之明。操存底可能之內在的動力，即其最內在的根據，即是「思」也。「先立乎其大者，則其小者不能奪也」，此中之「立」亦是由思而立。[34]

根據引文可知，思是大體本心的作用，有思才能實有你的心官，而隨耳目之欲則會亡失心官以致不思，亦即人原本性善，其不善的表現乃肇因於人自陷其心而不思。以上述理路反觀性善不善的問題，〈性自命出〉云：「好惡，性也；所好所惡，物也。善不善，性也；所善所不善，勢也」（簡 4-5）[35]，據前一章所論，〈性自命出〉所言並非意謂性可善可不善，或說性存在著善惡衝

34 《圓善論》，頁 51。
35 《郭店楚墓竹簡》，頁 179。

突的矛盾，而是在「性自命出，命自天降」的脈絡下，簡文隱喻「性」是所有道德實踐的可能性，它使我們的為善得以可能，唯在外勢及外物的影響下，人也會有不善的行為出現。故〈性自命出〉說：「人之雖有性，心弗取不出」（簡 6）[36]，又說：「凡道，心術為主……唯人道為可道也」（簡 14-15）[37]、「君子執志必有夫廣廣之心」（簡 65）[38]等，其言皆在揭示實踐人道的價值在於心術的操持，而依靠心志的導引能將性情的價值彰顯出來[39]，所以簡文進而肯定「凡人情為可悅也。苟以其情，雖過不惡；不以其情，雖難不貴。苟有其情，雖未之為，斯人信之矣」（簡 50-51）[40]，此即來自「信，情之方也。情出於性」（簡 40）[41]。真情蘊含信實，亦是人之價值性的所在。換言之，〈性自命出〉意謂人性作為道德實踐的根源，其活動面向則是「情」在生活世界的經驗表現，並且在此表現的實踐過程中，亦需掌握

---

36 《郭店楚墓竹簡》，頁 179。

37 《郭店楚墓竹簡》，頁 179。

38 《郭店楚墓竹簡》，頁 181。

39 《說文・心部》：「志，意也。從心㞢，㞢亦聲」，《段注》：「原作從心之聲……詩序曰：詩者，志之所之也，在心為志，發言為詩」。金祥恆先生在〈釋生一之止（上下）〉中說「㞢」是「之」的甲骨文，後世多以「往」「適」的意義來使用。《中國文字》1961 年第 5 期、1962 年第 6 期。所以從文字來說「志」是心之所向，從義理而言則「志」具備「指向」或「意向」。李零先生考據「廣廣」是遠大之義（《郭店楚簡校讀記（增訂本）》，北京：北京大學出版社，2002 年，頁 111），所以「廣廣」指君子具備寬大廣博的道德心靈，用以呈現人性的價值。

40 《郭店楚墓竹簡》，頁 181。

41 《郭店楚墓竹簡》，頁 180。

「心」的操持運作（心術）才能確立「性→情」的價值，此固是就心性情關係論善之存在而言。再者，在即心言性（情）的模式中，〈性自命出〉對於「心－性（情）」的關係還有另一面向的界說：「凡人雖有性，心無定志，待物而後作，待悅而後行，待習而後定」（簡 1）[42]，「喜怒哀悲之氣，性也。即其現於外，則物取之也」（簡 2）[43]。可見心有定志雖然可以引導我們的性情以實踐道德價值，但是它也會在外物的影響下而有所承受或蒙蔽，所以〈性自命出〉云：「凡學者求其心為難……雖能其事，不能其心，不貴。求其心有偽也，弗得之矣……不過十舉[44]，其心必在焉，察其見者，情安失哉」（簡 36-38）[45]。由此可知，隨著外物的流轉，在不能其心的情況下，人也會有「偽」的時候，以致失去自己應該有的道德表現，此之所以有不善的緣故。進而言之，未能以真性實情處世，必將造成價值的放失，亦即使心的活動不作主宰而有所造作（偽），是以若能避免習氣與外物的影響而無所偽，則心之真情當使價值意義表現出來。

綜合上述，孟子思想與〈性自命出〉皆肯認縱使存在著道德心，但在道德實踐過程中也會有不善的行為出現。而之所以不善的因素不在心性，乃是吾人行為踐履過程中之與世界或外物接觸

---

[42] 《郭店楚墓竹簡》，頁 179。

[43] 《郭店楚墓竹簡》，頁 179。

[44] 丁原植先生參考上博簡〈性情論〉的文獻，將此句釋讀作「不過十舉」，為「十舉不過」的倒裝句，其意謂以「心」為主導，即能在屢次的舉事中，均不見任何的誤失。《楚簡儒家性情說研究》（臺北：萬卷樓圖書公司，2002 年），頁 225。

[45] 《郭店楚墓竹簡》，180 頁。

的緣故。猶有進者，不同的先秦儒學文獻皆涉及人性善否的問題，而且學者們的研究亦反映出當代孟子學詮釋對理解〈性自命出〉哲學觀點的影響，郭齊勇先生以當代新儒家的角度所提出的說解即是代表：

>（〈性自命出〉的）情氣不僅僅指自然情欲，也指道德情感。爾後孟子著力發揮的，正是天賦的道德情感，並由此上升為道德理性。[46]

郭先生又說：

>儒家道德形上學是建立在道德情感之上的，而不是排情的，相反，它力圖使道德情感成為道德實踐的內在動力。孟子的性善論既是道德理性普遍主義的提揚，又不排斥情、才、氣性，當然，他強調大體與小體的關係，強調道德主體、道德意志的引導，調節並轉化情、才、氣性。這是儒家道德形上學既超越又內在的反應與表現。孟子心性論，乃至宋明心性論，統攝了先驗的與經驗的兩層。[47]

換言之，在郭先生的論述中，肯定道德理性、強調道德主體、運用道德意志，正是昇華情氣的主要根據，先驗主體性使自然情欲與道德情感有了價值轉換的可能性。然而值得注意的是，〈性自

---

[46] 同註 5，頁 25。

[47] 同上註，頁 27。

命出〉在「心－性」關係中特別突出「情」的實存，亦即前文所引「喜怒哀悲之氣，性也」的情氣，然而文獻後面又接著說「即其現於外，則物取之也」以表示情氣的興作會受到外物的影響[48]，如此乃說明「心－性（情）」的結構中，其活動必然處於現實世界此一存在因素。這是因為「性」字的原始結構（生）本就考慮到自然生命的實存，所以情氣的事實說明人心的活動必處於存在經驗中，而倘若讓情氣受外物牽引，則其心將無定志，也就會將人的表現導向偽作的面向，此即不善。如果前述說明無誤，則上引「主體性」思維是否能如理地詮釋〈性自命出〉的文獻，亦即在「心－性－情」一體的實況下，「主體」對道德活動所呈現的主宰性，能否保留住道德情感以及情氣這些經驗生命要素呢？進而言之，倘若將主體性作為人的本質，則道德價值的存在乃須遂行道德主體才能得到基礎，而一切價值都要為主體我服務，如此一來，主體我與經驗世界的張力、衝突、焦慮、猶疑等這些主客對立的緊張狀況，能否以之理解古代文獻中所欲傳達之實踐思想呢？除了主體性思維之外，是否還有其他詮釋理路的抉擇，可以消解我們心中的不安。

如果將孟子所觀察到的「弗思」或「陷溺其心」，乃至〈性自命出〉所察見到的「其心有偽」的狀況都收回到心的根本狀態來討論，則當代前輩先生們的論述在詮釋進路上實可指引出理解的方向。首先，在大體小體的分判上，唐君毅先生說：「此中大可統小，而涵攝小，小則不能統大而涵攝大。故以心言性之說，

---

[48] 〈性自命出〉云：「凡見者之謂物」（簡 12，《郭店楚墓竹簡》頁 179），此乃意謂物是由外顯者。

亦可統攝以生言性之說」[49]。易言之，孟子的以心言性是在確認人的生命有欲望的限制（以生言性）之下，從道德心來超克自然生命的束縛。亦即孟子體認到心性與生性是一個完整的生命結構，然後提倡道德心靈對人的實踐活動具有價值的優先性，以確立人之真性所在。但是誠如袁保新先生所主張：「心靈在生命整體結構中的優位性，不可誤解為它高高在上，不食人間煙火，擁有完全獨立在形軀之上的存在性」[50]。袁先生的觀點乃是基於詮釋學方法的省察而論述，對於心靈的優位性問題，其探討還有更深入的闡述：

> 「心」作為「在世存有」，當它依照自身的感通原則通向具體的生活世界時，「明於庶物，察於人倫」誠然是可能的，但是面對一個既與的公共世界（public world），苟若不能念念自覺「此天之所與我者」的存有論的天職，而有所「陷溺」、「放失」，則其退墮為「飲食之人」也一樣是可能的……對於人之為不善，也可以通過心性之存在結構的說明，給出可能性的基礎。[51]

在生命的整體結構當中，生性代表著經驗因素的影響的存在，凸顯心的自覺省思不僅表述人之當可以為善的內在依據，亦顯示道德心的實踐必在與客觀的生活世界的聯繫中，呈現為感通無外的

---

49 《中國哲學原論（原性篇）》，頁 42。

50 《孟子三辨之學的歷史省察與現代詮釋》，頁 77。

51 〈盡心與立命〉，《從海德格、老子、孟子到當代新儒家》，頁 56-57。

實踐根本。道德實踐的過程必須面對經驗性的存在可證諸《孟子・公孫丑上》論「不動心」與「知言養氣」章[52]，孟子在述及心志與氣的關係時認為，氣雖然是「體之充」，但志是「氣之帥」，這顯示道德心（志）仍具有決定性的力量，然而孟子在〈告子上〉也承認，人在從事生命實踐的歷程時，仁義之心在「旦旦而伐之」、「梏之反覆」的減損活動中，人會相應反映出「違禽獸不遠」的情況。縱然人生命活動出現負面現象，孟子還是察覺到良心會以「平旦之氣」、「夜氣」的狀態留存而不被完全遮蔽[53]。對比〈性自命出〉所述「性情」到「情氣」的脈絡，簡文雖然觀察到「凡性為主，物取之也」（簡 5），但是也注意到「人之雖有性，心弗取不出」（簡 6）的實踐性，意即道德心靈作為價值意識，一方面承受外物的影響，另一方面也能在心術的操持下而對性情的價值實現有所決定。進而言之，倘若肯定道德本心是心性論詮釋的核心觀念，則「心」概念作為實踐道德價值的主要依據，在理論架構方面可以確定其優位性而為道德行為的主宰，另一方面也應關注到在「踐形」的實踐經驗中，吾心面對生存世界必遭遇各種形形色色的事物，而可能或多或少受它們影響。不過，「物交物，引之而已矣」僅是無法逃避的存在歷程，變成飲食男女或近於禽獸並非做為道德存在的真實面貌，人身為在世存有的特徵也並非僅止於解釋為不善的可能，而應是從「君子所性，仁義禮智根於心。其生色也睟然見於面，盎於背，施於四體」（《孟子・盡心上》）[54]的道德流露中，避免陷於口

---

52 《孟子注疏》，頁 53-55。

53 《孟子注疏》，頁 200。

54 《孟子注疏》，頁 233。

目耳鼻之欲，也纔不致放失本心真性而難以自拔。

根據上述理路的說明，筆者擬對〈性自命出〉的心性論提出幾點詮釋。首先，〈性自命出〉的論述指出心術的操持過程中存在著情氣，亦即肯認實踐者的生命全幅結構中有著經驗因素，並且在道德實踐中可能受情氣影響。然而「情生於性」，而心志又能導引性，所以縱使生命歷程存在著經驗性，道德價值仍保持展現的可能性，此即道德心做為實踐的真實動力，在「情」的興發過程中，引導實踐者不受外在物欲的影響，而表現出本性真情的價值。易言之，順著〈性自命出〉的脈絡，「情」的考量並不是一種攸關「性」之負面影響的因素[55]，即將「情／性」關係視為道德理論的預設，主張通過樹立心體或性體（即主體）以對抗情或欲的衝擊。凡此涉及人情之消極面的探討固是儒學史中的議題，但在〈性自命出〉的敘述中，因為強調「情生於性」的緣故，所以「情」根本上還是人之實存的本然展現，此即「凡人情為可悅也。苟以其情，雖過不惡；不以其情，雖難不貴。苟有其情，雖未之為，斯人信之矣」。猶有進者，「性自命出，命自天降」，人因為「天」的賦與而通過「命」以「性」為實踐活動的根據，然而「性」的實際展現即為「情」，「性」「情」基本上

---

55 將「情」視為道德活動的可能消極因素，除了《荀子》云：「情者，性之質也；欲者，情之應也」（〈正名〉）外，後世儒者則如王龍溪之言：「若徒任作用為率性，倚情識為通微，不能隨時翕聚以為之主，倏忽變化將至於蕩無所歸，致知之功不如是之疏也」（《明儒學案．浙中王門學案》）。前述文獻分別參見《荀子集解》（臺北：華正書局，1988 年），頁 284。《明儒學案》，沈善洪、吳光主編《黃宗羲全集（第七冊）》（杭州：浙江古籍出版社，2005 年），頁 281。

是整體的觀念，在「喜怒哀悲之氣，性也」的脈絡下，以「情氣」說明人的存在實情，亦即就人的本然存在而言，乃以「性」來稱之；而就此實情表現出人之感動的真實反應，則以「情」來名之。順此，就「人」的意義來說，所謂「人道」則是針對「性命之情」或「性情」所指涉的人之實情反應[56]，採取導引的方法（心術）而建立起人文價值，此一功夫的根據就是道德心的存在。

第二，東方朔先生認為〈性自命出〉「心性論概念所表達的是人的實存面向，是人的具體的生活世界的面向」[57]。誠如是，人作為在世存有，主導我們實踐生活的皆只有一心，實存的道德心面對外物的擾動，若能順本心真性的價值理則而動，或是能

56 無論是「性命之情」或「性情」、「情性」，這二個詞在先秦典籍中皆成為關乎價值實踐的觀念。前者如《莊子・天運》「其知憯於蠣蠆之尾，鮮規之獸，莫得安其性命之情者」（郭慶藩《莊子集釋》（臺北：華正書局，1994年），頁527）；《呂氏春秋・勿躬》「故善為君者，矜服性命之情，而百官已治矣，黔首已親矣，名號已章矣」，王利器《呂氏春秋注疏（第三冊）》（成都：巴蜀書社，2002年），頁2014。
後者如《莊子・繕性》：「文滅質，博溺心，然後民始惑亂，無以反其性情而復其初」（《莊子集釋》頁552）；《荀子・儒效》：「行法至堅，好脩正其所聞，以橋飾其情性」（《荀子集解》頁82）；《韓非子・大體》：「寄治亂於法術，託是非於賞罰，屬輕重於權衡；不逆天理，不傷情性」（王先愼《韓非子集解》（臺北：世界書局，1988年），頁156）；《禮記・樂記》：「是故先王本之情性，稽之度數，制之禮義，合生氣之和」（《禮記注疏》頁679-680）。

57 〈〈性自命出〉篇的心性觀念初探〉，收入武漢大學中國文化學院編《郭店楚簡國際學術研討會論文集》（武漢：湖北人民出版社，2000年），頁328。

「待悅而後行，待習而後定」，它就是道德心；若只是依靠外物的興作而行為，使情氣隨身軀而動，那就是「其心有偽」（簡37）[58]、「不有夫柬柬之心」（簡 45）[59]、「不有夫恆怡之志」（簡 45）[60]，實踐活動就處於造作、無誠心，即無始終如一的啟發心志，此在消極的狀態下，實踐者就是失去真我，隨順外界的誘惑而流動，此即「不善」。由此可知，所謂不善僅是現象、描述面的意義，其在心性論中並不具有實在義、本質義與根源義。

第三，雖然〈性自命出〉述及心的運作時蘊含多義性與多面向的作用，然而此並非意謂簡文涉及二重主體的觀念，其人性論也未如上引梁濤先生所說，在「含混、二元的特徵」下表現出「主體的自覺和自由」。理解簡文心性意義的關鍵乃在於主宰我們行為的仍只是一心，心不可能同時從其小體又從其大體，或是同時是善又是不善。道德心之實存下之所以有善與不善的思考，其旨在表明心、性、情關係的一體，指出心面對道德抉擇時的情實，若能如〈性自命出〉所云，表現出「柬柬之心」與「恆怡之志」，此即道德心呈現出吾人之性善；而若是「求其心有偽」，則是讓心因情氣的存在關連而受外物牽引，無法充盡人性的價值，因而有「放心」與為不善的可能。是以如果肯定道德本心的

---

58 《郭店楚墓竹簡》，頁 180。

59 《郭店楚墓竹簡》，頁 181。李零先生的考據認為「柬柬」是形容人的誠信，《郭店楚簡校讀記（增訂本）》，頁 110；陳偉〈郭店楚簡〈六德〉諸篇零釋〉則以為「柬柬」是指心的質樸。《武漢大學學報（哲學社會科學版）》，1999 年第 5 期。據此，「柬柬」是指心的純樸誠實。

60 《郭店楚墓竹簡》，頁 181。

實存性與經驗因素的存在，則「主體」作為決定性觀念將無理論意義，因為一旦理則上堅守主體概念的份際，則情氣的存在必不可能影響人性之中的主體的道德活動，此由於主體的宰制具有決定性作用，情氣的經驗因素將無動搖主體的可能。是以據上文的分析，主體性觀念的絕對性還原到文獻中，並無法如理地呈現簡文對人的實際生命狀況所作的描述，此乃由於「心－性（情）」一體，倘若以主體概念來詮釋〈性自命出〉文獻所蘊含之道德本心與價值意識的思想，則無異割離人與世界的關係，使價值實踐恆處於道德與自然的衝突中，不啻形成心性論的理論張力。

第四，根據上述三點分析，倘若在理解文獻上忽視人之實存的真情，而以道德主體性來詮釋〈性自命出〉的內容，則如此之心性論即顯得論證不夠充分，因為，道德主體性進路既無法反應情氣與性（情）關連的實存因素，也無法正視心或情氣會常常受到外物的引動，而使生命有不當的反應。再者，道德主體性的詮釋進路使本心撕裂為自然情欲與道德情感，而視情氣為道德理性所欲提昇、轉化的對象，以致無法正視簡文中情氣與心性在生命整體上乃有著價值關連。更甚者，如若採取郭齊勇先生所主張天賦的道德情感可以上升為道德理性的講法，則其帶有先驗哲學的說法能否還原到文獻中呢？如眾所知，在西方倫理學「理性／感性」二分的概念架構中，康德的道德哲學將道德情感歸為他律道德，而完全與道德理性的自律道德不相屬。倘若嚴分道德情感與道德理性乃屬不同領域，則面對〈性自命出〉的文脈，是否須要強烈表示簡文所謂之喜怒哀樂這些道德情感難以提昇到真心本性此一道德理性；抑或對文本產生不一致的詮釋，無視〈性自命出〉對情氣以及「情生於性」之生命全貌的主張。因此，毋論

〈性自命出〉或是孟子的心性論，以道德主體的系統架構來詮釋這些古代文獻應不無商榷餘地。

職是之故，以主體為理論基礎的道德哲學固然有一定的詮釋效力，但是在心、物二元的架構下，先驗道德我如何既超越又內在，又怎麼以道德主體統攝先驗與經驗，這其中是否會產生兩重主體性的混淆，以及道德主體背後所預設的概念背景能否一致而有效地詮釋古典文獻等等問題，面對心、性、情共同實存為整體生命的古代儒學思想，主體性理路確實難以避免理論困境。然而，如果我們能在詮釋理路上稍稍鬆開對主體性進路的堅持，以「道德心」之真實本性的價值觀念作為詮釋架構，應是吾人解讀文本的較好模式。從上文的對比說明可知，無論是道德理性抑或道德主體的本質性觀點，面對實踐者做為在世存有的存在經驗，先驗的思維將導致整體生命結構的分裂，並且無法避免主客對立衝突的發生。尤其在上述〈性自命出〉和《孟子》思想的考察中，文獻所論述的心、性、情關係，皆反映出古代學者有見於生命的整體性與實踐價值的優先性，他們一方面指引善的根源——心性，另一方面則顯示不善的因素——物取情氣，以為思辨實踐理論之方針。其中，無論是孟子的學問之道，抑或〈性自命出〉的人道思想，古典儒學心性論皆共同地涉及價值實踐的另一重要思想因素——天與命，此亦關乎心性觀念如何面對天道之造化流行，請詳見下節的討論。

第三節 天的形而上義涵與命的存在意義

本章前言已指出，研究者因〈性自命出〉之「命自天降」一語而聯想到《中庸》的天道觀，然而上一章的析論亦指出《中庸》「天命之謂性，率性之謂道，修道之謂教」的觀念對比於簡文「性自命出，命自天降」的表述，後者之「命」作為「天」與「性」的聯繫，「命」是天人之間中介與轉折，根據簡文的思想脈絡，理解「命」的意涵纔是掌握由天至性之過程的關鍵。意即〈性自命出〉之「命自天降」乃蘊謂經由「命」的顯發導回到根源之「天」，「天」之所指涉已非是政治或宗教方面的個別義涵，而是就萬物生化的根源自身來理解。再者，依據上章所述〈性自命出〉的人道思想，「命自天降」之「命」乃指引吾人回歸做為存在之源的「天」來思考人的存在意義，即簡文「性自命出」之「命」依其實然所呈現為客觀的「性」，而有「人性」問題的思辨，此即關涉人之所以為人的義涵，進而演繹出「心」與「性」的理論關係。易言之，〈性自命出〉之「天－命－性」的模式乃引導吾人做探源性思考，以「命」溯源至本然之「天」，且又以「性」的意義關連於「命」，此即人性價值（人道與心性）乃離不開「命」的關鍵作用與「天」之做為終極根源，而由此所涉生命實踐則是下貫於性（情）而關係到心的活動。簡文固然是心性與天道的論述，而且可對比《孟子・盡心上》的名言：

> 盡其心者，知其性也。知其性，則知天矣。存其心，養其性，所以事天也。殀壽不貳，修身以俟之，所以立命也。[61]

此乃論證心性論與形上天道之關係時，學者援引最多的文獻，勞

---

61 《孟子注疏》，頁228。

思光先生認為：

> 專就哲學問題看，則此中之（形上學）理論困難，亦甚明顯。蓋若以為「性」出於「天」，則「性」比「天」小；換言之，以「天」為一形上實體，則「性」只能為此實體之部分顯現；由「天」出者，不只是「性」。如此，則何以能說「知其性」則「知天」乎？「其」字自是指「人」講，「知其性」縱能反溯至對「天」之「知」，亦只是「天」或「天道」之部分，人不能由知人之性即全知「天」也。總之，如「性」出於「天」，則「知其性」不能充足地決定「知天」。[62]
>
> ……孟子言及「天」與「性」時，並非肯認一形上實體；「知其性」則「知天」之說，語義正與「天命之謂性」相反；「心」是主體，「性」是主體性，而「天」則為「自然理序」。「自然理序」意義甚泛，自亦可引出某種形上學觀念，但至少就孟子本人說，則孟子並未以「天」為「心」或「性」之形上根源也。[63]

勞先生的觀點首先就部分不能大於整體的邏輯思想，判定即使知「性」也不可能知全部的「天」；而且就「心」「性」作為主體與主體性而言，它們的活動與天做為自然理序無關。亦即在勞先

62 《新編中國哲學史（一）》，頁 194-195。

63 同上註，頁 197。

生看來，作為形上實體的天當與心性思想毫無根源上的聯繫，所謂盡心知性在命題上無法周延地知天。唯此所衍生的問題是，倘若以道德主體詮釋心性，則必無視於人的存在結構，將真心本性自絕於實踐者的生活世界，而天作為本然理序或形上根源也就只能與實踐心性毫無關係。然而，孔孟古典文獻中「天」作為一切事物的形上根源從未被古代思想家質疑過，孔子自道「天生德於予」（〈述而〉）與自命「天之未喪斯文」（〈子罕〉）[64]，孟子引述古《書》「天視自我民視，天聽自我民聽」（〈萬章上〉）與古《詩》「天生蒸民，有物有則。民之秉夷，好是懿德」（〈告子上〉）[65]，其中的道德意識並未排除天的存在，可見古典儒學心性論其實蘊含著形而上意義的思維，而值得吾人再省察。

心性與形上天的聯繫的詮釋理路可從以下幾項要點來澄清。第一，回到「盡心－知性－知天」的命題，牟宗三先生解釋：

> 「盡心」之盡是充分體現之意，所盡之心即是仁義禮智之本心。孟子主性善是由仁義禮智之心以說性，此性即是人之價值上異于犬馬之真性，意即道德的創造性之性也。你若能充分體現你的仁義禮智之本心，你就知道了你的道德的創造性之真性。此中盡字重，知字輕，知是在盡中知，此亦可說是實踐的知，即印證義。你若這樣證知了你的真性，你就知道了天之所以為天。此知亦是證知義，在實踐

64 《論語注疏》，頁 63，頁 77。

65 《孟子注疏》，頁 168，頁 195。

中證知也。[66]

在牟先生看來，心性論的天是在實踐中體證而知的，意即實踐者唯有在道德活動的創造性中，才能彰顯天的形上意涵，此乃牟先生強調孟子的心性論是「實踐的形上學」[67]，其意義在於「將天道的無邊義蘊繫屬於人性本真的實踐過程中」，以保留住天道的形上性格而不致遭「智測」與「觀解」的簡化[68]，避免以西方傳統形上學知識進路來分析天人關係，而以價值哲學的理路來體認天道的道德性。

第二，值得注意的是，牟宗山先生一方面將「天」表述為「超越的實體」，另一方面又主張實踐理性底下的「天道」觀念是「對于天地萬物所作的道德理性上的價值的解釋，並不是對于道德作一存有論的解釋」，意即「天之所以為天之具體而真實的意義完全由心之道德的創造性而見」[69]。如此觀點的建立即在於牟先生從康德道德形上學的理路堅持「道德主體」[70]，又從實踐

---

66 《圓善論》，頁 132。

67 《道德的理想主義》，頁 130。牟先生另從工夫上廣義地說：「東方的形而上學都是實踐的形而上學」。《中國哲學十九講・第六講 玄理系統之性格》（臺北：臺灣學生書局，1983 年），頁 115。

68 《孟子三辨之學的歷史省察與現代詮釋》，頁 94。

69 《圓善論》，頁 134。牟先生又說：「我們可以籠綜天地萬物而肯定一超越的實體（上帝或天道）以創造之或創生之，這乃完全有人之道德的心靈，人之道德的創造性之真性，而決定成的……天之所以有如此之意義，即創生萬物之意義，完全由吾人之道德的創造性之真性而證實」。前揭書，頁 133。

70 《智的直覺與中國哲學》（臺北：臺灣商務印書館，1971 年），頁 196, 347-348。

理性來確認天道乃是一「超越的實體」，所以牟先生亦依中西哲學的不同，對「存有論」一詞的概念內容有所辨析：「中國的慧解傳統亦有其存有論，但其存有論不是就存在的物內在地（內指地）分析其存有性，分析其可能性之條件，而是就存在著的物而超越地（外指地）明其所以存在之理。興趣單在就一物之存在而明其如何有其存在，不在存在的物而明其如何構造成」[71]。由此可見，牟先生意識到中西哲學的差異，並且在思想會通方面呈現出一定論證效力[72]。然而，從詮釋詞語的精確性與推論的周延來省思，其中問題除了道德主體與實體概念能否共用於一理論系統外，一旦在理解文獻上將天實體化與將人（心）主體化，則道德實踐者成就價值的領域，如何與天道造化流行的領域有共通且相合的意義脈絡呢[73]？誠如袁保新先生所指明的：「『天』作為說

---

[71] 《圓善論・附錄》，頁 337-8。

[72] 請見《圓善論・第一章　基本的義理》。文中牟先生一方面疏釋〈告子上〉文獻，另一方面則是以孟子與康德道德哲學相互理解與詮釋，甚至表示：「全部康德的道德哲學不能超出孟子的智慧之外，而且孟子之智慧必能使康德哲學百尺竿頭進一步」。《圓善論》，頁 53。

[73] 筆者的反省固然是得自袁保新先生的啟發。袁先生指出牟先生對於形上學的意涵其實有隱晦不明之處，當牟先生說「天」是創造萬物的「超越實體」時，牟先生顯然是順著西方傳統形上學「存有物」的模式來詮釋，將「天」比附如西方哲學中的「上帝」。但是當牟先生主張「儒家說天道創生萬物，這也是對于天地萬物所作的道德理性上的價值的解釋」，並認為「天之所以為天之具體而真實的意義完全由心之道德的創造性而見」，則似乎又隱含海德格「基本存有論」的論調，反而不在證明「天」是否為一客觀的存在，而是將天詮釋為「一個說明萬物何以存在的超越根據或意義基礎」。〈盡心與立命〉，《從海德格、老子、孟子到當代新儒家》，頁 39-40。

明萬物所以存在之理，其義理性格與其名之為『超越實體』，毋寧視為海德格哲學的『存有』」[74]。易言之，除了如實地把握天的形而上內涵乃是從「實踐的形上學」理路所獲得外，還應從海德格「基本存有論」的理論，將天概念去實體化，而理解天為存有論上決定一個事物是否存在的意義根據。袁先生說：

> 如果我們執意將「天」理解為「超越實體」，則不僅要面對勞思光先生「知其性」不能充足地決定「知天」的批評，而且所有圍繞著西方形上學「實體」概念所發展出的各式批判，也將被迫導入孟子哲學的理解中，成為我們現代人接受領納孟子思想的障礙。相反的，如果我們將〈盡心章〉從海德格基本存有論的理路來詮解，把「盡心－知性－知天」理解為：只有通過本心充分的實踐，才可以知道人之所以為人以及天之所以為天的「意義」，換言之，將「性」與「天」當作純粹的存有論概念來看待，而不順著傳統形上學理解為「存有物」，則這種理解不僅是一項忠於文獻的解讀，而且也是跳開了西方傳統形上學的糾葛，將孟子帶入到一個更具有現代意涵的作法。[75]

而且，孟學「盡心－知性－知天」的哲學架構，「與其理解為通過盡心知性吾人即可證知超越實體的客觀存在，毋寧理解為一個『意義』的問題，即在盡心知性中體認到天之所以為天的意

---

[74] 同上註，頁 41。

[75] 同上註，頁 40。

義」[76]。猶有進者，在西方傳統哲學中以「第一因」、「超越實體」來分析存有物的存在與構造之理論，在先秦哲學中從未形成過，而且先秦哲學的思維模式也很難以「實體」概念詮釋人與天地萬物之價值關係的理論。是以面對「盡心－知性－知天」所欲闡明的天人關係，應不僅止於宣稱「心性為一切價值之根源」，或是理解心性主體可以自根自足自滿於一切，而應在存有意義之探詢的脈絡下，將天之所以為天理解為意義的根源，以表達出天人關係的相互隸屬，如此才不至於在「超越實體」與「道德主體」的概念差異中，將天人關係的理解與詮釋斷為兩橛。

第三，回顧本章第一節所引學者們對〈性自命出〉的哲學詮釋，對比本節所分析之心性與形上天的義理關係，簡文與孟子學的研究確實可從相同的問題意識──「心－性－天」──來探討，甚至也存在著相同的詮釋進路──主體哲學。而根據上述實踐的形上學與「天」存有化為意義的根源，心性的活動與天道的價值關係還涉及簡文所明言「性自命出，命自天降」之「命」概念，亦即天人關係的相互聯繫理應存在著「命」的因素，筆者說明如下。

依本節一開始所言，〈性自命出〉在心、性、情與天道的通貫聯繫中，以「命」在人身上呈現的事實而上達於「天」。就「天」而言，「命」的存在使得天可以將其意義賦與實踐者；就「人」而言，「命」的存在讓人可以將自身存在的實踐意義回應至天。而且根據上一章對〈性自命出〉的分析，「命」之所以能

76 〈天道、心性與歷史──孟子人性論的再詮釋〉，《哲學與文化》22卷第11期，1995年11月。又收入《從海德格、老子、孟子到當代新儒家》，頁83。

做為天人之間的繫連關鍵，乃是由於性情的興發與心的操持主要依靠人的道德表現，但是道德心與性情的意義自身的存在，從根源上則來自於「天道」，亦即人性之所以是價值存有，乃源自於天道的生成活動，如果沒有由「天」而「命」的降生（性），則所有人之為人與天之為天的意義將要落空。易言之，倘若順著上文的探討，將「天」視為意義脈絡的來源，則「天」一方面做為人倫道德價值的存有之源，確保價值實踐的存在得以永恆。另一方面亦須察識到，形上天並非是使「心性」呈顯善之內在性的實踐者，價值的證成與賦予仍是人的責任，人必須在道德實踐中，纔能對價值根源有所反省，並且實現性善。而在此實踐的過程中必然存在「命」這個環節，否則天人之間相互關連的結構將無法被正視。是以再次對比孟子「盡心－知性－知天」的結構，倘若能夠避免以西方傳統形上學「無限實體」、「第一因」、「絕對者」來詮釋形上天的意涵，則在實踐的形上學之天道義之下，吾人應於實踐心性至體會天道意義的歷程中，確認「命」的存在與「立命」此一價值活動。袁保新先生說：

> 關於「盡心」如何「知天」，傳統的理解只要順「萬物皆備於我」這一意義，逕自可以發展出「天人合一」的歸結。但是，如果從基本存有論的觀點來看，「仁，人心也；義，人路也」，「仁」作為無限的感通原則，若不能通過「由命見義」的途徑，進入生命具體的情境，仍然無法真正契接於穆不已、生物不測的「天道」。換言之，我們認為從倫理學的角度詮釋孟子，雖然擁有大量文獻的支持，但是孟子「盡心」之教若不能落實到「立命」的真實

> 履踐之上，則孟子的心性論不僅有「蹈空」之嫌，而且顯然與孟子那種不惜與整個時代破裂的存在感受與歷史使命感不符。因此完備的展開孟子心性論的內涵，我們認為在「心、性、天」的架構中，必須再補進「命」一概念，如此才能保住人在歷史移動中為文化理想奮鬥的真實性與意義。[77]

易言之，無論是孟子哲學或是〈性自命出〉，皆應從「即命以言天」的觀念來理解天人關係中形上天的義涵。意即天作為「意義的無盡藏」，人們領納它是與自己息息相關的歷史處境，而當人們在道德踐履中體會天道的無盡義蘊時，則天就轉化為時時召喚我們的命感，此即天乃是擔負「人在歷史的律動中所遭遇的各種事件、情境的最終解釋」[78]。職是，對於孟子與〈性自命出〉的天道觀，其詮釋理路應從天之做為絕對實體轉化為天道造化之客觀實有，並且實踐者亦因命的存在意義而契合於上天，即在歷史遷變（生命歷程）中領悟如此豐盈的意義基礎。而興發如此充沛的命感，亦須經由吾人心性的覺醒與踐履上的充盡其極才能達至。

第四節　結　語

根據上述說明可知，無論是理解《孟子》抑或〈性自命

77 〈盡心與立命〉，《從海德格、老子、孟子到當代新儒家》，頁65。
78 〈天道、心性與歷史〉，《從海德格、老子、孟子到當代新儒家》，頁92。

出〉，倘若順著傳統道德形上學的詮釋模式及其所預設之主體概念的背景，則必然出現當代學者詮解古典文獻之天人關係時的論證不一致。就心性面向而言，如將性善視為主體之價值本質，則心性做為先驗的道德主體，其必然在經驗中反映出善的本質，行為之不善理應不會出現。然而，生命實踐的實情並非如此。是以本章討論心性論的詮釋進路應該避免囿於道德主體性的概念語言，而重新以實踐的形上學的理路來理解與詮釋心性（情）思想，並確認心性（情）作為在世存有的性格，可以為人之為不善的行為活動作出解釋。再就天的形上意涵而言，如果將天視為超越實體或形上學的第一因來理解，則在天人關係底下的實踐者必將因人的有限性，而無法全然獲知天之做為客觀實體的整全面貌，或是在心性做為道德主體的情況下，天與人卻處於主客對立的狀態中。是以本章指出形上天的觀念應是在道德實踐中證成，而且從實踐的形上學來思考，「天」的概念與天道觀念的省察應避免以傳統形上學的絕對實體來詮釋，如此纔能體認天道造化的無盡意義，並在實踐者做為在世存有下成為開顯價值存有意義的所在。猶有進者，實踐中所證成的形上天乃是無法以知識分析所能理解的對象，天道的存有意義是在道德活動中被樹立為歷史命感而呈現出來，此即郭店楚簡〈語叢一〉所言：「知天所為，知人所為，然後知道。知道然後知命」（簡 30）[79]。可見瞭解天人之道包含著領納命的實存性，而接受命的存在即是體會人作為在世存有，恆與世界處於「有機的聯繫」中[80]，亦即人與天道相契

79　《郭店楚墓竹簡》，頁 194。

80　「有機的聯繫」是參考袁保新先生指出孟子思想由盡心到立命所發展出的天道觀「仍舊保有中國上古文化中『聯繫性的』（correlative）、

接的途徑固然非道德主體的逆覺體證所能窮盡，而是自始自終地必須以歷史所貫穿的「生活世界」為唯一的「場域」[81]。因此，實踐者之有道德本心亦須從人與天道的相互感通處來理解，瞭解人的價值意義並非理性主體所能窮盡，而是人以其存在體驗來展現天道的無限意涵。在如此過程中，除了通過心性的實踐顯化出人之存在的價值外，亦領會到人之命感隨時與天道相銜接，並一往無盡於「即命立義」的自由。[82]

『機體論的』（organic）的世界觀，亦即認為世界上各種分類的事物之間，不但可以相互影響，而且來自相同的根源」。《孟子三辨之學的歷史省察與現代詮釋》，頁 92。

81 〈天道、心性與歷史〉，《從海德格、老子、孟子到當代新儒家》，頁 93。

82 「義」「命」關係所涉及的哲學問題另可從郭店儒簡〈窮達以時〉的文獻來探討，請參見拙著《郭店楚簡儒家哲學研究．第四章 〈窮達以時〉所蘊含的義命問題》（臺北：萬卷樓圖書公司，2008 年）。

第肆章　〈性自命出〉與荀子心術觀之對比

第一節　前　言

郭店儒簡〈性自命出〉的哲學思想以「凡道，心術為主……唯人道為可道也」（簡 14-15）[1]為命題，並在「人道」與「心術」的理論結構中，表達「道始於情，情生於性」的性情論。本書第貳章結語曾指出，簡文人道思想所述心術之實踐及其與性情的關係，亦即有關「心」、「性」、「情」等之心術觀念，還可進一步與荀子哲學比較。此由於從荀學思想的內容可知，荀子對「心」、「性」、「情」觀念的論述，不僅是人性論的探討，其思想亦經由「心」「知」觀念的闡釋，傳達道德實踐的重要性，而有成德之學的深意。如若以《荀子》文中所用詞語來概括前述理論，即是〈非相〉與〈解蔽〉所論之「心術」。本章的探討即就〈性自命出〉與荀子哲學皆有「心」、「性」、「情」的表述，以及二者將「心術」觀念綜合為成德之學的共同理論方向，形成〈性自命出〉與荀子哲學相互探討的理論空間和作為對話的

1　《郭店楚墓竹簡》，頁 179。

平臺。而且在以「心術」觀念為比較基礎下，〈性自命出〉之「心術」觀念所蘊含之儒學實踐工夫，可以對比荀子心知（心術）思想之「虛壹而靜」的觀照義，進而分析二者理論之間的異同。

第二節　〈性自命出〉的心術觀

簡文「心」「性」「情」的相關文獻在第貳章已依人道思想的探討而所有引述，本節則依「心術」價值觀來作綜合討論。

> 凡人雖有性，心無定志，待物而後作，待悅而後行，待習而後定。（簡 1）[2]

> 凡心有志也，無舉不可。心之不可獨行，猶口之不可獨言也。（簡 6-7）[3]

> 有其為人之節節如也，不有夫柬柬之心則采。有其為人之柬柬如也，不有夫恆怡之志則縵。（簡 44-45）[4]

> 君子執志必有夫廣廣之心。（簡 65）[5]

---

2 《郭店楚墓竹簡》，頁 179。
3 《郭店楚墓竹簡》，頁 179。
4 《郭店楚墓竹簡》，頁 181。
5 《郭店楚墓竹簡》，頁 181。

〈性自命出〉云：「君子身以為主心」（簡 67）[6]，簡文指出「心」是道德人格生命的主宰，其乃道德典範的依歸。而且，「心」的活動必有自主之「志」[7]，即「心術」的實踐性關乎「志」的運作，其中亦有一對應狀況——「待物而後作，待悅而後行，待習而後定」（簡 1）[8]。根據文脈可知，「心」的存在非能純粹地自絕於外界，心志的活動實就存在物、感通與學習，而有所興作、行為與實踐的定向；換言之，「心術」作為實踐性觀念，其內涵在於「心－志」結構，「君子執志必有夫廣廣之心」，「志」反映「心」的普遍活動方向，即持續的「恆怡之志」來自簡樸的「柬柬之心」，為人之修身工夫亦纔有真正的實質意義。簡文反省道：「雖能其事，不能其心，不貴。求其心有偽也，弗得之矣。人之不能以偽也，可知也」（簡 37-38）[9]。「心」的活動非是人為加工，而是做為實踐價值的根據，人的行事意義是由彰顯價值心靈之真實存在而來。易言之，「心」的真實性表示「人」的存在意義，行為實踐的可貴價值即在於表現出「心（志）」之無造作，其決定性作用方是所以確立「定志」的情況。

〈性自命出〉的心術觀蘊謂「心－志」結構，並且簡文將此

6　《郭店楚墓竹簡》，頁 181。

7　〈語叢一〉云：「凡有血氣者，皆有喜有怒……有色有聲，有嗅有味，有氣有志」（簡 45-48，《郭店楚墓竹簡》頁 195）。又云：「容色，目司也。聲，耳司也。嗅，鼻司也。味，口司也。氣，容司也。志，心司」（簡 50-52，《郭店楚墓竹簡》頁 195）。可知「志」為心的活動表現乃是當代共通的思想脈絡。

8　《郭店楚墓竹簡》，頁 179。

9　《郭店楚墓竹簡》，頁 180。

結構的工夫名之曰「用心」。以實踐而言，「用心」即是「術」，簡文云：「用心之躁者，思為甚」（簡 42）[10]，又云：「凡思之用心為甚」（簡 32）[11]。意即心志的活動當中存在著主動能思，且此「思」非指涉認知意義之思，而是面對「情」之出現所反映之哲思，簡文云：「凡憂思而後悲，凡樂思而後忻」（簡 31-32）[12]，又云：「用情之至者，哀樂為甚」（簡 42-43）[13]。哀樂憂喜在表象上固是情感，然此情感一旦表現為由心思作主，則情感也非僅是心理事實或表象，而是客觀道德意義的賦予；易言之，在道德思辨中，「情」的問題非僅是一般的心理現象，而是攸關人之真實的反應與價值性的顯現，此即儒學對於人之存在意義的開發。

> 〈緇衣〉：「子曰：有國者章好章惡，以視民厚，則民情不忒」。（郭店本，簡 2-3）[14]

> 〈子路〉：「子曰：上好信，則民莫敢不用情」。[15]

儒學成德之教的政治實踐本是道德實踐的延伸，朱子注解上引

---

10 《郭店楚墓竹簡》，頁 180。
11 《郭店楚墓竹簡》，頁 180。
12 《郭店楚墓竹簡》，頁 180。
13 《郭店楚墓竹簡》，頁 180。
14 《郭店楚墓竹簡》，頁 129。
15 《論語注疏》，頁 116。

《論語》文獻云：「情，誠實也」[16]，由此觀〈緇衣〉所述，可知民情並非治理主體之由上至下的客體，而是在為政者以道德為實踐對象下，直接反映在（政治）實踐上的教化成果，民情乃是人之作為道德存在應有的內容之掘發，是和實踐心（志）的參與相聯繫而有所豁顯，此所以〈性自命出〉云：「其過十舉，其心必在焉，察其見者，情安（焉）失哉」（簡 38）[17]。質言之，在以心（志）為主導的事務當中，人的行事非僅是一般的動作，而是可以創造深刻且富有價值人情的人文世界[18]，故簡文強調：「凡人情為可悅也。苟以其情，雖過不惡；不以其情，雖難不貴。苟有其情，雖未之為，斯人信之矣」（簡 50-51）[19]。是非對錯好壞並非以結果論，其判準乃在真情是否實存，倘如以人情為感通，則行為活動纔有道德意義，乃致付諸動作之前即有價值

16　《四書章句集註》，頁 180。

17　《郭店楚墓竹簡》，頁 180。

18　郭店簡〈五行〉云：「仁形於內謂之德之行，不形於內謂之行。義形於內謂之德之行，不形於內謂之行。禮形於內謂之德之行，不形於內謂之行。智形內謂之德之行，不形於內謂之行。聖形於內謂之德之行，不形於內謂之德之行」（簡 1-4，《郭店楚墓竹簡》頁 149）。簡文意謂行為若無內在性因素，即僅是一般的行為動作，而無道德性；換言之，內心乃是道德意義的決定因素，此所以德行非由外物所形塑，內在道德性的省思乃是儒學精神之所在。至於「聖」不形於內依然是德行，則關乎儒學天道觀，請參閱拙著《郭店楚簡的天道思想・第肆章　竹簡〈五行〉的天道思想》（中國文化大學哲學系博士論文，2004 年），與《郭店楚簡儒家哲學研究・第三章　簡帛〈五行〉的人道思想》（臺北：萬卷樓圖書公司，2008 年）。

19　《郭店楚墓竹簡》，頁 181。

性，所以簡文云：「君子美其情，貴其義」（簡 20）[20]。猶有進者，除了上引「用情之至者，哀樂為甚」，〈性自命出〉又云：「哀、樂，其性相近也，是故其心不遠」（簡 29）[21]。簡文以感情起伏之兩端為人情之代表，且哀樂之情在性質上乃同源（「情生於性」（簡 3）[22]），因而心術的運作（用心）纔有相近之聯繫，此即指出心術觀的另一理論結構——「性－情」，其要義有二。

其一，「喜怒哀悲之氣，性也。及其現於外，則物取之也」。情感是人性的內容，並含有「氣」的性質，依其外現的反應，即「情氣」之發乃由於外物的引動，則可知情感感應的經驗性來自於「氣」。是以「氣」的性質一方面說明人與外界存在著聯繫，另一方面則是指出「情性」在「氣」的活動下對「物」形成客觀反應，故須建立「心術」。《禮記・樂記》云：

> 夫民有血氣心知之性，而無哀樂喜怒之常，應感起物而動，然後心術形焉。[23]

又云：

> 是故君子反情以和其志，比類以成其行，姦聲、亂色不留聰明，淫樂、慝禮不接心術，惰慢、邪辟之氣不設於身

---

[20] 《郭店楚墓竹簡》，頁 179。

[21] 《郭店楚墓竹簡》，頁 180。

[22] 《郭店楚墓竹簡》，頁 179。

[23] 《禮記注疏》，頁 679。

> 體，使耳、目、鼻、口、心知、百體皆由順正以行其義。[24]

〈樂記〉意謂「氣」的感物活動常常影響生命，造成行為表現不正的情形，而有德者面對感氣偏邪的問題，乃從心志的活動，使生命內外的性情流露發而中節，此即心術可以引導血氣順正而合於義[25]。〈樂記〉心術觀適相映於〈性自命出〉之論：「道始於情，情生於性。始者近情，終者近義。知情者能出之，知義者能內（納）之」（簡 3-4）[26]。情氣的反應是生命經驗必有的表現，是以價值實踐固有心志作主，但具體存在上，人的心還須面對因情氣感受外物而帶來的可能影響。所以在心術的性情觀念下，「氣」也就成為發生道德活動的相關中介，其主要作用在於形成與外界的「感通」，反應生命活動中的具體表現。而生命中若無此類感應，則遑論任何「心」的興作、行動與安定，此即簡文所云：「凡人雖有性，心亡定志，待物而後作，待悅而後行，待習而後定」。心志與性情結構在道德生命的過程中，實須面對氣的存在，亦即價值實踐乃是涉入經驗世界，倫理的實現離不開吾人的生活世界。雖然，若能以心（志）為價值自主，且運作於情氣之上，則可使義理開顯於心志至性情的價值意向，人文與人道乃可由此創建。

再值得注意的是，性情活動所面對的「物」，非是狹義的物質實體概念，其在心術觀念的理論中，乃是指涉人情（性）活動

24　《禮記注疏》，頁 681。

25　〈樂記〉心術觀之探討與申論，請見本書第柒章。

26　《郭店楚墓竹簡》，頁 179。

實然地所對之普遍事物，「物」是道德事務之實踐中必然思及之對象[27]，故〈性自命出〉云：「凡動性者，物也」（簡 10-11）[28]，人性非獨立自存，非主觀地自絕於所存之世界，必是有所對著實踐事物。因此簡文強調人性活動存在著「物取之」（簡 2、5）[29]與「凡見者之謂物」（簡 12）[30]的情形，此除了意謂「物」在實踐活動中的影響因素外，也意在指出「道者，羣物之道」（簡 14）[31]，所謂「道」乃統合存在物之運作，其在實踐上，即是「凡道，心術為主……唯人道為可道也」。「心術」之「道」也就是「人道」，且在與「物」相對中，人道之「性」「情」「心」既非某一事物，亦非某一心理或生理現象，而是建立人道之價值主宰[32]。相對而言，「人道」之「物」也非某一事物，其乃涉及道德事務的存在物。〈性自命出〉云：

---

[27] 丁原植先生說：「『物』是人存身所面對外在境域的事物，也就是在這種『面對』中，它呈現為思辨哲學結構中一項重要的組成因素。『物』對『性』產生本質的影響，並由之引導出『心』對『情』的運作。這樣，在以『心』為操持準據的人道規劃中，『物』也成為『人道』處置所考慮的因素」。《楚簡儒家性情說研究》（臺北：萬卷樓圖書公司，2002 年），頁 288。

[28] 《郭店楚墓竹簡》，頁 179。

[29] 《郭店楚墓竹簡》，頁 179。

[30] 《郭店楚墓竹簡》，頁 179。

[31] 《郭店楚墓竹簡》，頁 179。

[32] 孟子指點吾人曰：「耳目之官不思，而蔽於物，物交物，則引之而已矣。心之官則思，思則得之，不思則不得也」（〈告子上〉，《孟子注疏》頁 204）。感官固然不思，卻存在著自主能思之心官，價值即由此心之能力與活動所決定。

好惡，性也；所好所惡，物也。（簡 4）[33]

簡文並未表達實踐對象的道德性，而是用普遍的「物」來陳述行為對象。根據「喜怒哀悲之氣，性也。及其現於外，則物取之」，「物」對性情的動作是外現的，故「物」具有經驗性。而且，「凡人雖有性，心無定志，待物而後作，待悅而後行，待習而後定」，「物」可以引動蘊含在「性」中的心志，進而有實踐的定向，所以客觀外在經驗之「物」的存在，即造成「性」對外在世界有所反應，使「性」的表現方向會產生相應性。換言之，上引「好惡，性也」意謂性向的發動，「所好」「所惡」則指向性的價值活動的對象事物，此即「性」本身能「好」能「惡」是先在的，此後纔有面對外物影響的價值表現，故〈性自命出〉云：「善不善，性也；所善所不善，勢也」（簡 4-5）[34]。可見簡文所言「性」的意義乃含價值的可能性，「性」的表現固由於存在著「外勢」的影響，然而此影響並非能絕對作用於「性」上，因為〈性自命出〉的「心術」觀念肯定人性含有自主自為之「心（志）」之決定性，簡文表述「主心」與「用心」者，即所以指出道德之動力，亦是「心」之「術」的實踐觀念。

「性－情」結構的第二要義在於簡文之「性自命出，命自天降。道始於情，情生於性」（簡 2-3）[35]。由「天」到「命」以至於「性」的過程關鍵在「命」，命在儒學思考中並非單純的事實或偶然的經驗，而是道德實踐者面對客觀時空限制下所呈顯之

33 《郭店楚墓竹簡》，頁 179。

34 《郭店楚墓竹簡》，頁 179。

35 《郭店楚墓竹簡》，頁 179。

實有，此一實有的意義在於回溯所有一切的客觀根源——「天」，「命自天降」即是指引吾人以命觀念思考存在意義的形而上命題。此一命題的證成在於命的承受者經由道德實踐將價值意義普遍化，即在命的體驗中強調人文精神（人德、人義、人道）的展現。而回顧本書第貳章第二節的說明與論述，〈性自命出〉的「天－命」關係乃以「命」的存在聯繫天人之間，同時也將人性的意義溯源至天，天做為根源乃因著命的實存而使吾人體會天人關係的存在，此亦即經由命的顯名作用，一切人物的存在性根源導回到天[36]。是以「命自天降」之以命觀念回溯根源之天，天非是指涉人格神或意志天方面的神性義涵或神秘主義，而是古代儒者思辨萬物的存在根源，有取於「天－命」關係的模式，獲致存在之源乃終極地歸諸於天。據此推導簡文所云「性自命出」與「情生於性」，命作為因天而降、莫不有之的客觀實存，其在萬物的生命實質即是「性」，生命活動的具體表現則是「情」，由此乃發展出「人道」理論之「道始於情」，此即綜括生命實踐之價值意義的思想。是以〈性自命出〉心術觀之性情思想所涉及的人性論，其並非僅是意謂「性」乃事實上的本能，如生理或心理的才性[37]，而是在天人關係之思考中，覺察到客觀的

---

36 「天－命」的理論關係亦蘊含「命－名」的結構，請詳參本書第貳章第二節的論析。

37 李天虹先生經由文字考證與文獻比較而指出，簡文的人性內涵是人的生理機能或客觀本能，即天生的資質或稟賦。《郭店竹簡《性自命出》研究》（武漢：湖北教育出版社，2003 年），頁 60-62。質言之，李先生認為〈性自命出〉所謂「性」乃是「生性」。然而，徐復觀先生曾從研究方法提醒吾人，「性」字的本義（生）並不能決定「性」的觀念在文獻脈絡與思想史的意義。請參見《中國人性論史（先秦篇）》（臺北：

人性來自普遍的天之降命，是以實在之「性」乃含有超越意義之可能。筆者認為，古代儒者重新透過命觀念面對天的存在時，意識到實踐者乃是以全幅的道德生命來回應根源之天，進而使天命的顯現具有道德價值的意義。孔子云：「天生德於予，桓魋其如予何」（〈述而〉）[38]與「天之將喪斯文也，後死者不得與於斯文也；天之未喪斯文也，匡人其如予何」（〈子罕〉）[39]，毋乃非是主觀的感嘆，而應是將天（命）的存在意義賦與道德價值的最佳寫照。雖然「夫子之言性與天道不可得而聞」（〈公冶長〉）[40]，但是孔子之後，根據〈性自命出〉所提供的思想脈絡，天道觀確實成為儒學的必然發展，此亦是簡文心術與性情觀念所蘊含的哲學精神。

依據上述，「心術」觀念是針對「情」的問題而建立，「情」的存在來源於「性」，「性」是價值性的根源，「情」是價值性的反應，價值（實踐）由「心」決定。〈性自命出〉云：

凡性，或動之，或逆之，或節[41]之，或厲之，或出之，或

臺灣商務印書館，1988 年）之〈第一章生與性——一個方法上的問題〉。換言之，「性」的文字意義與哲學意義當有所思辨。人性論問題在理論發生及其申論過程中，不同的文獻與哲學家，對於「性」的用意，其思想脈絡的發展適所以詮釋了人之價值所在。是以筆者認為，〈性自命出〉與荀子哲學在人性論方面的論述，皆非單面地著墨在「生性」的文字概念上。詳見下節的分析。

38 《論語注疏》，頁 63。

39 《論語注疏》，頁 77。

40 《論語注疏》，頁 43。

41 原釋作「交」，裘錫圭〈談談上博簡和郭店簡的錯別字〉釋作從「心」

養之，或長之。凡動性者，物也；逆性者，悅也；節性者，故也；厲性者，義也；出性者，勢也；養性者，習也；長性者，道也。（簡 9-12）[42]

「性」的存在非固定不動，其因「情」而與外界有所互動，價值實踐乃在「性（情）」之調節上有所展現，實踐主體即是「用心」。〈性自命出〉云：「四海之內，其性一也。其用心各異，教使然也」（簡 9）[43]，又云：「牛生而長，雁生而伸，其性使然，人而學或使之也」（簡 7-8）[44]。普遍的人性施以心術之「教」即能創造價值，「教」亦是心術觀念的重要內容，而教育實踐的對應點有二處，一是人皆有接受「學」的可能性，二是心志的存在，如此纔有具體的「教」與「學」活動，其內容則為詩書禮樂。〈性自命出〉云：

詩、書、禮、樂，其始出皆生於人。詩，有為為之也；書，有為言之也；禮、樂，有為舉之也。聖人比其類而論

「室」聲（「室」下加「心」字形），傾向讀作「實」，後在〈由郭店簡〈性自命出〉的「室性者故也」說到《孟子》的「天下之言性也」章〉，根據馬王堆《十大經・觀》的從「手」「室」聲的釋文「挃」，改讀為「節」。下一簡「節」字同此。前引二文皆收入《中國出土古文獻十講》（上海：復旦大學出版社，2004 年）。筆者認為「節」乃意指規範性作用。

42 《郭店楚墓竹簡》，頁 179。

43 《郭店楚墓竹簡》，頁 179。

44 《郭店楚墓竹簡》，頁 179。

會之，觀其先後而逆順之，體其義而節文[45]之，理其情而出入之，[46]然後復以教。教，所以生德於中者也。（簡15-18）[47]

詩書禮樂在儒家哲學中不僅是文本，經由教學與詮釋，詩書禮樂亦是人之意義的呈現，「教，所以生德於中者」即意謂道德價值乃對人之內在來開發，並呈現為道德秩序，故〈性自命出〉云：「禮作於情或興之也，當事因方而制之，其先後之序則義道也，或序為之節則文也」（簡 18-20）[48]。對照上引文「體其義而節文之」，簡文乃將秩序性事物稱之為「義」，且簡文描述人道為「始者近情，終者近義」，則詩書禮樂等教學內容所蘊含之道德秩序的意義即是由人情而立「義」，[49]具體而言即是作為倫理規範的「禮」。職是，〈性自命出〉的心術觀除了論證「性」之有

---

[45] 原釋作「度」，此據李零先生的考釋改為「文」，下引簡文「節則文也」、「所以文節也」亦同。《郭店楚簡校讀記（增訂本）》（北京：北京大學出版社，2002 年），頁 112。

[46] 李天虹先生認為「聖人比其類而論會之」是指孔子整理詩書禮樂，《郭店竹簡《性自命出》研究》，頁 128-129。丁原植先生則認為「聖人比其類而論會之」等四句是分別針對詩、書、禮、樂的內容而言，《楚簡儒家性情說研究》，頁 102-104。

[47] 《郭店楚墓竹簡》，頁 179。

[48] 《郭店楚墓竹簡》，頁 179。

[49] 〈樂記〉云「是故情見而義立」，道德義理的實在性在於確認人情的存在而賦予價值，故〈禮運〉云：「何謂人情？喜怒哀懼愛惡欲，七者弗學而能。何謂人義？父慈、子孝、兄良、弟弟、夫義、婦聽、長惠、幼順、君仁、臣忠，十者謂之人義」。「人情」必然伴隨著「人義」纔有意義。《禮記注疏》，頁 683, 431。

「情」的呈現而須以心志為主導外，亦留意到情氣對存在的感受的反應，即外在物勢的影響出現在情氣上，心必感應並必有所回應，所以性情（氣）之顯現取向，一方面須「用心」，另一方面則施以教育學習作用以豁顯人文之「義」，故心術觀念的理論結構在實踐面向上，亦必以成德之教與學來做具體的生命實踐。

第三節　荀子思想的心術觀

荀子論「心術」觀念起於解「蔽塞之禍」，〈解蔽〉云：

> 故為蔽：欲為蔽，惡為蔽，始為蔽，終為蔽，遠為蔽，近為蔽，博為蔽，淺為蔽，古為蔽，今為蔽。凡萬物異則莫不相為蔽，此心術之公患也。[50]

萬物的相對差異會對心的活動產生負面影響，荀子即在上引文之後舉歷史故事與各學派一曲之說為證，敘述凡有惑心與曲知之患者，其在人事與思想方面必造成「蔽塞之禍」，故同篇又云：

> 聖人知心術之患，見蔽塞之禍，故無欲、無惡、無始、無終、無近、無遠、無博、無淺、無古、無今，兼陳萬物而中縣衡焉。是故眾異不得相蔽以亂其倫也。[51]

50　《荀子集解》，頁 259。
51　《荀子集解》，頁 263。

雖然因萬物的相異而使得產生障蔽的因素是多元的，然而內心若有準則，眾物之相蔽將不會發生，而有秩序的出現，此即「解蔽」有「道」，荀子在「兼陳萬物而中縣衡焉。是故眾異不得相蔽以亂其倫也」之後舉「道」為判斷標準，並論證「心知道」，其云：

> 心不可以不知道，心不知道，則不可道而可非道。人孰欲得恣而守其所不可以禁其所可。以其不可道之心取人，則必合於不道人而不知合於道人。以其不可道之心與不道人論道人，亂之本也。夫何以知？曰：心知道然後可道。可道，然後能守道以禁非道。以其可道之心取人，則合於道人而不合於不道之人矣。[52]

質言之，「心知道」乃是「心術」之要義，其理論結構首先確認「心」的自主與主宰，「心者，形之君也，而神明之主也，出令而無所受令。自禁也，自使也，自奪也，自取也，自行也，自止也」（〈解蔽〉）[53]，「耳目鼻口形能各有接而不相能也，夫是之謂天官。心居中虛以治五官，夫是之謂天君」（〈天論〉）[54]。相對於形軀與官能的被動，「心」是生命之主體，能夠自作主宰，而且可以主導生命活動，使之迎向道理之所在，故云：

---

52 《荀子集解》，頁 263。

53 《荀子集解》，頁 265。

54 《荀子集解》，頁 206。

「心也者，道之工宰也」（〈正名〉）[55]，「心」的作用在於成就「道」，「心」做為主體，其目的在建立價值對象。故「心」對應於「道」纔能有價值實踐，倘非如此，則必出現「不道」之困境而產生道德失序的狀況。然則「心」為何能夠向「道」，此即「心知道」的第二個理論結構──「知」。〈解蔽〉云：「人生而有知……心生而有知」[56]，〈正名〉云：「心有徵知」[57]，「心」本有「知」的活動。根據〈解蔽〉云：「凡以知人之性也」[58]，「知」乃人的本性，唯「知性」非性惡之生性，而是「人之所以為人」的分判，〈非相〉云：

> 人之所以為人者何已也？曰：以其有辨也。飢而欲食，寒而欲煖，勞而欲息，好利而惡害，是人之所生而有也，是無待而然者也，是禹桀之所同也。然則人之所以為人者，非特以二足而無毛也，以其有辨也。今夫狌狌形笑亦二足而無毛也，然而君子啜其羹，食其胾。故人之所以為人者，非特以其二足而無毛也，以其有辨也。夫禽獸有父子

---

55 《荀子集解》，頁 281。張亨先生考證「工宰」非主宰義，而是「官宰」，「心」非是「道」的主宰，而是代理人。〈荀子對人的認知及其問題〉，《臺灣大學文史哲學報》第 20 期，1971 年 6 月。根據〈正名〉篇云：「辨說也者，心之象道也。心也者，道之工宰也。道也者，治之經理也。心合於道，說合於心，辭合於說」（《荀子集解》頁 281），該章節主述君子之辨說乃為了闢邪說而彰顯正道，是以「心合於道」乃為成道而服務。

56 《荀子集解》，頁 264。

57 《荀子集解》，頁 277。

58 《荀子集解》，頁 270。

> 而無父子之親，有牝牡而無男女之別。故人道莫不有辨。[59]

〈王制〉云：

> 水火有氣而無生，草木有生而無知，禽獸有知而無義，人有氣、有生、有知，亦且有義，故最為天下貴也。力不若牛，走不若馬，而牛馬為用，何也？曰：人能群，彼不能群也。人何以能群？曰：分。分何以能行？曰：義。故義以分則和，和則一，一則多力，多力則彊，彊則勝物；故宮室可得而居也。故序四時，裁萬物，兼利天下，無它故焉，得之分義也。[60]

禽獸雖也有「知」，但其知未能創建人道義理，反相較於人類之「知」，其「知」則是「有辨之知慮」[61]。進而言之，人禽之別在於人「有辨」且「有義」，「人之所以為人者」（人道）在能夠辨人倫與分義，賦予倫理道德之義涵即是人的意義。故「知」之「分辨」並非僅止於客觀認識，如「目辨白黑美惡，耳辨音聲清濁，口辨酸鹹甘苦，鼻辨芬芳腥臊，骨體膚理辨寒暑疾養」（〈榮辱〉）[62]，而是重在經由「知」的運作以分判義理之所在

59　《荀子集解》，頁 50。

60　《荀子集解》，頁 104-105。

61　陳大齊《荀子學說》（臺北：中華文化出版事業委員會，1954 年），頁 102。

62　《荀子集解》，頁 39。

且有所實踐[63]。關於心知之分辨，陳大齊先生說有內感官（心）與外感官（耳目口鼻體）之分[64]，周群振先生進一步說心（內感）與五感（外來的刺激）有主從關係[65]，李滌生先生則將心的認識作用分成「感性之知」（知覺）與「理性之知」（知慮）[66]。從哲學詮釋而言，前述種種說法應可歸納為牟宗三先生所論「以智識心」之「認識心」觀念[67]，或柯雄文（Antonio S. Cua）先生所謂「道德知識論」（moral epistemology）[68]。諸位前輩先生的詮釋雖有所論證，然而根據〈正名〉：「心有徵知。徵知，則緣耳而知聲可也，緣目而知形可也。然而徵知必將待天官之當簿其類，然後可也。五官簿之而不知，心徵知而無說，則人莫不然謂之不知」[69]。荀學之「心知」固然有認知意味，唯其活動非

63　荀子亦提醒吾人「以可以知人之性，求可以知物之理，而無所疑止之，則沒世窮年不能徧也」（〈解蔽〉），「君子之所謂知者，非能遍知人之所知之謂也」（〈儒效〉）。知的對象雖是無限，然所應該知的對象唯是道德倫理。《荀子集解》，頁 270, 78。

64　《荀子學說》，頁 40。

65　周群振《荀子思想研究》（臺北：文津出版社，1987 年），頁 38。

66　李滌生《荀子集釋》（臺北：臺灣學生書局，1979 年），頁 471。李先生又表述：「（知覺）謂之性，不謂之心……知慮出於心，故不謂之性」。

67　牟宗三《名家與荀子》（臺北：臺灣學生書局，1979 年），頁 224-225。牟先生認為「以智識心」是表現思想主體（認知主體），使人成為理智的存在。

68　Antonio S. Cua, *Ethical Argumentation: A study in Hsun Tzu's Moral Epistemology* (Honolulu: University of Hawaii, 1985)。參見賴顯邦譯《倫理論辯：荀子道德認識論之研究》（臺北：黎明文化事業公司，1990 年）之〈緒言〉。

69　《荀子集解》，頁 277-278。

僅只在客觀對象之知覺辨別，而是能夠經由「知」的分判作用，進而肯定價值之所在（可道），並表現為思辨與行為意願，其目的在人文與人道之建置。故心知乃以實踐為目的，於「知」本身則是「實踐之智慧」[70]。易言之，心做為天官之徵知，表象上似有道德認知的活動，但其意義應在使「知」與道德對象相合，而能夠有「可道」的實踐，亦即以「道」為終極關懷。此乃涉及「心知道」觀念的第三個理論結構——「道」。

〈儒效〉：「先王之道，仁之隆也，比中而行之。曷謂中？曰：禮義是也。道者，非天之道，非地之道，人之所

---

[70] 荀子哲學有關「心」的論述曾被前輩先生稱之為「心理學」。早年除梁啟超《儒家哲學・附 讀書示例——荀子》（臺北：臺灣中華書局，1978 年）謂〈解蔽〉乃荀子的心理學外，馮友蘭《中國哲學史（上冊）》（臺北：臺灣商務印書館，1993 年）之〈第十二章・第五節 荀子之心理學〉尚未敷陳心理學一詞，後陳大齊《荀子學說》與李滌生《荀子集釋》即持現代心理學以為比較，唯李先生的說法是「哲學的心理學」（《荀子集釋》頁 471），是則又近「哲學人類學」（Philosophical Anthropology）或「理性心理學」（Rational Psychology）的觀點，此二類詮釋參見潘小慧〈荀子的「解蔽心」——荀學作為道德實踐論的人之哲學理解〉，《哲學與文化》第 25 卷第 6 期，1998 年 6 月。然而，倘若掌握荀學論心知的理論目的在實踐道德，「心術」之「術」乃意謂「操術」（〈不苟〉），心術亦即「治氣養心之術」（〈修身〉），則毋論從「操術」、「治氣」與「養心」等概念觀之，「心術」理論本不意在知識之證成，亦不涉及心理現象之科學實驗觀察，更非「人類」本質之客觀分析，而是貞定「治心之道」（〈解蔽〉）之踐履，是以心術之心知應與「心理學」乃至「知識論」不類。

以道也，君子之所道也」。[71]

〈彊國〉：「凡得人者，必與道也。道也者，何也？禮〔義辭〕[72]讓忠信是也」。[73]

〈正名〉：「道者，古今之正權也；離道而內自擇，則不知禍福之所託」。[74]

根據〈天論〉「明於天人之分」的觀點，荀子哲學並無形而上天道觀之義蘊[75]，荀學論「道」乃著墨於人道之價值，〈解蔽〉云：「以其可道之心取人，則合於道人而不合於不道之人矣」，人道即在使「心」的活動目的合於「道」，而且「材性知能，君子小人一也……若其所以求之之道則異矣」（〈榮辱〉）[76]，「心知」的客觀功能無關乎人格，凡是人類皆有之，唯關鍵在求道之差異，故荀子貞定聖人「兼陳萬物而中縣衡焉。是故眾異不得相蔽以亂其倫也。何謂衡？曰：道」。有德者之內心能夠衡量（分辨）道理之所在，此即「禮義之道」為心之客觀判準（正

---

71 《荀子集解》，頁 77。

72 梁啟雄《荀子簡釋》據宋代台州本《荀子》校補「義辭」二字（臺北：木鐸出版社，1988 年），頁 213。引文章節前文曾云：「人之所好者何也？曰：禮義辭讓忠信是也」，亦可參證。

73 《荀子集解》，頁 199。

74 《荀子集解》，頁 286。

75 詳參蔡仁厚《孔孟荀哲學・荀子之部・第二章 荀子的天論》（臺北：臺灣學生書局，1984 年）。

76 《荀子集解》，頁 38。

權），心之自主能知應表現為專注此禮義之道，否則必將有價值之失落與失序而偏離人道，故荀子云：「在人者莫明於禮義」（〈天論〉）[77]。

既然心本身具備可以知理（道）的功能[78]，則「心知道」有保證否？意即禮義之道乃長存不二[79]，而且人人皆有成德的根據[80]，為何仍有「不可道之心」與「曲知之人」之不察識於道[81]。〈性惡〉云：「塗之人可以為禹，則然；塗之人能為禹，未必然也」[82]，或謂此乃理論與現實的問題[83]，實則荀子乃基於「人之性善無辨合符驗」（〈性惡〉）[84]的事實觀察，看到經驗實然中，並非所有人皆是善人。然而，未必然成為可道之善人並非不可解，關鍵在於人心之知道是否有所實踐得當。荀子強調「人無師無法，則其心正其口腹也」（〈榮辱〉）[85]，「從人之性，順人之情，必出於爭奪，合於犯分亂理，而歸於暴。故必將有師法

77　《荀子集解》，頁 211。

78　〈解蔽〉云：「凡以知人之性也，可以知物之理也」。《荀子集解》，頁 270。

79　〈解蔽〉云：「天下無二道，聖人無兩心」。《荀子集解》，頁 258。

80　〈性惡〉云：「塗之人也，皆有可以知仁義法正之質，皆有可以能仁義法正之具」。《荀子集解》，頁 295。

81　〈解蔽〉云：「夫道者體常而盡變，一隅不足以舉之。曲知之人，觀於道之一隅，而未之能識也」。《荀子集解》，頁 262。

82　《荀子集解》，頁 296。

83　李滌生先生解釋道：「『可以為』，就理言。『能為』，就現實言。現實繫於意志」，李先生並表示，能不能為禹是有關意志問題。《荀子集釋》，頁 554。

84　《荀子集解》，頁 294。

85　《荀子集解》，頁 40。

之化，禮義之道，然後出於辭讓，合於文理，而歸於治」（〈性惡〉）[86]。性情固是使人未必然成道的因素，而且造成暴亂悖理，唯聖人做為師法以及禮義必然客觀地存在[87]，則不惟「心知」不迷失，且當能對應價值之所在。

「心知道」做為「心術」觀念的內涵，其中亦有工夫論，此即關涉「心知道」的理論如何實踐，〈解蔽〉云：

> 人何以知道？曰：心。心何以知？曰：虛壹而靜。心未嘗不臧也，然而有所謂虛；心未嘗不兩也，然而有所謂一；心未嘗不動也，然而有所謂靜。人生而有知，知而有志。志也者，臧也，然而有所謂虛，不以所已臧害所將受，謂之虛。心生而有知，知而有異。異也者，同時兼知之。同時兼知之，兩也，然而有所謂一，不以夫一害此一，謂之壹。心臥則夢，偷則自行，使之則謀，故心未嘗不動也，然而有所謂靜，不以夢劇亂知，謂之靜。未得道而求道者，謂之虛壹而靜。**作之，則將須道者之虛則入，將事道者之壹則盡，將思道者之靜則察**[88]。知道察，知道行，體道者也。虛壹而靜，謂之大清明。[89]

是以「心知道」的保證在於落實「虛壹而靜」，「虛」、

---

[86] 《荀子集解》，頁289。

[87] 〈性惡〉篇多次言及禮義（法度）乃生於聖人之偽，是則聖人與禮義乃共存並行。

[88] 粗體字據梁啟雄《荀子簡釋》校改，頁295。

[89] 《荀子集解》，頁263-264。

「壹」、「靜」分別是「心」所能實踐的三種工夫，亦是針對「藏」、「兩」、「動」而有的作用，當代學者對「虛」、「壹」、「靜」多有所詮解，如「虛」是「舊藏不拒新受」[90]，「壹」是「專一」與「整合」（統一、統合）各種認知內容[91]，「靜」是勿使自起或他起的雜念擾亂心體的知慮（思辨）作用[92]。猶有進者，荀子將「虛壹而靜謂之大清明」譬喻為清澈而無混濁的盤水[93]，則「虛壹而靜」的實踐工夫乃歸結於「靜」，即人心不受外在擾動，內在不產生躁動，而能照明客觀之道，以致體證道德[94]，此亦解蔽之狀態[95]，荀子稱之為「道心」[96]。誠如

90 梁啟雄《荀子簡釋》，頁 294。

91 潘小慧〈荀子的「解蔽心」——荀學作為道德實踐論的人之哲學理解〉，頁 525-526。

92 李滌生《荀子集釋》，頁 486。

93 〈解蔽〉云：「人心譬如槃水，正錯而勿動，則湛濁在下而清明在上，則足以見鬒眉而察理矣。微風過之，湛濁動乎下，清明亂於上，則不可以得大形之正也。心亦如是矣。故導之以理，養之以清，物莫之傾，則足以定是非，決嫌疑矣」。《荀子集解》，頁 267。

94 熟悉比較詮釋方法的研究者，或謂解蔽之虛靜工夫受老莊思想影響，然而老莊「致虛」、「守靜」、「心齋」與「用心若鏡」等，乃意在化除生命之障累，以回復至大道自然之素樸價值。荀子則關注「虛壹而靜」能夠使「心」清明見道，進而有人文倫理之踐履。二者無論在問題意識、理論目的、工夫論上皆有相當差異，故非是語言文字相同即謂指涉相近。

95 由此觀之，解蔽在解心之蔽，而非消除外物的存在。

96 〈解蔽〉云：「精於物者以物物，精於道者兼物物。故君子壹於道而以贊稽物，壹於道則正，以贊稽物則察。以正志行察論，則萬物官矣。昔者舜之治天下也，不以事詔而萬物成。處一危之，其榮滿側；養一之微，榮矣而未知。故道經曰：『人心之危，道心之微』。危微之幾，惟

徐復觀先生所析論，「道心」並非意謂心本身是道，而是心依靠「道」來作權衡，保持其大清明的本性[97]。而且，亦誠如唐君毅先生所論，大清明之道心乃「知類」「明統」之「統類心」，其根本性質在「以智為主」之知道[98]。是以虛壹而靜所呈現的道心，乃所以是為「道」而運作而知統類的智識活動。

回顧本節的說明，「心術」觀念以「心知道」為內涵，其問題意識與目的在於「解蔽」——解除「心知道」之障蔽。「心知道」的理論結構首先建立「心」的主體義，進而論述此一主體內涵之「知」的能力，「心」能對應「道」的過程即由「知」所建立，「道」則是第三個理論結構，其以禮義為本質。而「知」作為「心知道」的樞紐，「心」之「知」的判斷活動之所以能肯定「道」，亦須藉由「虛壹而靜」的工夫以達至，至此纔是「解蔽」[99]。猶有進者，心術的終極目的在實踐「人道」——人文教化，此則經由〈勸學〉之論「學」的重要性，與〈修身〉所云「治氣養心之術」以踐履之。前者與《禮記·學記》同為傳統文化勉勵接受教育學習之典範，廣為流播；後者之內容乃包含實踐者生命內外在之修養，以及師友、禮樂、思辨等之建立[100]，

明君子而後能知之」。《荀子集解》，頁 266-267。

97 《中國人性論史（先秦篇）》，頁 246。

98 《中國哲學原論（導論篇）》，《唐君毅全集（卷十二）》（臺北：臺灣學生書局，1986 年），頁 136, 140。

99 值得留意的是，心知活動與虛壹而靜的工夫固有內在性，然依客觀之道不在心本身，亦即心不具道德性，則心知及其知道工夫亦僅具生命內在意義，而無德性內涵，此在下節對照〈性自命出〉的心概念即可明瞭。

100 文云：「血氣剛強，則柔之以調和；知慮漸深，則一之以易良；勇膽猛戾，則輔之以道順；齊給便利，則節之以動止；狹隘褊小，則廓之以廣

〈修身〉就此提出具生命實踐的整合性觀念，其云：

> 凡治氣養心之術，莫徑由禮，莫要得師，莫神一好。夫是之謂治氣養心之術也。[101]

同篇前章云「治氣養生」乃「凡用血氣志意知慮，由禮則通」，則「氣」意指形軀存在及其活動表現，「治氣」即以禮行修身之謂。又對照〈不苟〉云：

> 君子養心莫善於誠，致誠則無它事矣。唯仁之為守，唯義之為行。誠心守仁則形，形則神，神則能化矣。誠心行義則理，理則明，明則能變矣。變化代興，謂之天德。[102]

「養心」即是真誠地守仁行義，進而實現道德價值，本篇文獻特以「不誠則不獨，不獨則不形」之「慎其獨」[103]言之，「慎獨」即是操持「虛壹而靜」的「誠心」[104]，故就「虛壹而靜，

大；卑溼重遲貪利，則抗之以高志；庸眾駑散，則劫之以師友；怠慢僄棄，則炤之以禍災；愚款端愨，則合之以禮樂，通之以思索」。《荀子集解》，頁 15-16。

101 《荀子集解》，頁 16。

102 《荀子集解》，頁 28。

103 《荀子集解》，頁 29。

104 戴璉璋〈儒家慎獨說的解讀〉，《中國文哲研究集刊》第 23 期，2003 年 9 月。戴先生亦在文中論證《荀子・不苟篇》的「誠」與「慎其獨」不同於《中庸》，前者之「誠」是「化性起偽的歷程」，《中庸》之「誠」則是性善論之「率性之謂道」。頁 230。

謂之大清明」之無雜染而觀，誠心行道之養心，乃意謂使心純然無雜地活動而有客觀義，否則，教化與倫理必無作用，是以荀子在上引文後又云：「不形則雖作於心，見於色，出於言，民猶若未從也，雖從必疑。天地為大矣，不誠則不能化萬物；聖人為知矣，不誠則不能化萬民；父子為親矣，不誠則疏；君上為尊矣，不誠則卑」[105]。誠心慎獨乃外顯之實踐活動，工夫訴諸顏色言行，而使倫理行為有真實而客觀的意義，此即荀子以天地變化萬物之天德曉喻誠之者的普遍價值。

由上可知，荀子哲學作為建立儒家成德之教的一份子，其「心術」觀念除了「虛壹而靜」的工夫外，亦有「治氣養心之術」的實踐理論。意即「心術」所作用之「心」，一方面是經由實現清靜的「治心之道」以「解蔽」，另一方面則是真誠地守仁行義以「養心」，經由德行化除生性嗜欲的負累，進而實現人道價值，此是荀學「心術」觀的重要落實面向，亦是荀學著墨習偽與教學之因由。

105　《荀子集解》，頁 29。或謂〈不苟〉篇文之「天德」與「慎獨」似近《中庸》之涵義。然〈不苟〉云：「天不言而人推其高焉，地不言而人推厚焉，四時不言而百姓期焉。夫此有常以至其誠者也」，此所謂「誠」僅指客觀自然之真實而言，荀子所謂「慎獨」之「誠」乃是強調「心」之純粹顯現，有如天地自然無須外力來使其作用，其義與《中庸》云「戒慎恐懼」之「慎獨」完全不相涉。再者，荀學在〈天論〉中拒斥天道存有而存人道實踐之價值，而且〈不苟〉所謂「天德」非意在天人價值關係之聯繫，而是由慎獨之工夫彰顯客觀之道德，故養心之誠並非形上道德觀念之意謂。

第四節　〈性自命出〉與荀子心術觀之異同

研究者探討〈性自命出〉的「心」、「性」、「情」觀念與荀子比較，主要有二種立場，一是持簡文的論述相近或相合於荀學[106]，甚或直言簡文思想下開荀子[107]；二是雖主「思孟學派」或孔孟學說，卻又指出簡文某些思想影響荀子[108]。根據本章上節的論述，〈性自命出〉與荀學心術觀的對比可由以下三面向釐清。

一、本性的意義

由〈性自命出〉云「性自命出，命自天降」與〈性惡〉云「凡性者，天之就」（〈性惡〉）[109]觀之，簡文與荀子思想皆具本性之客觀義，唯從此客觀性出發，二者所意謂之本性義乃分別有所主張。〈性自命出〉所謂「命自天降」的觀念乃是探究

---

106 陳麗桂〈郭店儒簡〈性自命出〉所顯現的思想傾向〉，《中國學術年刊》第 20 期，1999 年 3 月。李承律〈郭店楚簡《性自命出》的性情說和「禮樂」——禮樂之根源問題在思想史上的展開〉，《中國文字》新 32 期，2006 年 12 月。

107 張茂澤〈〈性自命出〉篇心性論大不同於〈中庸〉說〉，《人文雜誌》，2000 年第 3 期。顏炳罡〈郭店楚簡《性自命出》與荀子的情性哲學〉，《中國哲學史》，2009 年第 1 期。

108 馬育良〈先秦儒家對於「情」的理論探索〉，《安徽大學學報（哲學社會科學版）》，2001 年第 1 期。潘小慧〈上博簡與郭店簡《性自命出》篇中「情」的意義與價值〉，《輔仁學誌：人文藝術之部》第 29 期，2002 年 7 月。李天虹《郭店竹簡《性自命出》研究・第四章《性自命出》的心性論》，頁 69-70。

109 《荀子集解》，頁 290。

「性」之價值性的前理解，其意謂透過「命」的聯繫，「性」的內涵回溯至造化流行之「天」，「天」之「命」即啟示吾人存在於普遍天道之中，故而「命自天降」即寓意「命」所出之「性」乃本然客觀，自「天」降「命」的過程所產生之「性」，其可在與「命」的連結中回溯至形而上的根源——「天」。申論而言，「命」非純是實然義，其亦是客觀而本然的存在，經由溯源至「天」而瞭解人作為存在的一員，天人之間的關係是以「命」來相聯繫，故「性」在由天降命而來的情況下，乃蘊含「本性」之義。由此可知，「性自命出」的「性」義不預設人性本善的觀念，簡文並未先驗地將價值性賦予「性」之中。蒙培元先生認為〈性自命出〉是性命合一之學，他說：

> 命是指天命，性是指人性，性命合一就是天人合一。但這是從存在和價值統一的獨特立場解決天人關係問題的，不同於通常所謂的存在論、本體論，也不同於通常所謂的價值論。所謂「性自命出，命自天降」，顯然是以天為最高存在，但是，天絕不是在人之外、高高在上、主宰人的命運的絕對主體，而是通過命授人以性，使人成其為人的。對人而言，天是親切的、親近的，是有價值意義的。[110]

誠如是，則〈性自命出〉「性」之價值意義如何而有？亦即「善不善，性也」由何者決定？——「心術」，具體而言即是成德之

110 〈《性自命出》的思想特徵及其與思孟學派的關係〉，《甘肅社會科學》，2008 年第 2 期。

教與問學，故簡文云：「四海之內，其性一也。其用心各異，教使然也」以及「牛生而長，雁生而伸，其性使然，人而學或使之也」。其觀點乃傳達人性論必將付諸「教」與「學」的實踐，且反映出能學之本性與受教之型塑，乃是儒學論實踐之共法。順此亦可澄清〈性自命出〉「以氣說性」的表述，非如研究者所理解，其乃朝向以生說性或以自然說性的立場[111]，因為毋論「生之謂性」或是「氣性自然」之帶有經驗性觀點的說法，皆忽視人性中固具有價值實踐的依據，而將實踐依據之證成帶入後天形成之價值觀中。易言之，倘若正視〈性自命出〉對「心」義的表述，應可瞭解簡文乃洞察到人之本性之中，存在著「心」的價值活動，以此肯定吾人實乃內蘊實踐的根源，並可據此指謂「教」與「學」之價值掘發的可能性，而對人性有所客觀肯認。

反觀荀子云：「生之所以然者謂之性；性之和所生，精合感應，不事而自然謂之性」（〈正名〉）[112]，又云：「性者，本始材朴也」（〈禮論〉）[113]，再云：「凡性者，天之就也，不可學，不可事」（〈性惡〉）。〈性惡〉篇首章連用「生而有」以釋「性」，顯見其所謂「性」，乃指人生而具有之本能[114]。

---

111 陳來先生認為〈性自命出〉所代表的早期儒家人性論是「以氣說性」，即以生說性與以自然說性的立場，故並非性善說的思想。〈郭店楚簡《性自命出》與儒學人性論〉，原名〈郭店楚簡與儒學的人性論〉，載於《儒林》第 1 輯（濟南：山東大學出版社，2005 年）。後更名並收入陳來《竹帛《五行》與簡帛研究》（北京：三聯書店，2009 年）。

112 《荀子集解》，頁 274。

113 《荀子集解》，頁 243。

114 勞思光《新編中國哲學史（一）》（臺北：三民書局，1991 年），頁 333。

生性本能從「人之命在天」（〈彊國〉〈天論〉）[115]觀之，即天生之性能，此雖亦是性命，然而《荀子》文獻所述及之「命」，除了〈正名〉「節遇之謂命」之偶然義外，其他多以命令、生命與命名之意義為主[116]，縱有客觀性之意味，亦非指引吾人上溯至天道。

〈不苟〉：「天不言而人推其高焉，地不言而人推厚焉，四時不言而百姓期焉。夫此有常以至其誠者也。君子至德，嘿然而喻，未施而親，不怒而威；夫此順命，以慎其獨者也」。[117]

〈榮辱〉：「自知者不怨人，知命者不怨天；怨人者窮，怨天者無志」。[118]

〈非十二子〉「古之所謂處士者，德盛者也，能靜者也，修正者也，知命者也，箸是者也」。[119]

---

115 《荀子集解》，頁 194, 211。

116 如〈榮辱〉：「上則能順天子之命，下則能保百姓」；〈王制〉：「君者，善羣也。羣道當，則萬物皆得其宜，六畜皆得其長，羣生皆得其命」；〈正名〉：「名無固宜，約之以命，約定俗成謂之宜，異於約則謂之不宜。名無固實，約之以命實，約定俗成，謂之實名」。例多不殫舉。《荀子集解》頁 37, 105, 279。

117 《荀子集解》，頁 28-29。

118 《荀子集解》，頁 36。

119 《荀子集解》，頁 63。

〈宥坐〉：「遇不遇者，時也；死生者，命也」。[120]

人雖有天命，然其存在範圍乃人事實踐之外，非價值意義之所在，而且「孰與制天命而用之」（〈天論〉）[121]，荀學所肯認者乃在人道，天的地位僅是客觀自然，荀子論「（天）命」並未賦予價值聯繫，實則「義命分立」的思維架構。[122]故〈性自命出〉相較於荀子思想，前者之本性義蘊含天道觀，後者則無意於天道而專注於人道。再者，倘若視人之有「性」為客觀本有，據〈性惡〉強調「人之性惡，其善者偽也」的思想[123]，以此對照簡文云：「善不善，性也」，以及「未言而信，有美情者也。未教而民恆，性善者也。未賞而民勸，含福者也」（簡 51-52）[124]，

---

120 《荀子集解》，頁 346。

121 《荀子集解》，頁 211。

122 「義命分立」乃勞思光先生分判孔孟儒學以自覺主體面對客觀限制之詮釋詞語，其要義之一即是於價值領域排除形上學。參見《新編中國哲學史（一）》之〈第三章 孔孟與儒學〉之〈孔子對文化問題之態度〉與〈天、命、性之關係〉。「義命分立」之詮釋固是勞先生主心性論而有之推論，唯就與天命保持距離，並獨立人道人文人義為價值實踐領域觀之，荀子哲學不無「義命分立」之意味。

123 荀子哲學性惡說乃是就經驗現象上的結果來指證「惡」，「惡」本身非絕對必然者，非是與「善」為二元對立。倘若「惡」在人者乃絕無可移易，則違論任何實踐理論的可能性。易言之，荀學之性惡論並非本質主義，其非是視「惡」為根源存有，而是察識到「生之所以然者謂之性」與「不事而自然謂之性」（〈正名〉）的中性意涵，並且指出，倘如順生性與自然性而無節制，必然產生流弊，故強調「善者偽也」所蘊含的形塑建構，以反向導出人為價值的作用，道德實踐的理論可能性即由此產生。

124 《郭店楚墓竹簡》，頁 181。

則〈性自命出〉傾向本性之價值內涵的喻意亦非荀學所可以肯定。

二、情與心的自主性

順著〈性自命出〉表述「喜怒哀悲之氣，性也」，學者們探討簡文所謂「心」的義涵主要有二方面，一是指出簡文之「心」乃是道德意識的知覺之心，「情」則是意識層面的表現[125]，故其所謂「心」是心理心、經驗心，並無獨立自在的性質[126]。二是強調〈性自命出〉所論在以「心志」導「情氣」，故「情」亦是道德情感[127]。倘若回顧簡文云「凡人雖有性，心亡奠志」與「金石之有聲，弗扣不鳴，人之雖有性，心弗取不出」所傳達之思想，則其人性論乃肯定「性」中有「心」的存在，並確認心必有「志」之活動，再就「善不善，性也」而言，則心（志）相對於「性」即具主動性，且經由心志之自主纔有價值之實踐，曾春海先生說：

---

125 陳來〈郭店楚簡《性自命出》與儒學人性論〉，《竹帛《五行》與簡帛研究》，頁 83-84。

126 張茂澤〈《性自命出》篇心性論大不同於《中庸》說〉，《人文雜誌》，2000 年第 3 期。

127 郭齊勇〈郭店楚簡《性自命出》的心術觀〉，《安徽大學學報（哲學社會科學版）》，2000 年第 5 期。此文本自〈郭店楚簡身心觀發微〉的上半部，收入武漢大學中國文化學院編《郭店楚簡國際學術研討會論文集》。「道德情感」之說則見氏著〈郭店儒家簡與孟子心性論〉，《武漢大學學報（哲學社會科學版）》，1999 年第 5 期。潘小慧〈上博簡與郭店簡《性自命出》篇中「情」的意義與價值〉與蒙培元〈《性自命出》的思想特徵及其與思孟學派的關係〉亦主「道德情感」的詮釋。

> 心的意識活動不但顯示出對外在對象和自身的認知能力，也表現出意志的抉擇和實踐能力。表徵周文人文精神典範的「文王之德」的「德」字從「心」，意謂著人之所以為人的尊貴本質。簡文謂：「思之用心為甚」，心是思維的器官，思維活動是人心高度的表現。[128]

如上所言，人的生命當中雖存在著「情氣」的因素，然在心志之價值主導下，人性之道德性當有實現之依據，則生命之情感表達亦非僅是心理意識之現象，亦應蘊含道德性質，此即〈性自命出〉論人道之心術的用意，故簡文云：「君子執志必有夫廣廣之心」，亦云：「君子身以為主心」，性、情、心皆是生命全幅的組成結構，惟「心」作為自覺主宰之價值實踐者，及其心志、心思之作用展現，人即可冀望成為道德典範。

至於荀子論「情」乃順生性定義人性而表示「情者，性之質也，欲者，情之應也」（〈正名〉）[129]，證諸「今人之性，飢而欲飽，寒而欲煖，勞而欲休，此人之情性也……夫子之讓乎父，弟之讓乎兄，子之代乎父，弟之代乎兄，此二行者，皆反於性而悖於情也；然而孝子之道，禮義之文理也。故順情性則不辭讓矣，辭讓則悖於情性矣」（〈性惡〉）[130]，則荀學除了指陳「情」發生的客觀事實，亦凸顯其對人性中的負面觀察。雖然，〈性惡〉云：

---

[128] 曾春海〈朱熹人性論與楚簡儒家佚籍「性情說」之比較〉，《哲學與文化》第 34 卷第 10 期，2007 年 10 月。

[129] 《荀子集解》，頁 284。

[130] 《荀子集解》，頁 291。

> 仁義法正有可知可能之理。然而塗之人也，皆有可以知仁義法正之質，皆有可以能仁義法正之具，然則其可以為禹明矣。今以仁義法正為固無可知可能之理邪？然則唯禹不知仁義法正，不能仁義法正也。將使塗之人固無可以知仁義法正之質，而固無可以能仁義法正之具邪？然則塗之人也，且內不可以知父子之義，外不可以知君臣之正。今不然。塗之人者，皆內可以知父子之義，外可以知君臣之正，然則其可以知之質，可以能之具，其在塗之人明矣。今使塗之人者，以其可以知之質，可以能之具，本夫仁義法正之可知之理，可能之具，然則其可以為禹明矣。[131]

縱使存在著性、情與欲的影響因素，人的生命內在中卻另有更重要的實踐因素——「知」。據〈榮辱〉「凡人有所一同」章將官能嗜欲、感知分辨與行為表現皆指陳為「人之所生而有也，是無待而然者也，是禹桀之所同也」，則天生之性的內容乃多元多向，而且〈禮論〉云：「凡生天地之間者，有血氣之屬必有知」，是以不惟「性」，乃至心有「知」固可謂天生。然而，「性之好惡喜怒哀樂謂之情，情然而心為之擇謂之慮，心慮而能為之動謂之偽，慮積焉，能習焉，而後成謂之偽」（〈正名〉）[132]，即人為而觀之，性情非價值產生之所在，價值意義在於人能行「偽」。從生命內在而言，價值則由虛壹而靜之心之思慮所確知，故雖就天生觀之，「性（情）」與「心（知）」雖是同

131 《荀子集解》，頁 295-296。
132 《荀子集解》，頁 274。

層，然在人文道德之發顯上實則異質。荀子強調「性不知禮義，故思慮而求知之也」（〈性惡〉）[133]，唯有心知活動纔能「化性起偽」，此所以〈禮論〉以「有血氣之屬莫知於人」來論述喪禮的施行[134]，因為唯有人的全幅生命中不惟生理與心理內容，亦有心之知以知實踐文化，而有人道意義的展現。

相較於〈性自命出〉云：「用心之躁者，思為甚」，其表意雖同於荀子之「情然而心為之擇謂之慮」，並且依上節引〈解蔽〉文獻所論，荀學與簡文思想皆肯認心的自主性。然而荀子所謂「心」內涵工具義，「心也者，道之工宰也」，則「心」概念的理論地位於〈性自命出〉與荀子哲學即有所分辨：〈性自命出〉與荀子皆肯定「心」為人的本性，唯在道德價值性之歸屬則有不同面向之論述，簡文思想保留心性之內在道德性的可能性，荀子思想則將道德性從心性排除，以心性之外的「道」為價值所在，故強調「心知」活動之向道。意即荀子思想的道德意義是外在客觀對象，不是從內心本有來提煉，而簡文則於「心」的主動能思性（志）隱喻自覺的價值判斷，心本身即是價值實踐得以證立的來源。是以二者對「心」之自主性的表述分別落在「心志」與「心知」的不同，前者涵蘊道德意識與意向，後者雖是認知義之天官心君，然而卻不具道德心靈之義。

三、成德的實踐之道

簡文「性自命出，命自天降。道始於情，情生於性」之本性

---

133 《荀子集解》，頁 293。

134 此部分申論請見下章。

義實乃指涉道德實踐之發端與進行，人道之建立在於從性情開啟，具體作為即是「人而學或使之也」、「用心各異，教使然也」與「有以習其性也」（簡 14）[135]，由此可知心術之成德實踐以邁向人道的要項有二，一是教育學習的實施，二是教學的內容在詩書禮樂之教。前者之所以能施行，乃因人是有心志的存在，亦應該由心志為踐履，簡文云：「凡學者求其心為難」（簡 36）[136]，「雖能其事，不能其心，不貴」，故教學的重要性在啟發人心。如何啟發？除了詩書作為教材外，簡文亦云：「凡古樂龍心，益樂龍指，皆教其人者也」（簡 28）[137]，「樂之動心也，濬深鬱陶，其剌則流如也悲，悠然以思」（簡 30-31）[138]，儒學之樂教意在呈顯道德性[139]，其乃本於人之真性情，相對而有的禮教亦是如此得當。簡文云：

> 凡聲，其出於情也信，然後其入撥人之心也厚。（簡 23）[140]

> 禮作於情或興之也。（簡 15）[141]

---

[135] 《郭店楚墓竹簡》，頁 179。

[136] 《郭店楚墓竹簡》，頁 180。

[137] 《郭店楚墓竹簡》，頁 180。

[138] 《郭店楚墓竹簡》，頁 180。

[139] 古典儒學文獻以《禮記・樂記》與《荀子・樂論》論音樂之倫理義涵最為精彩，請詳見本書第柒、捌章的析論。

[140] 《郭店楚墓竹簡》，頁 180。

[141] 《郭店楚墓竹簡》，頁 179。

聲樂之德性在表達信實的情感，「禮」作為道德規範亦是針對人情而起，是以詩書禮樂作為成德之教乃在提煉人之性情之道德內涵，反映在生命實踐上即是「修身」之謂，簡文云：「聞道反己，修身者也……修身近至仁」（簡 56-57）[142]，所謂修身即是自覺的體現，此即道德生命之證成。是以〈性自命出〉之心術觀一方面在理論上論述人之心性情內涵的價值關係，另一方面即就實踐意義指出人性（心情）問題之思辨應朝向實踐者自身之修為落實，而且如上文第二節所引「有其為人之節節如也」該節，強調心志對修身之由內至外的主導，乃至「人之巧言利詞者，不有夫詘詘之心則流」（簡 46）[143]，語言活動亦須由價值心靈來下工夫。由此可見儒學心性論在實踐思想之意義上必至做內在道德操持以為依歸。而且，就踐履範圍之擴大，亦有德政之意謂，故簡文既從情之信實而云「未言而信，有美情者也」，又云：「未教而民恆，性善者也」，此即政治教化之基礎在價值性底豁顯。

既然「心術」的實踐觀乃因「性」論而有，而落實之處即是建立「教（學）」觀念與修身實踐，則對照上節引〈修身〉與〈不苟〉之文所云「治氣養心」之心術，荀學強調由人師教禮與守仁行義亦是勸學成德之意旨，〈性自命出〉與荀子於實踐之道皆有理論共識，唯就道德生命之修身，荀子思想尤重「禮（義）」的實踐[144]，其云：

142　《郭店楚墓竹簡》，頁 181。

143　《郭店楚墓竹簡》，頁 181。

144　《論語・衛靈公》載「子曰：君子義以為質，禮以行之，遜以出之，信以成之」，勞思光先生分析道：「禮依於義而成立；『義』是『禮』之實質，『禮』是『義』之表現。於是，一切制度儀文，整個生活秩序，

禮者，所以正身也。（〈修身〉）[145]

故禮及身而行修。（〈致仕〉）[146]

〈儒效〉文中兩次致意「隆禮義而殺詩書」[147]，即荀子認為「詩書故而不切」（〈勸學〉）[148]，其云：「學之經莫速乎好其人，隆禮次之。上不能好其人，下不能隆禮，安特將學雜識志，順詩書而已耳」（同前）[149]，又云：「不道禮憲，以詩書為之，譬之猶以指測河也，以戈舂黍也，以錐飡壺也，不可以得之矣」（同前）[150]。此雖非否定詩書文本的存在意義，然教化的意義於荀子思想惟實踐為優先，反映在修身心術上即是「相形不如論心，論心不如擇術；形不勝心，心不勝術；術正而心順之，則形相雖惡而心術善，無害為君子也。形相雖善而心術惡，

皆以『正當性』或『禮』為其基礎。人所以要有生活秩序，所以大則有制度，小則有儀文，皆因人要求實現『正當』」。《新編中國哲學史（一）》，頁 121。是則《荀子》文中「禮義」合詞（見〈修身〉、〈不苟〉、〈榮辱〉、〈王霸〉、〈彊國〉、〈性惡〉等篇）乃有思想脈絡，唯就〈彊國〉云：「夫義者，所以限禁人之為惡與姦者也」與「夫義者，內節於人而外節於萬物者也」，荀子之「禮」以「義」為實質固重客觀規範義。凡此請見下章探討。

145 《荀子集解》，頁 20。

146 《荀子集解》，頁 172。

147 《荀子集解》，頁 88, 89。

148 《荀子集解》，頁 8。

149 《荀子集解》，頁 8-9。

150 《荀子集解》，頁 10。

無害為小人也」（〈非相〉）[151]，以及「今人之化師法，積文學，道禮義者為君子；縱性情，安恣睢，而違禮義者為小人」（〈性惡〉）[152]，故人格的養成須實際施作「偽起而生禮義」（〈仝前〉），其來自「聖人積思慮，習偽故，以生禮義而起法度」（〈仝前〉）[153]。相較〈性自命出〉於詩書禮樂之教主張聖人「教，所以生德於中者也」，則二者心術之教皆須聖人參與其中，然荀學猶在「師法之化，禮義之道」的申論下，凸顯聖人制禮作樂的客觀規範義，簡文則是肯定道德內涵的啟發。

第五節　結　語

倘若不以道統的觀念聯繫孔子之後至孟子學術活動年代之間的儒學發展，則《荀子・非十二子》、《韓非子・顯學》與《史記・仲尼弟子列傳》所記錄的孔子弟子及其再傳學徒，在文獻不可考的狀況下，實難以滿足吾人從文本資料探求孔學傳衍的興趣。是以郭店儒家簡作為出土文獻的意義，即在歷史的機緣下，提供孔子之後的學說面貌的依據。此即因著出土文獻的時代定位的緣故，研究〈性自命出〉之思想者多以早期儒家學說視之，並與傳世儒家古典相參照，進而提出思想史上的判斷。其中，除了〈非十二子〉所歸納之思孟學派作為主流推斷外，荀子學說亦為研究參考之對照。而根據上文的析論，無論是性論與人性論的取向，情的客觀性與心的意向，抑或就修身成德之踐履，〈性自命

---

151 《荀子集解》，頁 46。

152 《荀子集解》，頁 290。

153 《荀子集解》，頁 291。

出〉與荀子二者皆顯示先秦儒學對人文與道義之性情心因素之思辨，然就思想的脈絡而言，〈性自命出〉的心術觀仍與荀子思想保持著距離，簡文的儒學思想其實是傾向於孟學而離荀學遠。唯二文獻比較研究的意義益啟發吾人，孔孟荀之間並非單向線性的思想發展或歷史過程，〈性自命出〉作為先秦儒學發展的中介文獻，實應開啟學者對古典儒家哲學的多面向思索。

第伍章 《荀子・禮論》與禮義之道的義涵

第一節 前言

荀子思想的哲學研究嚮以人性論、禮義之道、心知理論、政治理論、名學（邏輯學）、荀學在儒學史或古代思想史的意義以及荀學的現代詮釋為主。然而從傳統學術觀之，荀子除了做為哲學家外，其亦以經師身份而為學者所熟知，清人汪中即指出漢初浮丘伯、韓嬰、毛亨、后蒼、張蒼、申公等經師，其學歷皆及於荀子之門，而且：

> 荀卿所學，本長於**禮**，〈儒林傳〉云：「東海蘭陵孟卿，善為《**禮**》、《春秋》，授后蒼、疏廣」。劉向〈敘〉云：「蘭陵多善為學，蓋以荀卿也。長老至今稱之曰蘭陵人，喜字為卿，蓋以法荀卿」。又二戴《**禮**》並傳自孟卿，《大戴禮・曾子立事》篇載〈修身〉、〈大略〉二篇文，《小戴・樂記》、〈三年問〉、〈鄉飲酒義〉篇，載〈禮論〉、〈樂論〉篇文。由是言之，曲臺之禮，荀卿之

支與餘裔也。[1]

由此可見，荀子不僅是傳經之儒，亦是傳禮之儒，而有關傳禮的脈絡，已蘊含在荀子思想中，唐君毅先生說：

> 荀子所以言性之惡，乃實唯由與人之偽相對較，或與人之慮積能習，勉於禮義之事相對較，而後反照出的。故離此性偽二者所結成之對較反照關係，而單言性，亦即無性惡之可說。[2]

唐先生又說：

> 性偽所結成之對較反照關係，實即在人之慮積能習所依之禮義文理之理想，與此理想所欲轉化之現實間之一對較反照關係。唯人愈有理想，乃愈欲轉化現實，愈見現實之墮性之強，而若愈與理想成對較相對反；人遂愈本其理想，以判斷此未轉化之現實，為不合理想中之善，為不善而惡者。故荀子之性惡論，不能離其道德文化之理想主義而了解。[3]

---

1 〈荀卿子通論〉，《述學・卷四・補遺》（臺北：世界書局，1972年），頁8-9。

2 《中國哲學原論（原性篇）》（臺北：臺灣學生書局，1986 年），頁66。

3 同前註，頁67。

由是觀之，荀子所謂性惡是相對於「為善（禮義）」而言，「無性則偽之無所加，無偽則性不能自美」（〈禮論〉）[4]，而且，「凡人之欲為善者，為性惡也」（〈性惡〉）[5]。可見，性之惡非是絕對的，而是因著實踐「禮義之道」（〈性惡〉）而歸結出的論點，性惡說是依附著禮義之化而有的推論，換言之，禮義文理纔是荀子思想的核心。

根據上述觀點，荀子思想的研究即主要表現為二方面，一是一般所熟悉的「性惡論」進路，以人性論的反省，建構荀子的哲學系統[6]；另一則是「禮論」的進路，強調研究荀子思想的主流應從有關「禮」的論述來探討，進而掌握荀子思想的全幅面貌[7]。若以後者觀之，佐藤將之先生歸納近一世紀以來海內外荀子

---

4 《荀子集解》，頁 243。

5 《荀子集解》，頁 292。

6 如牟宗三《名家與荀子・荀學大略》（臺北：臺灣學生書局，1979 年）、勞思光《新編中國哲學史（一）・第六章 荀子與儒學之歧途》（臺北：三民書局，1984 年）、周群振《荀子思想研究》（臺北：文津出版社，1987 年）、廖名春《荀子新探》（臺北：文津出版社，1994 年）。

7 近代王先謙開其端緒，他認為「性惡之說非荀子本意」，而是「論學論治，皆以禮為宗」（《荀子集解・序》，頁 1）。而當代接續者則有羅根澤〈荀子論禮通釋〉，《女師大學術季刊》第 2 卷第 2 期，1931 年 4 月；龍宇純《荀子論集》（臺北：臺灣學生書局，1987 年）；李哲賢《荀子之核心思想——「禮義之統及其時代意義」》（臺北：文津出版社，1994 年）；姜尚賢《荀子思想體系》（高雄：復文圖書出版社，1990 年）、譚宇權《荀子學說評論》（臺北：文津出版社，1994 年）；陸建華《先秦諸子禮學研究・第二章・第三節 荀子之禮學》（北京：人民出版社，2008 年）；佐藤將之《荀子禮治思想的淵源與戰國諸子之研究》（臺北：國立臺灣大學出版中心，2013 年）。

研究，並指出禮治論在荀子思想的重要性，以及荀子禮學對後世所產生的影響為學者所忽略[8]，此即反映出荀子哲學研究中之禮論面向仍值得關注，而筆者認為這方面的探討可經由〈禮論〉來思考。〈禮論〉不僅描述各種禮節儀文[9]，而且該篇亦論述相關禮文之意義，除了顯示荀子哲學與傳統禮學的聯繫外，益展示荀子對禮義之道的思考。因此，本章即經由析論〈禮論〉，進而說明荀子對禮觀念的思想。

第二節 〈禮論〉的理論結構與義涵

〈禮論〉篇首即云：

> 禮起於何也？曰：人生而有欲，欲而不得，則不能無求。求而無度量分界，則不能不爭；爭則亂，亂則窮。先王惡其亂也，故制禮義以分之，以養人之欲，給人之求。使欲

---

8 《荀子禮治思想的淵源與戰國諸子之研究》，頁 5-16。佐藤先生另有〈二十世紀日本荀子研究之回顧〉（《國立政治大學哲學學報》第 11 期，2003 年 12 月），以及《荀學與荀子思想研究‧第三章 二十世紀《荀子》研究綜述》（臺北：萬卷樓圖書公司，2015 年），亦可參照。

9 「禮」字見諸〈禮論〉凡 47 見，其以「禮」概念敘述禮節儀文或概論禮意僅次於〈大略〉（凡 56 見），唯楊倞注〈大略〉篇題曰：「此篇蓋弟子雜錄荀卿之語，皆略舉其要，不可以一事名篇，故總謂之大略」。俞志慧先生即考證〈大略〉是荀子的讀書筆記（〈《荀子‧大略》為荀子讀書筆記說〉，《文學遺產》2012 年第 1 期）。故若視〈大略〉為荀子後學之札記或《荀子》之斷簡，則荀子論禮應以〈禮論〉為主。

必不窮乎物，物必不屈於欲。兩者相持而長，是禮之所起也。[10]

此乃〈禮論〉的問題意識，同於〈性惡〉所論之出發點[11]，敘述生性與欲望若不節制（無度量分界），將會導致惡果（爭、亂、窮），故提出規範之道（禮、偽），以期達到治亂的作用。易言之，人性活動之所以出現「惡」的現象，原因在於欲求不受限，倘若有所合理（禮）地限制欲望，建立「禮義之道」，則吾人乃可以客觀地面對生性的存在，此即〈性惡〉所論之「化性而起偽，偽起而生禮義」[12]。該命題指出「禮（禮義）」是性惡說的結論[13]，即在以「欲必不窮乎物，物必不屈於欲」為實踐目的

10　《荀子集解》，頁 231。

11　「今人之性，生而有好利焉，順是，故爭奪生而辭讓亡焉；生而有疾惡焉，順是，故殘賊生而忠信亡焉；生而有耳目之欲，有好聲色焉，順是，故淫亂生而禮義文理亡焉。然則從人之性，順人之情，必出於爭奪，合於犯分亂理，而歸於暴。故必將有師法之化，禮義之道，然後出於辭讓，合於文理，而歸於治。用此觀之，人之性惡明矣，其善者偽也」。《荀子集解》，頁 289。

12　《荀子集解》，頁 292。「凡貴堯禹君子者，能化性，能起偽，偽起而生禮義」。此即「古者聖王以人性惡，以為偏險而不正，悖亂而不治，是以為之起禮義，制法度，以矯飾人之情性而正之，以擾化人之情性而導之也，始皆出於治，合於道者也」。《荀子集解》，頁 289-290。化性起偽本於「性偽之分」，強調人性活動所出現的惡，對照「可學而能、可事而成、之在人者，謂之偽」，指出人偽實踐是可能的。

13　當代荀子性惡說之詮釋常見將「人之性惡」的命題表述為本質性的說法，如「人性本是惡的」、「人性之惡預存了人性必惡的結論」（陳大齊《荀子學說》，臺北：中國文化大學出版部，1989 年。頁 55, 62。）；又如「人的本性是惡的」、「人的這些生理本能是惡的」（廖

下，人性之惡做為論據，荀子乃意在推論出「禮」的必要性，此即「禮義以分」。〈榮辱〉曰：

> 夫貴為天子，富有天下，是人情之所同欲也；然則從人之欲，則埶不能容，物不能贍也。故先王案為之制禮義以分之，使有貴賤之等，長幼之差，知愚能不能之分，皆使人載其事，而各得其宜。然後使慤祿多少厚薄之稱，是夫羣居和一之道也。[14]

禮義以分本自「禮別異」（〈樂論〉）的功能，然而，荀子論「分」亦是為了合羣，〈富國〉云：「人之生不能無羣，羣而無分則爭，爭則亂，亂則窮矣。故無分者，人之大害也」[15]。人自

名春《荀子新探》，頁 106, 107）；再如「（性）本質上即是偏傾於惡的」、「本惡之性」（周群振《荀子思想研究》，頁 53, 58）；或如「人性本然是惡的」、「（人性）不僅沒有善端反而有惡端」（姜尚賢《荀子思想體系》，頁 40, 64）。此或學者們的不詞或表述不夠精確，實則，中性的說法應是「人之生性本然非善，倘若順性即出現惡」。亦如潘小慧先生所說：「『惡』的概念只是個消極概念，以『禮義之缺乏』為其意義」（〈禮義、禮情及禮文——荀子禮論哲學的特點〉，《哲學與文化》第 35 卷第 10 期，2008 年 10 月）。換言之，性惡之「惡」不具本質性意義，荀子所謂「惡」不具備根源義，「惡」僅是存在，而非存有。而且，倘如正面肯定荀子之禮義實踐的論證周延，則人性觀念必不能本質地視之為惡，否則，所謂的「人偽」即不可能，亦違論探討道德實踐的可能性。

14 《荀子集解》，頁 44。

15 同樣的意思〈王制〉寫作「人生不能無羣，羣而無分則爭，爭則亂，亂則離，離則弱，弱則不能勝物」。《荀子集解》，頁 105。

然地聚集而生活，不能離羣索居，而且人羣非一般意義的動物羣聚，而是有道德意義的家庭或家族羣居，荀子即從人禽之辨肯定人乃「有氣、有生、有知，亦且有義」，而此價值義即是人類族羣（家庭家族）高於一般動物生命之處[16]，並顯示人之羣應是倫理道義的結合。再者，對照上引〈禮論〉篇首文本，可知人若獨自處於自然世界，必無欲望引致惡與爭亂問題，物欲無窮的問題實出現在人類必須過著羣體生活，但又面對名位與物資的有限，以及存在著生理與心理的欲望，人人競逐，遂造成天下社會的失序。易言之，禮做為道德規範乃是在人之生性活動處於羣體生活中而突顯出來，具體而言即是在家庭與社會表現出倫理實踐，在團體中建立秩序，此即「禮者，貴賤有等，長幼有差，貧富輕重皆有稱者也」（〈富國〉）[17]。是以〈禮論〉乃有鑑於羣而無分是亂源，若欲使羣而有分則須有「禮」，「禮者，因人之情而為之節文」（《禮記・坊記》）[18]。禮可以使人性有所節制並倫理相稱，亦使每人分位盡到責任，此即〈致士〉所謂「程者物之準也，禮者節之準也；程以立數，禮以定倫」[19]。設定禮節乃為條理出行為準則以確保人倫。

從上述〈禮論〉的問題意識，可歸納該篇內容的論述有如下

---

16 〈王制〉：「水火有氣而無生，草木有生而無知，禽獸有知而無義，人有氣、有生、有知，亦且有義，故最為天下貴也。力不若牛，走不若馬，而牛馬為用，何也？曰：人能羣，彼不能羣也」。《荀子集解》，頁 104。

17 《荀子集解》，頁 115。

18 《禮記注疏》，頁 863。

19 《荀子集解》，頁 174。

結構：

一、禮的意義——禮義以分

〈王制〉曰：

> 人何以能羣？曰：分。分何以能行？曰：義。故義以分則和，和則一。[20]

引文乃接續人能羣而禽獸不能羣之後而論，呼應人禽之辨之「知」與「義」，前者即〈非相〉所論之「人之所以為人者」在「以其有辨也」，有辨之「辨」乃分辨「禽獸有父子而無父子之親，有牝牡而無男女之別」（同前）[21]，即辨識人倫與知曉人倫，而此乃依「義」所能分辨出的對象。易言之，分辨之知義（義以分）即是進行道德判斷[22]，且藉由人的知性確認人倫之道[23]，可進而鞏固羣體使不渙散，此即上引〈榮辱〉所謂「羣居和

[20] 《荀子集解》，頁 104-105。

[21] 《荀子集解》，頁 50。

[22] 楊倞注「義」曰：「謂裁斷也」。《荀子集解》，頁 104。對於如何支持道德判斷之進行，〈解蔽〉另外提出「人生而有知」與「心生而有知」之「心知道」理論，即認知主體必須運用於道德認識，前輩先生於此多有論述，請參見牟宗三《名家與荀子》，頁 224-226；陳大齊《荀子學說・第七章 知慮論》。

[23] 此「知性」意指生命內在的心知能力，其活動能認識道德，並有人偽成德的作用。以心識德的觀念荀子稱之為「心知道」，此心之知雖非德性心或道德理性的活動，唯使心的活動處於聖人之禮義以分的規範與作用範圍下，即能保障道德實踐的可能。此部分的理論盛發於〈解蔽〉之「聖人知心術之患」章與「治之要在於知道」章。由文中可知內在生命

一之道」，是以「人道莫不有辨」（〈非相〉）。而且，「君子審於禮，則不可欺以詐偽」（〈禮論〉）[24]，「辨莫大於分，分莫大於禮」（〈非相〉）[25]，明辨是非的判斷準則本於「禮」[26]，此乃分辨知義之結合「禮」的實踐，傳達「明分以禮」的思想，一方面以禮顯示倫理規範；另一方面，以倫理言「分」（分辨），分亦指向「分位」之意。〈王制〉云：

> 分均則不偏，埶齊則不壹，眾齊則不使。有天有地，而上下有差；明王始立，而處國有制。夫兩貴之不能相事，兩賤之不能相使，是天數也。埶位齊，而欲惡同，物不能澹則必爭；爭則必亂，亂則窮矣。先王惡其亂也，故制禮義以分之，使有貧富貴賤之等，足以相兼臨者，是養天下之本也。[27]

引文雖涉政治實踐，然而荀子認為政治是倫理活動的延伸，治亂即在依禮義使人事分得其宜，勿有泯滅等差之不公現象，上引

的論證並不必然涉及德性義，心靈自身可不本具道德性，此乃荀子思想綜合性惡說與心知道的理論意義。凡此，請詳見上章第三節的論述。

24 《荀子集解》，頁 237。

25 《荀子集解》，頁 50。

26 〈禮論〉云：「繩者，直之至；衡者，平之至；規矩者，方圓之至；禮者，人道之極也。……禮之中焉能思索，謂之能慮；禮之中焉能勿易，謂之能固」。《荀子集解》，頁 237。以繩墨權衡規矩喻意「禮」具規範標準義，且敘述「禮」的活動能帶來判斷與堅持，由此益見「禮」之為思想準則。

27 《荀子集解》，頁 96。

〈榮辱〉「禮義以分」一節即結語百官百職之所以能分工合作，共創理想人倫，乃是有德者在位之倫理作用[28]。可見荀子分義之說觀察到人事物之差異與具有個別作用乃客觀事實，抹除差異性以追求齊頭式平等，於倫理上尤顯不合理。相反地，正確認識人物事理之不同表現，使之皆能協同運作，於各自本分盡責，創造和諧社會，萬物不同卻能結合為一有序整體，方是「義以分則和，和則一」之無爭禍的天下。此一平和天下的展現，具體而言即是在「禮」的實踐下建立。〈富國〉云：

> 男女之合，夫婦之分，婚姻娉內，送逆無禮，如是，則人有失合之憂，而有爭色之禍矣。故知者為之分也。[29]

此是以夫婦關係表示婚禮的精神，夫婦既是分亦是合，合是男女結合乃為建立家庭[30]，分則是夫婦各有職分[31]，而在婚姻生活中

---

28 「仁人在上，則農以力盡田，賈以察盡財，百工以巧盡械器，士大夫以上至於公侯，莫不以仁厚知能盡官職。夫是之謂至平。故或祿天下，而不自以為多，或監門御旅，抱關擊柝，而不自以為寡。故曰：斬而齊，枉而順，不同而一，夫是之謂人倫」。《荀子集解》，頁 44。此節之意即是〈富國〉所謂「德必稱位，位必稱祿，祿必稱用」。由此亦可見荀子所論分職合作非是組織或功能主義，而是基於社會倫理之共存。

29 《荀子集解》，頁 114。

30 「合」有二義，一是《禮記．昏義》所謂「昏禮者，將合二姓之好」（《禮記注疏》頁 999），建立社會與家族間的關係，實際是擴大族羣，強化人際；另一是〈郊特牲〉以「天地合，而后萬物興」（《禮記注疏》頁 505），喻示男婚女嫁乃世代的興起與繁衍，人類在天地中生息蕃茂。

分合同體，顯現生命實踐的完整，此是有倫理智識者為男女之別所規劃的理分。由此即知男女的結合非僅是生性取向，而是須表現為人倫的合理分位，〈禮論〉云：

> 性者，本始材朴也；偽者，文理隆盛也。無性則偽之無所加，無偽則性不能自美。性偽合，然後成聖人之名，一天下之功於是就也。故曰：天地合而萬物生，陰陽接而變化起，性偽合而天下治。天能生物，不能辨物也，地能載人，不能治人也；宇中萬物生人之屬，待聖人然後分也。[32]

上引文一方面呼應〈禮論〉首章所述，人性欲望須待「禮義文理」[33]之分辨以制衡物欲；另一方面，依據〈性惡〉辯證「性偽之分」才能「化性起偽」，以及分析人性活動與人偽表現共存於人[34]，則「性」與「偽」共同出現於生命實踐中，乃顯聖人之制

---

31 郭店儒簡〈六德〉敘述夫婦、父子、君臣六位匹配智信、聖仁、義忠六德，六位六德並就實踐而具體分列為教—學、率—從、使—事等六職，簡文稱之為「六職既分，以裕六德」。《郭店楚墓竹簡》，頁 187。可見夫妻倫理分位形式上是職分，內涵則必須有道德意義。凡此，詳見拙著《郭店楚簡儒家哲學研究・第六章 〈六德〉的德性觀念及其實踐原則》（臺北：萬卷樓圖書公司，2008 年）。

32 《荀子集解》，頁 243。

33 「文理」在〈性惡〉稱為「禮義文理」或「禮義之文理」，二者同質互文。

34 「凡性者，天之就也，不可學，不可事。禮義者，聖人之所生也，人之所學而能，所事而成者也。不可學、不可事而在人者，謂之性；可學而能、可事而成之在人者，謂之偽。是性偽之分也」。《荀子集解》，頁 290。

禮義且作用於人性的必要性[35]。進而言之，化性起偽不是改造生性，而是馴化（教化）[36]生性，使性化向人偽之善，使之不產生惡果，故說「化性在於起偽」。此乃荀子觀察到生性有如天地萬物之自然生物，其本身不存在著道德性，欲使天地之中出現道德[37]，必須依靠聖人之偽所創造的禮義文理，纔能使人的存在有價值意義可言。是以〈非相〉認為「分莫大於禮，禮莫大於聖人」，而且〈致士〉指出「禮義備而君子歸之」[38]，可見價值實踐除必須預先肯定有「禮」（禮義）的存在外，禮義以分的實踐亦須確認另有道德實踐之典範人物的存在，故〈禮論〉即視聖人君子為「禮之本」之一。

二、禮之三本——天地、先祖、君師

〈禮論〉云：

> 禮有三本：天地者，生之本也；先祖者，類之本也；君師

---

35 「聖人化性而起偽，偽起而生禮義，禮義生而制法度；然則禮義法度者，是聖人之所生也」。《荀子集解》，頁292。

36 依〈禮論〉「制禮義以分之，以養人之欲，給人之求」而言，教化即是教養。

37 「性偽之分」所呈現自然性與道德性的相對，即是〈天論〉所謂「天人之分」，價值雖不由天地自然產生，但卻可以經由人治人偽之應天用天制天而創造價值（化性起偽），此即「天地生之，聖人成之」（〈富國〉，《荀子集解》頁 118）。是以荀子肯定「道者，非天之道，非地之道，人之所以道也，君子之所道也。」（〈儒效〉，《荀子集解》頁77）。價值理論與實踐的對象不在天地萬物，而是以人類能做為道德存在為核心。

38 《荀子集解》，頁172。

> 者，治之本也。無天地，惡生？無先祖，惡出？無君師，惡治？三者偏亡焉無安人。故禮上事天，下事地，尊先祖而隆君師。是禮之三本也。[39]

此乃分別從宇宙存在、家族倫理、政治事務道出人事物皆有原始，以此寓意「禮」的存在必有所本，亦即禮的實踐必是客觀地反映出人道活動與發展的脈絡存在著根源，故引文後即以廟制說明上至天子諸侯，下至士大夫及庶人，必有祭祖之禮，以此顯示人的存在始源。「尊先祖而隆君師」在宗法制度中固有「尊尊」[40]意味，然而，其禮意乃在「別貴始，貴始得（德）之本也」[41]。人不可能是無根的存在，有果必有因，宗廟之禮的設置即是以昭穆太祖顯示宗族淵源，在祭禮中經由始祖所象徵之族羣繁衍的源頭，指引人們對生命存在之過現未致意，肯定生命價值之因由與發展。「禮之本」的理論意義亦藉由禮的實施傳達人類社會的文化與價值的本源。〈禮論〉云：

> 大饗，尚玄尊，俎生魚，先大羹，貴食飲之本也。饗，尚玄尊而用酒醴，先黍稷而飯稻粱。祭，齊大羹而飽庶羞，貴本而親用也。貴本之謂文，親用之謂理，兩者合而成

39　《荀子集解》，頁 233。

40　參見王國維〈殷周制度論〉，《觀堂集林・卷七》（北京：中華書局，1959 年）。

41　「貴始得之本也」之「得」於《大戴禮記・禮三本》作「德」。王聘珍《大戴禮記解詁》（臺北：文史哲出版社，1986 年），頁 17。

文，以歸大一，夫是之謂大隆。[42]

禮之所以「以素為貴」[43]，乃是在於表達追溯原始的精神——報本返始[44]，亦即樸素禮儀具有反省初民社會發展禮的活動的意義，毋論從人際互動之禮或祭祀鬼神，皆能引領吾人感知先祖制作禮樂的初衷，「報本者，報其養人之本；反始者，反其生物之始」[45]。「禮也者，反本脩古，不忘其初者也」（《禮記．禮器》）[46]。如此從存在根源反思吾人現存的意義的觀念，乃是從指引價值之始，引導人類族羣不斷持續文化活動，以致恆常。而且，從原始到成文（禮），是「文」與「理」的綰合，使人的行為既有人文禮儀，又有生命活動的合宜性，此乃顯禮從古至今依然長存之重要性。而荀子之所以以「太一」指稱此重要意義，乃「太一」為「道」的別名[47]，荀子藉此以宇宙觀類比禮的客觀原

[42] 《荀子集解》，頁 234。

[43] 〈禮器〉云：「（禮）有以素為貴者：至敬無文，父黨無容，大圭不琢，大羹不和，大路素而越席，犧尊疏布鼏，樿杓。此以素為貴也」。《禮記注疏》，頁 455。

[44] 〈郊特牲〉說明郊祭之「報本反始」乃「萬物本乎天，人本乎祖」。《禮記注疏》，頁 500。

[45] 孫希旦注〈郊特牲〉「唯社，丘乘共粢盛，所以報本反始也」語。《禮記集解》，頁 687。

[46] 《禮記注疏》，頁 469。

[47] 《呂氏春秋．大樂》認為太一是道的別名，並以為其中蘊含樂理。王利器《呂氏春秋注疏》（成都：巴蜀書社，2002 年），頁 495-510。《淮南子．天文訓》以「天一」為太一，〈主術訓〉認為太一通於天道，〈詮言訓〉以太一為造物主，或為紀歲，並以為宇宙之始，〈要略訓〉指稱「原道」即是太一。劉文典《淮南鴻烈集解》（臺北：文史哲出版

始性質，上引文後即分別以五個「一也」表述祭禮、喪禮、婚禮、古樂禮等方面之施行，皆具有向上古祖先、復返素樸、原始情感表達同歸與致敬的精神[48]。〈禮論〉又云：

> 凡禮，始乎梲，成乎文，終乎悅校。故至備，情文俱盡；其次，情文代勝；其下復情以歸大一也。天地以合，日月以明，四時以序，星辰以行，江河以流，萬物以昌，好惡以節，喜怒以當；以為下則順，以為上則明，萬變不亂，貳之則喪也。禮豈不至矣哉！立隆以為極，而天下莫之能損益也。本末相順，終始相應，至文以有別，至察以有說，天下從之者治，不從者亂，從之者安，不從者危，從之者存，不從者亡，小人不能測也。[49]

社，1992 年），頁 95, 270, 463, 700。郭店楚簡〈太一生水〉即表述太一乃「道亦其字也」。「太一」之為「道」的意義請參見拙著〈郭店楚簡〈太一生水〉的天道思想及其重詮〉（《揭諦》第 27 期，2014 年 7 月）。又，以太一做為道來象徵禮的原始精神，並不違背「道者，非天之道，非地之道，人之所以道也，君子之所道也」（〈儒效〉）的主張，因為此太一之道乃歸屬於禮之人文精神底下，並不具備形上意義，亦即太一是宇宙論語意，非本體義。

48 「故尊之尚玄酒也，俎之尚生魚也，豆之先大羹也，一也。利爵之不醮也，成事之俎不嘗也，三臭之不食也，一也。大昏之未發齊也，太廟之未入尸也，始卒之未小斂也，一也。大路之素未集也，郊之麻絻也，喪服之先散麻也，一也。三年之喪，哭之不文也，清廟之歌，一唱而三歎也，縣一鐘，尚拊之膈，朱絃而通越也，一也」。《荀子集解》，頁 234-235。

49 《荀子集解》，頁 236-237。

禮之伊始、發展與完成，可從宇宙觀來象徵其客觀性與秩序活動，此除了呼應上引文以天地宇宙做為存在之本的觀念外，對照〈禮運〉云：「夫禮，必本於大一，分而為天地，轉而為陰陽，變而為四時，列而為鬼神」[50]，可見荀子的說法乃在以客觀規律喻意禮的行為實現了人間次序的穩定和諧與持續發展，並以此指出禮之實踐可以有普遍的價值作用。再者，禮之具體表現有三種模式：情文充分＞情文相勝＞情存文素。前者是避免過與不及，乃情文結合之中道，亦可視為文質彬彬之最高理想[51]。第二種則是一般道德行為者的常態，處於情文之間的過與不及。最後一類則是回到禮的根本出發點，守住情意，毋使文飾凌駕人情[52]。由此可見，情意本是先於儀式而存在，儀式的發明乃為了合宜地表達情意，故所謂「禮」不僅形式上重視文飾，亦看重文理，此則又關乎禮的文理與情用。

三、禮的作用——文理與情用

從倫理判斷而言，「夫禮者，所以定親疏，決嫌疑，別同異，明是非也」（〈曲禮上〉）[53]。禮的實踐除了確保尊卑分位並進行價值分判外，以上述禮之文與情觀之，亦有「文理」與

50 《禮記注疏》，頁438。

51 《論語・雍也》：「質勝文則野，文勝質則史。文質彬彬，然後君子」。《論語注疏》，頁54。

52 相較孔子論「禮之本」所云：「禮，與其奢也，寧儉；喪，與其易也，寧戚」（〈八佾〉）。荀子乃更多地討論禮作為規範以面對人情的意義，以此纔有情文關係的三種模式。

53 《禮記注疏》，頁14。

「情用」的相互結合。

> 禮者，以財物為用，以貴賤為文，以多少為異，以隆殺為要。文理繁，情用省，是禮之隆也。文理省，情用繁，是禮之殺也。文理情用相為內外表裏，並行而雜，是禮之中流也。故君子上致其隆，下盡其殺，而中處其中。步驟馳騁厲騖不外是矣。是君子之壇宇宮廷也。[54]

此不僅顯示禮作用在人際事物的種種事宜與面向，亦指出禮必須包含文飾與人情的互動關係。〈禮論〉認為「禮者、斷長續短，損有餘，益不足，達愛敬之文，而滋成行義之美者也」[55]，可見「禮」的極致在於維持「中流」，外在文理（文飾）與內在情用能夠諧和，依上述情文關係的三種模式，禮之中流即是情文俱盡，道德規範合理合宜地維護情感的發用，使情緒外顯時成為道德情感[56]。而禮之隆殺是情文代勝的狀況，即知禮者亦不免在文理與情用之間擺盪，唯此仍須堅持禮的規範作用可以使哀樂情感表現為有道德意義，以顯禮的教化意義，〈禮論〉稱之為「禮者養也」，其云：

---

54 《荀子集解》，頁 237-238。

55 《荀子集解》，頁 241。

56 「故文飾麤惡、聲樂哭泣、恬愉憂戚，是反也，然而禮兼而用之，時舉而代御。故文飾、聲樂、恬愉，所以持平奉吉也；麤惡、哭泣、憂戚，所以持險奉凶也。故其立文飾也，不至於窕冶；其立麤惡也，不至於瘠棄；其立聲樂、恬愉也，不至於流淫、惰慢；其立哭泣、哀戚也，不至於隘懾傷生，是禮之中流也」。《荀子集解》，頁 241-242。

> 孰知夫恭敬辭讓之所以養安也。孰知夫禮義文理之所以養情也。故人苟生之為見，若者必死；苟利之為見，若者必害；苟怠惰偷懦之為安，若者必危；苟情說之為樂，若者必滅。故人一之於禮義，則兩得之矣；一之於情性，則兩喪之矣。[57]

上引〈禮論〉論「禮之所起」文獻後，文本即具體地以天子之禮遍舉養體、養鼻、養目、養耳，乃至養信、養威、養安、養生、養財等教養[58]，顯示「禮」藉由聖王之人文化成天下的實踐效用[59]。倘若就引文所舉養安與養情而言，恭敬辭讓與禮義文理乃必避免性情順好利欲樂所導致之危殆，使人可以正向於道德價值。禮的道德涵養可以安定人的生命，使實踐者不偏於情性，此即以禮義挽救生性的下墮，避免生命陷溺於欲望。換言之，荀子學說之所以肯定禮的作用，乃有見於生性欲望作為中性存在之不可盡滅[60]，故以禮文一方面消極地制衡生性好惡，使之不作亂；另一

---

[57] 《荀子集解》，頁 232-233。

[58] 「天子大路越席，所以養體也；側載睪芷，所以養鼻也；前有錯衡，所以養目也；和鸞之聲，步中武象，趨中韶護，所以養耳也；龍旗九斿，所以養信也；寢兕持虎，蛟韅、絲末、彌龍，所以養威也；故大路之馬必信至，教順，然後乘之，所以養安也。孰知夫出死要節之所以養生也，孰知夫出費用之所以養財也」。《荀子集解》，頁 231-232。

[59] 〈解蔽〉云：「聖也者，盡倫者也；王也者，盡制者也；兩盡者，足以為天下極矣」（《荀子集解》頁 271），可見荀子觀念中的理想主政者乃能實踐道德政治意義者。

[60] 參見〈正論〉、〈解蔽〉、〈正名〉批評宋鈃（宋子）主「情欲寡」之不合理與不合邏輯。

方面則是積極地建立倫理道德規範，期許人可以合禮（理）地面對生性的出現，而保有人倫秩序。處於戰國學派爭論的背景中，〈禮論〉認為破壞倫理秩序的代表是墨家，尤其是其節葬的主張。

四、喪禮的禮意——終始如一與事亡如事存

〈禮論〉有超過一半的篇幅在論述喪禮及其禮意，此中不僅是學派分別之駁斥異端，亦是理論辯證之不得不然。荀子批評論敵墨家之理論是「蔽於用而不知文」（〈解蔽〉）[61]，即以節葬而言，此乃墨家基於實用的觀點而不認同久喪厚葬，因其耗費社會資源，不利於天下國家。墨家強調薄葬是基於實效要求，故招致荀子「上功用，大儉約，而僈差等」（〈非十二子〉）[62]的評語。從倫理觀點而言，墨家對喪葬禮儀一律主張減省除了造成無親二本外，亦顯示其無文飾人倫的理念。

> 禮者，謹於治生死者也。生，人之始也；死，人之終也；終始俱善，人道畢矣。故君子敬始而慎終，終始如一，是君子之道，禮義之文也。夫厚其生而薄其死，是敬其有知而慢其無知也，是姦人之道而倍叛之心也。[63]

禮的活動範圍由生至死，含括生命全幅面向，以道德禮文對待生命過程，即是人道之終始如一，亦是人道之常。「喪禮者，以生

---

61 《荀子集解》，頁 261。

62 《荀子集解》，頁 58。

63 《荀子集解》，頁 238。

者飾死者也，大象其生以送其死也。故事死如生，事亡如存，終始一也」[64]。是以喪禮之禮意即是生者能否對待亡者生死如一，以示無背叛之心。荀子之所以鄭重喪事且提出如此嚴厲之評語，乃是從常情常理而言，吾人本無法接受欺瞞愚弄之事，倘若僅因亡者無知而行無禮之事，即顯見行為者缺乏羞恥，應否定其人格。因此，在上引該章文後，荀子不僅敘述倫理階層喪禮之不同，甚且表述罪犯亦可有最微薄的喪葬[65]，即天下眾人皆應存有應對各種人際關係之喪禮的觀念。

> 事生，飾始也；送死，飾終也；終始具而孝子之事畢，聖人之道備矣……大象其生以送其死，使死生終始莫不稱宜而好善，是禮義之法式也。[66]

喪禮的最基本表現乃父母之喪，此無非親子關係是人倫之端始與人間常態，亦是人世得以繁衍的脈絡。《論語》載孔子論「孝」曰：「生，事之以禮；死，葬之以禮，祭之以禮」（〈為政〉）[67]。親情倫理實踐的一致性可由禮的連續性施行而得見，〈禮論〉即以相當篇幅描述各種喪葬祭禮儀式，其文獻不如《儀禮．士喪禮》記載之繁複，而是傳達送死飾終之禮意，藉由以生飾死

---

64 《荀子集解》，頁 243。「事死如生，事亡如存」原作「如死如生，如亡如存」，此據王先謙之注引俞樾的考訂而校改。

65 荀子描述罪犯的喪禮「若無喪者而止，夫是謂至辱」。亦是隱喻若以薄喪對待親人，直如使其受辱，並且間接批評墨家的節葬觀念。

66 《荀子集解》，頁 246。

67 《論語注疏》，頁 16。

表達哀傷[68]，並藉此文飾情感之禮儀，延續生者對亡者的倫理關係，表現人道價值而鞏固人倫，故可稱之為「禮義法式」。而在如此倫理規範中，服喪三年乃是標誌性的觀念。

> 三年之喪，何也？曰：稱情而立文，因以飾羣，別親疏貴賤之節，而不可益損也。故曰：無適不易之術也。創巨者其日久，痛甚者其愈遲，三年之喪，稱情而立文，所以為至痛極也。[69]

喪禮的具體禮意在重哀飾痛，即面對至親的亡逝，必有哀痛至極之情感，荀子即以鳥獸本能地表現對同類羣匹之眷戀徘徊作類比，指出人之知性自然地會感傷雙親棄世與思念春暉[70]，因此須要百千禮儀以文飾如此深刻之哀思，〈禮論〉稱之為「稱情而立文」。此即上文所引述之情文俱盡，以及文理與情用之互為外內的禮原則[71]。此亦所以在天下人倫關係中充分表明「貴賤親疏之

68　〈禮論〉指出喪事既然「所以重哀也」，因此陪葬品皆須「生器文而不功，明器貌而不用」（《荀子集解》頁 254），此即避免文過其情。

69　《荀子集解》，頁 246-247。

70　「凡生天地之間者，有血氣之屬必有知，有知之屬莫不愛其類。今夫大鳥獸則失亡其羣匹，越月踰時，則必反鉛；過故鄉，則必徘徊焉，鳴號焉，躑躅焉，踟躕焉，然後能去之也。小者是燕爵，猶有啁噍之頃焉，然後能去之。故有血氣之屬莫知於人，故人之於其親也，至死無窮」。《荀子集解》，頁 247。潘小慧先生指出感知亡親是自然人性的物傷其類。〈禮義、禮情及禮文——荀子禮論哲學的特點〉，頁 57。

71　〈禮論〉於「情貌之變，足以別吉凶，明貴賤親疏之節」該章中，即分述種種「稱情立文」之具體喪禮禮節，並且批評在喪禮做作有為者乃「非禮義之文也，非孝子之情也」。可見荀子固重禮文規範，然非形式主義者。

節」之親親尊尊。而且，由三年之喪在《論語》所述孔子師徒的討論觀之[72]，服喪三年可能造成禮壞樂崩的問題，實則問題表象背後所關涉乃血緣親情之倫理關係的表現，堅持以三年之喪凸顯親子情感關係的倫理價值，無疑是符合人情之當然[73]。而如此人情義理，〈禮論〉又表示可延續為祭禮，其云：

> （祭禮）先王案為之立文，尊尊親親之義至矣。故曰：祭者，志意思慕之情也。忠信愛敬之至矣，禮節文貌之盛矣，苟非聖人，莫之能知也。[74]

祭禮的禮意通於喪禮，〈禮論〉認為「三月之葬，其貌以生設飾死者也，殆非直留死者以安生也，是致隆思慕之義也」。喪葬固是因著親情倫理而設立，然在經歷「送死有已，復生有節」的除服後，人子對至親的情感尚未終結，而是轉化為感念親恩的儀文，即祭禮乃成為持續表達思親的倫理行為，亦是應和孔子直陳

72 〈陽貨〉載：「宰我問：『三年之喪，期已久矣。君子三年不為禮，禮必壞；三年不為樂，樂必崩。舊穀既沒，新穀既升，鑽燧改火，期可已矣』。子曰：『食夫稻，衣夫錦，於女安乎』。曰：『安』。『女安則為之！夫君子之居喪，食旨不甘，聞樂不樂，居處不安，故不為也。今女安，則為之』。宰我出。子曰：『予之不仁也！子生三年，然後免於父母之懷。夫三年之喪，天下之通喪也。予也有三年之愛於其父母乎』」。《論語注疏》，頁 157-158。

73 〈禮論〉「三年之喪，二十五月而畢，哀痛未盡，思慕未忘，然而禮以是斷之者，豈不以送死有已，復生有節也哉」（《荀子集解》頁247）。喪期之所以未僵固在期滿三年，乃由於顧慮生者生命必須保留情意以為祭祀而思親。

74 《荀子集解》，頁 250。

生死喪祭之以禮連貫的人文孝道。

職是，三年之喪是「稱情而立文」的人文禮儀，因為從人情觀之，喪禮的各種表現乃是為至親亡逝之傷痛而文飾（飾痛）。對比鳥獸失去同類自然地會有相應的行為表現，而人若對服喪二十五個月表示窒礙，則是否不如鳥獸？換言之，服喪亦是人禽之辨，人之所以為人，乃在面對亡者的情文表現能如理，以禮意而言，即是喪禮代表著生者的情感及其與亡者的倫理聯繫，其意義有三：1.表現生者與亡者的人倫關係；2.表明生者與亡者的社會身份；3.表達生者對亡者的情意。前二者是禮儀（文），後者是禮意（情）。而且從後者出發，三年之喪亦在使思親能延續，故服喪終須除服復生，結束喪禮，轉為祭禮，〈禮論〉最後一章即論述「祭者志意思慕之情」命題，以明忠臣孝子之尊尊親親之禮義，此乃顯荀子禮義以分之道。

第三節　禮義之三面向：分、道、統

「禮」於《荀子》（含篇題）凡 343 見，其中「禮義」出現 115 次，是荀子各種結合「禮」概念而論述最多者，此一方面顯示禮義是荀子哲學觀念體系的核心；另一方面，從〈禮論〉揭示「禮義之分」的禮意，亦見「禮義之道」與「禮義之統」的思想脈絡，由此遂可推論荀子哲學禮思想之內涵。

首先，據上文論證〈禮論〉「禮義以分」所述，禮義之分之「分」有二義，一是指分辨，即知性活動；二是結合「義」，表示「分義」，即道德倫理。由此可知「分義」乃禮之重要性質，禮既是倫理規範，亦具有道德分判的作用，此遂使禮的實踐範圍極廣[75]。而且，「夫義者，所以限禁人之為惡與姦者也」（〈彊國〉）[76]，「夫義者，內節於人而外節於萬物者也」（同前）[77]，二命題指出禮的節制義，並顯示「義是禮的內在精神和本質」[78]，由此遂可見禮義之分即涵攝人羣中建構規範之意。〈富國〉云：

> 欲惡同物，欲多而物寡，寡則必爭矣。故百技所成，所以養一人也。而能不能兼技，人不能兼官。離居不相待則窮，羣居而無分則爭；窮者患也，爭者禍也，救患除禍，則莫若明分使羣矣。[79]

此說同於上述〈禮論〉首章之觀點，人之生不能無羣，倘若羣體生活面對物欲需求而無「分」，則必將有爭奪之禍患，所以荀子主張「兼足天下之道在明分」（〈富國〉）[80]。「明分」乃是面對個人之力有限的情況，知曉爭奪物資的問題不能靠個體解決，而是須在規範的運作下，藉由集體的分工合作來使物欲合理地存

---

[75] 〈禮論〉云：「禮者，人道之極」（《荀子集解》頁 237）。從生活儀式與社會制度面，《儀禮》所錄冠婚喪祭，人自成人意識至面對生命消逝的繁複禮節，且亦存在著各種人際活動之士相見、鄉飲酒禮、鄉射、燕、聘、覲等禮儀，其範疇實乃生命實踐的全幅歷程，並展示出禮的具體實踐的廣袤。

[76] 《荀子集解》，頁 203-204。

[77] 《荀子集解》，頁 204。

[78] 潘小慧〈禮義、禮情及禮文——荀子禮論哲學的特點〉，頁 54。

[79] 《荀子集解》，頁 113-114。

[80] 《荀子集解》，頁 118。

在，並避免欲望好惡影響生活秩序。而規範的約束力來自禮義之分，即上文所論之「明分以禮（義）」，一方面辨別倫理分位，另一方面，藉由此分辨可以使羣體盡到本分，故可謂「明分使羣」。

明分使羣的具體實踐是「禮義生而制法度」（〈性惡〉），此是聖人化性起偽的作為。「偽」依〈禮論〉即是「禮」——人文儀節活動，而若再強調禮的客觀規範作用，則顯「法則度量」之意[81]。唯此法度非是政治法律之強制，據荀子對舉「明禮義以化之，起法正以治之」（〈性惡〉）[82]，可見法度是指「仁義法正」（〈同前〉）[83]，即本章論荀子之禮思想所一再致意之倫理道德規範。而以法度解釋禮義，遂有「禮法」之說。〈王霸〉云：

> 農分田而耕，賈分貨而販，百工分事而勸，士大夫分職而聽，建國諸侯之君分土而守，三公總方而議，則天子共己而止矣。出若入若，天下莫不均平，莫不治辨。是百王之所同，而禮法之大分也。[84]

引文固有制度義[85]，然非法制之意。此由於荀子哲學思想貌似與

81　〈儒效〉：「禮節脩乎朝，法則度量正乎官」。《荀子集解》，頁76。

82　《荀子集解》，頁293。

83　《荀子集解》，頁295。

84　《荀子集解》，頁144。

85　〈王霸〉另一具有制度義的禮法說是：「上莫不致愛其下，而制之以

法治同調，實則二者具本質上的差異[86]。更重要的是，「禮者，法之大分」（〈勸學〉）[87]。從上引文所謂分田、分貨、分事、分職、分土，可見荀子以「禮法」詮釋「分義」乃是著重於倫理建構，即上引〈榮辱〉所謂「先王案為之制禮義以分之，使有貴賤之等，長幼之差，知愚能不能之分，皆使人載其事，而各得其宜」。唯有在倫理觀念下作分制，纔能天下社會各得其宜，此即合乎義。而且，「（聖人）起禮義，制法度，以矯飾人之情性而正之，以擾化人之情性而導之也，始皆出於治，合於道者也」（〈性惡〉）[88]。禮義法度乃所以分置倫理本位，使人的情性在應然之人道下接受教化，此又見人道導之以禮義的禮思想結構。

第二，根據〈天論〉篇「明於天人之分」的觀點，荀子哲學並無形而上天道觀之義蘊[89]，荀學論「道」乃著墨於人道之價值。

禮。上之於下，如保赤子，政令制度，所以接下之人百姓，有不理者如豪末，則雖孤獨鰥寡必不加焉。故下之親上，歡如父母，可殺而不可使不順。君臣上下，貴賤長幼，至於庶人，莫不以是為隆正；然後皆內自省，以謹於分。是百王之所同也，而禮法之樞要也」。《荀子集解》，頁143-144。

86 〈君道〉云：「有治人，無治法」以及「君子者，法之源也」，法治未位於治理觀念的最高層次即不可能為法家所認同。荀子儒家本位與法家的貌合神離，以及異質性差異，請見曾春海〈荀學儒、法歸屬問題之探討〉，《哲學與文化》第16卷第6期，1989年6月。頁68-70。

87 《荀子集解》，頁7。

88 《荀子集解》，頁290。

89 參蔡仁厚《孔孟荀哲學．荀子之部．第二章 荀子的天論》（臺北：臺灣學生書局，1984年），頁369-371。

〈儒效〉：「先王之道，仁之隆也，比中而行之。曷謂中？曰：禮義是也。道者，非天之道，非地之道，人之所以道也，君子之所道也」。[90]

〈彊國〉：「凡得人者，必與道也。道也者，何也？禮義辭讓忠信是也」。[91]

〈正名〉：「道者，古今之正權也；離道而內自擇，則不知禍福之所託」。[92]

禮義做為人道的核心價值，除了理解為倫理道德外，基於分辨的義理，上文亦指出禮或禮義有判斷義，此即荀子在〈解蔽〉論心知之判斷所說：「（聖人）兼陳萬物而中縣衡焉。是故眾異不得相蔽以亂其倫也。何謂衡？曰：道」。以「道」為權衡，方知吉凶禍福之所在，道乃可以用來分辨是非善惡的價值之道，亦是實踐的準則。道之為衡斷善惡之義即同於〈禮論〉的觀點：

禮之理誠深矣，「堅白」「同異」之察入焉而溺；其理誠大矣，擅作典制辟陋之說入焉而喪；其理誠高矣，暴慢恣睢輕俗以為高之屬，入焉而隊。故繩墨誠陳矣，則不可欺

90　《荀子集解》，頁 77。

91　《荀子集解》，頁 199。梁啟雄據宋代台州本《荀子》校補「義辭」二字。《荀子簡釋》（臺北：木鐸出版社，1988 年），頁 213。引文章節前文曾云：「人之所好者何也？曰：禮義辭讓忠信是也」，亦可參證。

92　《荀子集解》，頁 286。

> 以曲直；衡誠縣矣，則不可欺以輕重；規矩誠設矣，則不可欺以方圓；君子審於禮，則不可欺以詐偽。故繩者，直之至；衡者，平之至；規矩者，方圓之至；禮者，人道之極也。[93]

以禮為依據，可破除邪說謬論，即禮做為判斷標準，使人能夠知道價值真假。而且，以繩墨、權衡、規矩譬喻「禮」，乃顯示禮是建構人道的範疇[94]，此一方面指出「禮」是判斷之道，另一方面則是藉由禮之具有道德義，將禮型塑為實踐價值的依據，故荀子云：「在人者莫明於禮義」（〈天論〉）[95]。依前述禮義之道蘊含著對禮的認知，則人明禮義即〈解蔽〉所謂「心知道」，禮義之道乃做為「心」應該識知的對象，並教化且導引人的行為。〈王霸〉云：

> （湯武王道）故厚德音以先之，明禮義以道之，致忠信以愛之，賞賢使能以次之，爵服賞慶以申重之，時其事，輕其任，以調齊之，潢然兼覆之，養長之，如保赤子。[96]

〈性惡〉云：

---

93 《荀子集解》，頁 237。

94 禮的建構範疇亦包含政治：「禮之所以正國也，譬之猶衡之於輕重也，猶繩墨之於曲直也，猶規矩之於方圓也，既錯之而人莫之能誣也」（〈王霸〉）。《荀子集解》，頁 136。

95 《荀子集解》，頁 211。

96 《荀子集解》，頁 147。

> 古者聖人以人之性惡，以為偏險而不正，悖亂而不治，故為之立君上之埶以臨之，明禮義以化之，起法正以治之，重刑罰以禁之，使天下皆出於治，合於善也。是聖王之治而禮義之化也。[97]

禮義做為價值理序，其「師法之化，禮義之道」（〈性惡〉）乃對著人性活動之下墮而施予提升的力量，亦是上文論荀子所述「禮」之起源的視域，其觀察到人性不存在著價值的可能性，故須藉由禮的實施，一方面避免犯分亂理之事的出現，如設刑法以禁治；另一方面則是積極地建立價值觀，如因忠信而行慶賞。禮義之道若從行為者的人格而言，即是「今人之化師法，積文學，道禮義者為君子；縱性情，安恣睢，而違禮義者為小人」（〈性惡〉）[98]。君子小人之別在於是否能夠導向禮義，學文與縱性的對照，即明確指出人性應積極引入禮義的領域，毋使落入非道德的狀態，乃至出現反倫理的困境。而如何使倫理實踐全面地開展，亦須有倫理實踐的典範以為領導，此所以荀子一再致意「今人之性惡，必將待聖王之治，禮義之化，然後始出於治，合於善也」（〈性惡〉）[99]。可見禮義之道的另一面即是「聖王之治而禮義之化」的道德政治，荀子以「禮義之統」來表示。

第三，禮義不僅具有明辨事物價值與教化人物的作用，且其實踐目的亦通向「禮義之統」，〈不苟〉云：

97　《荀子集解》，頁293。

98　《荀子集解》，頁290。

99　《荀子集解》，頁294。

> 君子位尊而志恭，心小而道大；所聽視者近，而所聞見者遠。是何邪？則操術然也。故千人萬人之情，一人之情也。天地始者，今日是也。百王之道，後王是也。君子審後王之道，而論百王之前，若端拜而議。推禮義之統，分是非之分，總天下之要，治海內之眾，若使一人。故操彌約，而事彌大。五寸之矩，盡天下之方也。故君子不下室堂，而海內之情舉積此者，則操術然也。[100]

由此可見禮義之統是原則性觀念，其意在建立倫理道德的總綱，以為操作實踐。荀子所述「統」來自「百王之道，後王是也。君子審後王之道，而論百王之前」，是「表禮義之經由歷史的陶鑄而成之規制或模式」[101]。換言之，禮義的建構是過往有德者知性活動的成果，是明君在觀察歷史經驗的過程中，而有道理的獲得，此即顯示禮義之統有整合義。「禮者，法之大分，類之綱紀也」，故從「統類」而言，禮義之統亦是「綱紀」。再據〈性惡〉云：「多言則文而類，終日議其所以，言之千舉萬變，其統類一也，是聖人之知也」[102]，加以荀子肯定聖人乃「總方略，齊言行，壹統類」（〈非十二子〉）[103]之實踐者，則統類即具有方法上之推論與歸納出原理與原則的作用，而顯「知通統類」（〈儒效〉）[104]乃價值統整，並且在統類具條理實踐事務的作

---

[100] 《荀子集解》，頁 30。

[101] 周群振《荀子思想研究》，頁 91。

[102] 《荀子集解》，頁 297。

[103] 《荀子集解》，頁 60。

[104] 《荀子集解》，頁 92。

用下[105]，使一切言行合乎禮義之道。

第四，〈儒效〉認為「其言有類，其行有禮……其道一也，是大儒之稽也」[106]，此可謂秉持孔子「吾道一以貫之」（〈里仁〉）[107]的精神，以「禮」統整道德實踐作為。且依上引〈王霸〉「明禮樂以道之」在〈富國〉作「先王明禮樂以壹之」，可見以統或統類指涉禮義，其意在使人事物類歸諸禮（義）的管轄，藉由禮義的規範性，將天下事務統合在具倫理與道德性質的規範下，而顯德行秩序。上文論荀子所主張之喪禮飾哀與三年之喪，〈禮論〉對此喪葬禮意一再致意「百王之所同，古今之所以一也」，其所透露喪禮規範的意義的普遍性，即呼應禮義之統所具有之倫理性原則。如此原則性觀念，亦衍生為政治理序，〈王制〉云：

> 天地者，生之始也；禮義者，治之始也；君子者，禮義之始也；為之，貫之，積重之，致好之者，君子之始也。故天地生君子，君子理天地；君子者，天地之參也，萬物之摠也，民之父母也。無君子，則天地不理，禮義無統。上無君師，下無父子，夫是之謂至亂。[108]

所謂「天地生君子」並不具備實體義與天道觀，因為「無君子，

105 「類」在《荀子》除了作種類用，亦有條理之意，請見陳大齊《荀子學說》，頁 85-86。

106 《荀子集解》，頁 87。

107 《論語注疏》，頁 37。

108 《荀子集解》，頁 103-104。

則天地不理」，缺少有德者的存在，顯示不出天地的存在意義。天地的存在意義不在其自身內含價值性，而是藉由行德政者（聖人）的知天、用天與制天[109]，將天地自然界的存在物加以利用而創造人文，使得人文之道彰顯在天地之間，此即如上文引〈儒效〉篇文所云，價值在「人道」而不在天地有其「道」。是以「君子理天地」乃在表述天地之中有君子道德活動的價值義，指出君子以禮義治理天地萬物的重要性，而有德者在統理天地的高度，即是〈儒效〉所謂「大儒」之「法先王，統禮義，一制度」和「知通統類」，由此遂見道德實踐者在政治分位上的職責。而且，將禮義之統的觀念表現在政治事務的分理與統理，即上引〈王霸〉「農分田而耕」一節所述之分中有統、統中有分，有德者在位必能清楚劃分（政治）社會分工的（倫理）層級作用，毋使逾越責任範疇，而使天下社會呈現整合與系統性的運作。因此，禮義之統固是將禮的原則性實踐在政治中，乃〈王霸〉所以強調「國無禮則不正」，亦是〈禮論〉論「禮三本」之「君師者治之本」必有之推論，相合於〈性惡〉所述世道危亂中必出現聖王之治之「起禮義，制法度」，以為統整與建構出仁義文理。

109 〈天論〉中「天職既立」章詳述聖人以其天君「正其天官，備其天養，順其天政，養其天情，以全其天功……則天地官而萬物役矣。其行曲治，其養曲適，其生不傷，夫是之謂知天」（《荀子集解》頁 207）。而且在「大天而思之」章強調「制天命而用之」。可見在荀子的思想中，天或天地僅是實踐者的客觀環境與其所面對的存在物質，實踐的主體在人不在天，價值的實在性在禮義之道而不在天地萬物。

第四節　荀學的禮思想

經由上述從〈禮論〉禮觀念到「禮義之道」的析論，荀子哲學思想對「禮」的理論，筆者歸結並推論出以下幾點：

一、從理則先後而言，禮義是第一序，禮儀是第二序，因而荀子的禮思想固二者兼具，然前者的哲學性乃核心觀念，並可做為原則性理論，支持後者的存在。是以〈禮論〉述及甚多禮儀概念，卻以解釋「禮」的存在意義為主。而且，禮義與禮儀的結合，一方面反映荀子在學術史中是經學大師，另一方面則顯示荀子以哲學家的身份，接續孔子以來對復興周禮的理論建設工作，詮釋「禮」在儒學中的地位。觀〈儒效〉盛稱「大儒之效」，其中要義即指出，真正值得肯定的儒者為「隆禮義」、「統禮義」與「積禮義」，乃至「其行有禮」。此除了可視為「君子儒／小人儒」（〈雍也〉）[110]的區分外，荀學禮思想亦在賦予儒者的價值意義之所在。

二、禮的哲學性在客觀性（秩序）與道德性（價值）的結合，二者具相互的理論關係。牟宗三先生曾將荀子重視禮義之統與禮憲稱之為「客觀精神」的表現[111]，此即視禮義非生命主體，而是客體面的建構，故禮義之道除了關乎制度面的構造與成就客觀秩序之外，其客觀性亦使得人道實踐存在穩固的基礎，天下人間若依禮而行，必有永恆而持續的發展。上文舉〈儒效〉之從法先王到法後王的隆禮義，〈王霸〉所述百王之所同於禮法之

---

110 《論語注疏》，頁 53。如此區分在荀子思想可闡釋為：「化師法積文學道禮義者為君子，縱性情安恣睢而違禮義者為小人」（〈性惡〉）。

111 《名家與荀子》，頁 200-201。

大分，乃至〈王制〉從君子禮義所統之君臣父子兄弟夫婦的倫理始終是「與天地同理，與萬世同久」，皆是禮義長存不息的明證。然而，禮義之道如此明顯的客觀性，其理論高度是否意味著「禮的形上化」[112]？或是可謂荀子的「禮論」是「人與自然的統一」、「自然秩序與社會秩序的統一」[113]？首先，如上文論〈禮論〉之「禮有三本」及禮之「復情以歸太一」，荀子論禮觀念以宇宙觀作類比[114]，乃為表述禮具有詮釋情意原始性的作用，並可藉此傳達禮的客觀性質，禮的實踐是規範主觀情意的活動，使行為活動歸附在客觀的最高（絕對）依據。是以價值之禮（理）不在自然，自然僅具有描述意義，不具價值意義，價值與自然二分。再者，荀子「明於天人之分」，其對天的觀念既然無形而上思維，則荀子表述禮義之道所言及之天地乃至太一，實是將宇宙規律轉化為禮之具有客觀規範的說明，其中並不意含天道之形而上意義。禮之實踐的普遍性無須預設天道實體，所謂禮義之道的極盡普遍，乃指實踐禮的價值意義充盈於生活世界。

三、生性中的情緒活動與反應僅能是自然情感，若欲使其有道德義，則須在「禮」的規範與節制下表現，纔能使自然情感轉

---

112 陸建華《先秦諸子禮學研究》，頁 99。陸先生更引〈禮論〉「天地以合」一節，認為荀子「禮的形上價值的論述，運用了本體論證明的方式」，並且「人道（禮）與天道同」，甚至〈禮論〉是「基於理的宇宙之道的設計而論禮的至上價值」。參見頁 100, 105。

113 陳福濱〈荀子的禮論思想及其價值〉，《哲學與文化》第 35 卷第 10 期，2008 年 10 月。頁 28-29。

114 《漢書・禮樂志》「象天地而制禮樂」可謂相應之註腳。班固撰、顏師古注、王先謙補注《漢書補注》（臺北：新文豐出版公司，1988 年），454 頁。

而呈現為道德情感。如哀傷之情亦是人之自然性的一部分，而上文所論喪禮即是合理地表達傷感哀痛，「哭泣、哀戚也，不至於隘懾傷生，是禮之中流也」（〈禮論〉）[115]。親朋亡故，哀傷是人情所不能免，而哭泣的情感以合乎禮來實踐[116]，即顯示合宜之喪葬禮的中道，既使情感自然地流露，流露時又無過與不及，此即〈禮論〉所謂「稱情而立文」。以此觀念，喪禮必有除喪之作，所以荀子既知「人之於其親也，至死無窮」，而於重述「三年之喪，二十五月而畢」後，提示「先王聖人安為之立中制節，一使足以成文理，則舍之矣」。除喪並非中斷親情，而是「哀痛未盡，思慕未忘，然而禮以是斷之者，豈不以送死有已，復生有節也」。哀戚之情並未因喪葬禮結束而中斷，而是藉由祭禮，延續孝子的人性情感，此不啻顯示禮義之道的合理性。

四、上引除喪之禮所意謂的「節」[117]是荀學禮觀念之禮的作用之一[118]。〈彊國〉云：「夫義者，內節於人而外節於萬物者也……內外上下節者，義之情也」。楊倞注：「節即謂限禁

115　《荀子集解》，頁 242。

116　後世禮家遂在喪葬祭禮發展出相當繁複的哭泣禮節，詳參林美玲〈凶事禮哭〉的考證，《成大學中文學報》第 39 期，2012 年 12 月。

117　「節」的儀式作用非僅止於除喪，《禮記・檀弓下》云：「喪禮，哀戚之至也。節哀順變也，君子念始之者也」（《禮記注疏》頁 167），為了念始復生，故須哀戚有節。

118　陳大齊先生提出荀子論禮或禮義有三種作用：「分」、「養」、「節」。《荀子學說》，頁 169-186。「分」與「養」可歸諸上文分析〈禮論〉之禮的作用之「文理」與「情用」，「節」則廣泛蘊含在禮義之道的理論中。

也」，而俞樾曰：「節猶適也」[119]。可見禮義之有節是積極義，非僅是消極的禁制人欲，禮節乃使行為有適宜性（義），目的在導致價值活動與意義，此即「禮者節之準也……禮以定倫」（〈致仕〉）。禮節從客觀面作用而能有倫理，至於主觀面，「好惡喜怒哀樂臧焉，夫是之謂天情」（〈天論〉）[120]。情感是天生而自然的，然而若無限度的發作，依荀子的人性觀，情感的流蕩必將產生犯分亂理之事。此由於一方面情感的性質無道德成分，另一方面，人性存在著欲望[121]的事實固無法抹滅[122]，然而可以「化性起偽」，人性情感應該接受禮義之道的管轄。由此則見荀學禮思想將生命實踐的價值性著墨在客體事物而非在主體生命。

五、荀子的思想肯定實踐的經驗性[123]，此使得禮的觀念也著重工夫落實，「禮者，人之所履也」（〈大略〉）[124]，「夫行也者，行禮之謂也」（〈同前〉）[125]。「禮」的思辨固含有

---

119 《荀子集解》，頁 204。

120 《荀子集解》，頁 206。

121 〈正名〉云：「情者，性之質也，欲者，情之應也」。《荀子集解》，頁 284。

122 〈正名〉之「凡語治而待去欲者」與「性者，天之就也」兩章即辯論「去欲」和「寡欲」之不可行，而應是主張「節欲」來避免「物役」之害。《荀子集解》，頁 283, 284。

123 徐復觀先生認為荀子思想呈現「經驗主義的人性論」。《中國人性論史（先秦篇）》（臺北：臺灣商務印書館，1988 年），頁 229。筆者認為徐先生所說乃指出荀子的思維向度表現出「辨合符驗」（〈性惡〉）的實事求是，因而論述價值實踐的證成，強調實然面的呈現。

124 《荀子集解》，頁 327。

125 《荀子集解》，頁 323。

踐履義，「禮言是其行」（〈儒效〉），故〈儒效〉肯定聖人大儒之「行禮要節而安之」[126]、「（禮義）統類之行」[127]與「其行有禮」，此是理論與實踐合一，故禮思想必涉行禮工夫的論述，「禮及身而行修」（〈致士〉）[128]，此亦是禮義之道重客觀實踐。荀學禮思想的修身工夫可分析如下：

（一）「治氣養心之術，莫徑由禮」（〈修身〉）[129]，此是由內外工夫指出禮的實踐，〈修身〉云：

> 凡用血氣、志意、知慮，由禮則治通，不由禮則勃亂提僈；食飲，衣服、居處、動靜，由禮則和節，不由禮則觸陷生疾；容貌、態度、進退、趨行，由禮則雅，不由禮則夷固、僻違、庸眾而野。[130]

現實生命是由血氣心知組成，故禮的工夫首先表現為飲食、行為、容貌等外在意義，而顯價值實踐的客觀性。〈勸學〉云：「君子之學也，入乎耳，箸乎心，布乎四體，形乎動靜，端而言，蝡而動，一可以為法則」[131]。君子之學即是「學禮」，「禮」將生理、心理與言行皆禮義化，鍛鍊出形軀生命道德化，

126 《荀子集解》，頁 83。
127 《荀子集解》，頁 84。
128 《荀子集解》，頁 172。
129 《荀子集解》，頁 16。
130 《荀子集解》，頁 13-14。
131 《荀子集解》，頁 7。

此所謂「君子之學也，以美其身」（同前）[132]。而禮的實踐亦具有對生命內在下工夫的作用，此乃來自「心知道」（〈解蔽〉）的過程與相應。〈解蔽〉主旨在論行德者之內心能夠衡量（分辨）道理之所在，亦即將「禮義之道」做為心之客觀判準（正權），使心之自主能識知與表現為專注此禮義之道，否則，必將有價值之失落與失序，導致偏離人道[133]。而且，〈解蔽〉表述「心知道」的理論益以「虛壹而靜」的工夫來落實，此是從「心」能夠知道理的性質而言，並強調「導之以理，養之以清」的作法。上文析論〈禮論〉文獻所表述之「文理」的價值作用與「禮之理」的人道意義，即是做為心知的對象來認可（心知道）。猶有進者，〈樂論〉云：「禮也者，理之不可易者也」[134]。心所知之「道」乃是永恆的真理，其具體即是百王之所同的禮法與禮義之統，此亦是以客觀之理（禮）導正心知主體與欲望，確保行為活動表現出道德性。

（二）禮的修身工夫反應在實踐者，亦有人格等第之分。歸納〈勸學〉〈榮辱〉〈非相〉〈非十二子〉〈儒效〉〈王制〉〈解蔽〉〈性惡〉等諸篇，除了一般所熟悉聖人、君子、小人的分別外，由凡昇華至聖做光譜劃分，計有姦人、役夫、俗人、眾庶、陋儒、小儒、俗儒、散儒、雅儒、士君子、法士、大儒等，眾人立身層級以「隆禮義而殺詩書」（〈儒效〉）為分類標準所在，即儒者非在做知識表象的工作，而是作生命的學問，使生命活動顯現出客觀的禮義。甚且大儒為「隆禮義，一制度」與「知

132 《荀子集解》，頁8。

133 荀子稱此「心知道」的理論為「心術」，請詳見上章的析論。

134 《荀子集解》，頁255。

通統類」（同前），其位格（personality）即與聖人同。此亦是由倫理實踐者的外顯德行，印證禮義與統類做為禮思想之工夫的核心。

（三）禮在教育中即是〈勸學〉的終極關懷——「學至乎禮而止」[135]。〈儒效〉認為「學至於行之而止」，即是上文所述「行禮」。而〈勸學〉主張為學乃「始於誦經，終乎讀禮」，此一方面相合於「博學於文，約之以禮」（〈雍也〉〈顏淵〉）[136]的孔門之教，學者不僅是建構理論，亦須將生命收攝在實踐禮義的活動中。另一方面，讀禮做為實踐目的則是從〈勸學〉所述「禮者，法之大分，類之綱紀」而來，禮義統類是教育學習的總綱，在此綱領下，成就人是可有道德秩序的實踐者。職是，依照荀子批評「禮樂法而不說」，而且「學之經莫速乎好其人，隆禮次之。上不能好其人，下不能隆禮，安特將學雜識志順《詩》《書》而已耳」。荀學禮思想之學「禮」並非累積文獻知識（knowledge），而是從生命實踐來體證禮的精神，此除了向道德人格學習外，亦要求學者勿侷限在典籍書帙，而是朝向生活世界開放來實踐禮文，轉化生活世界為道德世界。[137]

（四）以「禮」做政治實踐則有「禮治」原則，此是禮思想的哲學觀念於政治道德義的申論。

---

135 《荀子集解》，頁 7。

136 《論語注疏》，頁 55, 109。

137 「學至乎禮而止」的相關思想亦使教育學習本身上升至「學禮」的層次，「教」與「學」不僅是儀式活動，亦蘊含道德性的意義。凡此，請見下章申論。

〈王制〉：「禮義者，治之始也」。

〈儒效〉：「禮者，人之主之所以為羣臣寸尺尋丈檢式也」。[138]

〈不苟〉：「君子治治，非治亂也。曷謂邪？曰：禮義之謂治，非禮義之謂亂也。故君子者，治禮義者也，非治非禮義者也」。[139]

〈彊國〉：「人之命在天，國之命在禮」（同〈天論〉）。[140]

〈修身〉：「國家無禮則不寧」。[141]

即以上文禮義之道與禮義統類而言，「禮」具有分判與規範的作用，而面對政治活動是人類族羣的社會結構，政治體制是羣體生活的必要存在，若因缺乏國家天下的治理規模而導致人世之亂，此非是能夠行禮義之人所應有之現象。是以須將禮義原則應用於政治活動，使其產生合理之效應，此不僅穩定倫理位階，而且維繫政治秩序，亦是荀學思想系統內部「統類心」之發用[142]。然

138 《荀子集解》，頁93。
139 《荀子集解》，頁27。
140 《荀子集解》，頁194。
141 《荀子集解》，頁14。
142 唐君毅先生曾指出荀子所謂「心」做為「統類心」是「建立社會之統類

而，禮義之道及其統類的客觀性轉化為禮治，非是現代研究者所謂呈現禮法（刑）並用[143]，或是導致法術論與法家理論[144]，因為，禮治對法治並不足以構成充分條件。此由於荀子肯定「禮義生而制法度」，而且「君子者，法之源也」。無論從制度面或政治主體觀之，皆顯示荀子思想仍以道德意義為政治前提，為政以德乃是政治的必要條件，禮義之道的客觀作用及其禮治思想的理論目的不在形成法治與權利制度。

第五節　結　語

本章之論乃意識到荀子做為傳經之儒對傳統禮學的影響，故從最具禮觀念的〈禮論〉篇文分析，以為討論荀學禮思想的依據。而〈禮論〉的問題意識在於觀察到人欲所造成的紛亂，故提出「禮」以為解決之道。〈禮論〉所謂「禮」有四義，一、禮義以分，明分以禮，禮（義）乃建立倫理價值。二、禮有三本，天地、先祖、君師乃是禮之存在之所由，禮之有本亦指出人文禮義的客觀與普遍。三、禮有文理飾情的作用，其相應面即是客觀規範的建立。四、以喪禮顯情文，哀戚的自然情感轉化為禮意表現，乃在倫理表現的終始如一與事亡如事存。本章據〈禮論〉的義涵，進而探討「禮論」所蘊含的「禮義之道」。首先，禮義之

秩序，以成文理之心」。《中國哲學原論（導論篇）》（臺北：臺灣學生書局，1986 年），頁 133。

143 錢遜《先秦儒學》（瀋陽：遼寧教育出版社，1991 年），頁 132-133。

144 侯外廬、趙紀彬、杜國庠《中國思想通史（第一卷）》（北京：人民出版社，1957 年），頁 575-580。

道乃是「禮義之分」，荀學所謂「分」有二義，一是指分辨，即知性活動；二是結合「義」，表示「分義」，即道德倫理。再者，「禮」的理論所蘊含的「禮義」義，其乃條理聖王之道而來，故禮義之道亦可視為實踐性道德原則的「禮義之統」。依〈禮論〉思想與禮義之道，上節即歸納荀學禮思想的主要內涵在禮義與禮儀的理則次序、客觀性與道德性的結合、人性自然情感可以在禮的規範與節制下如理地表現、禮節作用的價值性在客體，以及禮的實踐性有修身、人格、教育、禮治等面向。

禮的儀式義向為學者所熟悉[145]，藉由經學傳統的學術傳播，禮學研究於制度面的知識累積與歷代沿革，學問意義功不可沒。唯如〈禮論〉所云：「無性則偽之無所加，無偽則性不能自美」，禮義文理的工夫實踐乃是為了對治人性流向偏險不正的困境，而人性活動的官能意欲的存在，亦正凸顯人文義理有建制的必要性。基於性惡的分析與禮的實踐理論乃是荀子哲學體系的共同結構，荀子論「禮」的規範義，乃指引吾人思考荀子禮義之道的思想義涵，開啟下章所論儒學與傳統禮學的思想聯繫。

---

145 高明〈原禮〉（《禮學新探》，臺北：臺灣學生書局，1977 年）、田倩君〈釋禮〉（《中國文字》第 17 冊，1965 年 9 月）和楊向奎〈禮的起源〉（《宗周社會與禮樂文明（修訂本）》，北京：人民出版社，1997 年）詳述與敘列「禮」的文獻辭例、文字考證及文化歷史，顯示「禮」由祭祀儀式到政治社會制度乃淵遠流長。

第陸章　〈學記〉的成德之教與其禮思想義涵

第一節　前　言

在傳統儒學中，除了肇因於程朱理學的提倡而以《四書》之一部為人所熟悉的〈大學〉，以及《荀子・勸學》之外，古代儒家學者論「學」或教育的意義與內涵的文獻，《禮記》中的〈學記〉亦是重要典範[1]，當代〈學記〉研究視其為儒家教育哲學、教育思想、教育理論的代表，即是相應指標[2]。學者固多能指出

1　王夫之《禮記章句》認為〈學記〉之義「與〈大學〉相為表裡」，並且肯定〈學記〉不僅是「論親師敬業為入學之事」，亦是「大學始教之切務」《禮記章句》，《船山全書（第四冊）》（長沙：嶽麓書社，1996年），頁 869。

2　呂明修〈「明辨是非」與「反求諸己」——以「禮記・學記」之教育理論為說〉（《中華技術學院學報》第 23 期，2001 年 9 月）；薛玲玲〈禮記學記篇中國古代教育思想研究〉（《德育學報》第 16 期，2000 年 11 月）；張銀樹〈「禮記・學記」教育思想之析論〉（《輔仁國文學報》第 16 期，2000 年 7 月）；黃信二〈《禮記・學記篇》之教育哲學思想〉（《哲學與文化》第 26 卷第 1 期，1999 年 1 月）；鐘丁茂〈禮記「學記」的教育思想〉（《國立臺灣體專學報》第 1 期，1992 年 6 月）；高莉芬〈禮記學記篇中所見之儒家教育思想〉（《孔孟月

〈學記〉的「教」與「學」觀念以倫理道德為目標，蘊含成德之教或成德之學的理想[3]，然而，無論是傳統道德教育或現代教育哲學的觀點，學者們詮釋〈學記〉成德之教的內涵，皆缺乏與《禮記》形成有機的聯繫，而以專注在古今教育思想及其反省為主要研究。換言之，倘若《禮記》的成書過程存在著脈絡[4]，而〈學記〉做為《禮記》的一篇，其在傳統經學的「禮學」論述中，如何與「禮」聯繫為理論關係，學者們對〈學記〉教育思想的探討，其實甚少論及[5]。因此，成德之教和教育實踐的觀念，

刊》第29卷第5期，1991年1月）；方蕙玲〈禮記學記的教育哲學〉（《中國文化月刊》第88期，1987年2月）；劉榮賢〈從易經蒙卦與禮記學記看中國古代之教育思想〉（《孔孟月刊》第19卷第12期，1981年8月）。

[3] 如黃信二〈《禮記．學記篇》之教育哲學思想〉表示〈學記〉的教育哲學理念「強調的是學生人格的聖化，促使學生走上進學成德之路」。頁63。

[4] 結合近幾十年出土文獻，加強了《禮記》成書的文獻學研究與古典意義。詳見王鍔《《禮記》成書考》（北京：中華書局，2007年）。然而，筆者所謂脈絡非是謹守於文獻考證的方法，而是依「禮」的哲學思想來理解經典的形成。誠如蔣伯潛先生所肯定，《禮記》中議論性質的篇章是最值得閱讀的（《經與經學》，上海：上海書店，1997年，頁72-73），此即《禮記》禮觀念的理論性適所以聯繫儒學的思想脈絡。

[5] 除了泛論〈學記〉與考證及詞章的研究外，從教育或教學思想角度探討〈學記〉的研究論文中，僅黃信二〈《禮記．學記篇》之教育哲學思想〉從儒家的自覺學習提到「禮」的觀念，其云儒家「以『學習』與『自覺』來保持人際中『禮』的開放性與誠懇……需在『行禮如儀』中保有學習的強度，以使倫理行為保有『仁』的真實內涵」。頁61。遺憾的是，該說法並未就「學」與「禮」的相互關係直接論證，此應與該文參考「士林哲學」詮釋教育哲學有關。

是否與〈學記〉作為《禮記》之一篇有關，亦即〈學記〉思想內容所蘊含「禮」的意義為何，乃本章之作的問題意識。下文將經由分析〈學記〉成德之教的敘述，進而省察「學」之「禮」的意義，論證〈學記〉的禮思想義涵。

第二節　〈學記〉的成德之教

根據〈學記〉的本文，成德之教的理論主要由教育目的與教學方法構成，由方法到目的的過程則包含教學相長與尊道敬學。理論目的決定了實踐方法的性質，故本節先論述教育目的，其次析論教學方法，復次討論教者與學者的關係。

一、教育目的

> 發慮憲，求善良，足以謏聞，不足以動眾；就賢體遠，足以動眾，未足以化民。君子如欲化民成俗，其必由學乎。玉不琢，不成器，人不學，不知道。是故古之王者建國君民，教學為先，〈兌命〉曰：「念終始典于學」，其此之謂乎。[6]

〈學記〉前二章道出教育目的在文化與知道。文獻首先指出個我具備學識非一己之事，擁有與眾人互動的能力亦不足夠，使民眾獲得正面的轉化纔是儒家君子的政治理念，其實踐之道則在教學，即教化人民是教學實踐的目標。而如此從自覺實踐到安立天

6 《禮記注疏》，頁 648。

下之教育活動，一方面是孔子「修己以安百姓」（〈憲問〉）[7]的理想，教育乃為人文化成天下[8]，視「教學」（教育）為文化活動。另一方面，強調實施教育學習在教化民眾，是不是有政治目的的疑慮呢[9]？倘若回到儒學「為政以德」（〈為政〉）的理念，以及注意到〈為政〉記載：「或謂孔子曰：『子奚不為政』？子曰：『書云：「孝乎惟孝、友于兄弟，施於有政」。是亦為政，奚其為為政』」[10]，則可知儒家政治思想實以倫理價值為內涵，其認為參政是實踐道德的方法之一。〈陽貨〉記載：

---

7 《論語注疏》，頁 131。

8 孔疏云：「人能有片識謀慮法式，求善以自輔，此是人身小善，故小有聲聞……雖有以小善，恩未被物……故不足以動眾也。『足以動眾』者，以恩被於外，故足以動眾也。『未足以化民』」者，雖復恩能動眾，識見猶淺，仁義未備，故未足以化民也」（《禮記注疏》頁 648）。由此可見道德內涵乃教化民眾的充分條件。

9 張崑將〈從「禮記」「學記」篇看古代教育的「教」與「學」關係〉認為〈學記〉所謂「大學之教」與「大學始教」乃是「著重培養政治人才之訓練為主的教化作用」，並以為〈學記〉與孔孟成德之學的原旨相逕庭。《史原》第 20 期，1997 年 5 月。據該文註 6，前述說法本於高明士〈論中國傳統教育與治統的關係〉，文中從政治教育史的觀點，認為〈學記〉所論教育作用均是屬於「教化論」，此教化論乃由上至下，視人民為無知且被動地經由學而接受感化。教化論的「化民成俗」，是由政治立場來發揮教育作用，〈學記〉的教化論是「政治教育」，強調化民成俗的「王化」，異於〈大學〉與《孟子》之「明人倫」的教育作用。高先生論文原收入《多賀秋五郎博士喜壽記念論文集：アジアの教育と文化》（東京：巖南堂書店，1989 年）。現收入氏著《中國傳統政治與教育・下篇・第一章 傳統教育與治統的關係》（臺北：文津出版社，2003 年），頁 187-192。

10 《論語注疏》，頁 19。

「子之武城，聞弦歌之聲。夫子莞爾而笑，曰：『割雞焉用牛刀？』子游對曰：『昔者偃也聞諸夫子曰：「君子學道則愛人，小人學道則易使也」。』子曰：『二三子！偃之言是也。前言戲之耳』」[11]。如此生動的對話，傳達出教化與德政乃是一體兩面，在以德政為道德實踐的一環下，為政者擔負實現價值的責任，其政治實踐非為政治目的，而是在政治分位上推動倫理觀念的普遍開展，所以價值展現也就不限於為政者，施政對象，即受教者（人民）亦能有所回應[12]。進而言之，儒學以倫理道德為教化基礎，在德性價值的開顯對象上，視人人皆應為道德存在，施政即是教育，為政者亦是教育者，教育與為政乃相互關係，〈學記〉云：

> 君子知至學之難易……能為師然後能為長，能為長然後能為君。故師也者，所以學為君也。是故擇師不可不慎也。記曰：「三王四代唯其師」。此之謂乎。[13]

朱子解釋此章云：「能為師以教人，則能為君以治人」[14]。儒學德政理念在以政治活動為道德目的，學者之所以能治民在於本身

---

[11] 《論語注疏》，頁 154。

[12] 〈子路〉記載樊遲請學稼圃，孔子自道不如農夫，而另外表述：「上好禮，則民莫敢不敬；上好義，則民莫敢不服；上好信，則民莫敢不用情。夫如是，則四方之民襁負其子而至矣，焉用稼」（《論語注疏》頁 116）。此除了顯示儒學觀念論「學」不在技藝之事外，亦反映出在上位者教民應重在倫理事務的道德意義。

[13] 《禮記注疏》，頁 654。

[14] 引自孫希旦《禮記集解》（臺北：文史哲出版社，1990 年），頁 968。

接受教育成功，亦即學者一旦具備政治名位，學者轉化為教者，其乃應具備教育理念，將為政之教化視為治學。因此，「化民成俗其必由學」之教化非是政治目的，而是儒學實踐理論之方法——教育，並且於教育之教化目的下，還導出教育的深刻意義——知「道」。

「人不學不知道」內含三義理，一是教育學習乃整體活動，其中存在著教者與學者的相互關係，教學之「知道」的成立，必在教者傳道與學者知道之互動中完成，亦即在教者與學者缺一不可的情形下，教育學習乃雙向互動的過程，而非主客體相對立的狀況。二是教學過程中預設教育者（為政者）本身必先經過學的完成，即教者亦蘊含學者的內涵，方能在面對受教者時使教有所成。如此理論來自孔子曰：「政者，正也。子帥以正，孰敢不正」（〈顏淵〉）[15]。孔子主張「為政以德」非是考慮人民對政令的認知，而是為政者自身行為對下位者所產生的引導作用及其作用對象。換言之，為政者在學習成為有德君子後，其實施教化與教學亦纔具備說服力與產生相當成效。第三，與〈學記〉同為《禮記》之一的〈緇衣〉記載：

> 子曰：夫民，教之以德，齊之以禮，則民有格心；教之以政，齊之以刑，則民有遯心。故君民者，子以愛之，則民親之；信以結之，則民不倍；恭以蒞之，則民有孫心。〈甫刑〉曰：「苗民匪用命，制以刑，惟作五虐之刑曰

---

15 《論語注疏》，頁109。

法」。是以民有惡德，而遂絕其世也。[16]

引文義理相合於〈為政〉云：「道之以政，齊之以刑，民免而無恥；道之以德，齊之以禮，有恥且格」[17]，亦即〈緇衣〉思想發展了孔子德政之道的精神，論述政治的根本在德禮[18]，而不在以政刑為工具。其中「民有格心」、「民有遯心」、「民有孫心」隱含受教者道德自覺的可能性，即為政者教化民眾當使之有德性內涵，如此方是實踐儒學為政以德的理想。易言之，〈學記〉所謂「玉不琢不成器」，璞玉固為良質，若未開發（即教育之啟發與形塑），終是遺憾。孔子云：「好仁不好學，其蔽也愚；好知不好學，其蔽也蕩；好信不好學，其蔽也賊；好直不好學，其蔽也絞；好勇不好學，其蔽也亂；好剛不好學，其蔽也狂」（〈陽貨〉）[19]。「學」乃所以明道理，使質樸的人性有所路向，故為政者作為教育者，即在使受教者對道德意義有所掌握，並進而實踐。荀子云：「不聞不若聞之，聞之不若見之，見之不若知之，知之不若行之。學至於行之而止矣」（〈儒效〉）[20]。體證乃儒學論實踐理論之共同大法，意即接受教育非僅止於知聞學習而已，生命實踐纔是教育目的。

---

16 《禮記注疏》，頁 927-928。

17 《論語注疏》，頁 16。

18 虞萬里先生指出，本章引《甫刑》之深意，寓有苗民最終賓服於虞帝之德的傳聞，有強調禮、德之治之意。《上博館藏楚竹書《緇衣》綜合研究》（武漢：武漢大學出版社，2009 年），頁 462-463。

19 《論語注疏》，頁 155。

20 《荀子集解》，頁 90。

值得注意的是，〈學記〉於篇文末記載一重要教學方向，其云：

> 君子曰：大德不官，大道不器，大信不約，大時不齊。察於此四者，可以有志於學矣。[21]

又云：

> 三王之祭川也，皆先河而後海，或源也，或委也，此之謂務本。[22]

「志學」來自孔子學術生涯奠定於「十有五而志於學」（〈為政〉）[23]的自述，「務本」則源自「君子務本，本立而道生」（〈學而〉）[24]，志學務本相合於〈大學〉云：「物有本末，事有終始，知所先後，則近道矣」[25]，其意謂實踐事物必在有所根源下始能經歷應該的發展，亦即是格致誠正修齊治平的過程。據此觀之，〈學記〉志學務本之命題乃指出教育學習的建立必須溯源至根本才能成立[26]，如此方有「大德」、「大道」、「大信」

---

21 《禮記注疏》，頁656。

22 同上註。

23 《論語注疏》，頁16。

24 《論語注疏》，頁5。

25 《禮記注疏》，頁983。

26 孫希旦云：「水之源可以至委，而委不可以達源，猶學之本可以兼末，而末不可以達本」。《禮記集解》，頁973。

與「大時」之德性，換言之，價值真理的普遍教化是教育活動的終極關懷。而且，成德之教的教育目的與教學方向應如何有具體的起始，〈學記〉認為此乃關乎學者向學之心志，其云：

> 大學始教，皮弁祭菜，示敬道也；《宵雅》肄三，官其始也；入學鼓篋，孫其業也；夏楚二物，收其威也；未卜禘不視學，游其志也；時觀而弗語，存其心也；幼者聽而弗問，學不躐等也。此七者，教之大倫也。記曰：「凡學，官先事，士先志」。其此之謂乎。[27]

文獻雖敘述入學的禮儀與初學者之規範，然其儀文絕非形式作法，因為每一規範皆蘊含禮義精神，從敬道到謙遜於學業，再到以教鞭收攝威儀，還有初學者應有之規矩等行為，其目的皆在使學者能從容培養學習心志，並傳達學者立志為先之重要性。孔子之「不憤不啟，不悱不發」（〈述而〉）[28]即是強調學者必心存勉力於學，方能有所受教，倘若學者意向不在「學」本身，遑論教者如何能致力於施教之建立。《經學理窟》記錄張載云：「學者不論天資美惡，亦不專在勤苦，但觀其趣向著心處如何」（〈學大原下〉）[29]。由此可知，儒者論「學」以實踐者之志向為主。是以觀〈學記〉陳述具體學制云：「一年視離經辨志」，可知視察學者向學心志之建立乃為教學實施的首要事務，鄭注

---

[27] 《禮記注疏》，頁 650。

[28] 《論語注疏》，頁 61。

[29] 《張載集》（臺北：漢京文化公司，2004 年），頁 286。

云：「辨志，謂別其心意所趣鄉也」[30]，朱子曰：「辨志者，自能分別其心所趨向」[31]。向學心志影響學者學習過程的最終走向，因而學者立志亦決定了教育學習的目的，此即立志於德性價值的實踐，成就道德也就成為教學的方向，並且使教育學習全幅是成德的歷程。由此遂可推論，儒家哲學乃以教育為理論之實踐，因為教育本身即是成德之教。

二、教學方法

教育體制作為教學實施之具體形式，〈學記〉陳述其階段作法如下：

> 比年入學，中年考校。一年視離經辨志，三年視敬業樂羣，五年視博習親師，七年視論學取友，謂之小成；九年知類通達，強立而不反，謂之大成。夫然後足以化民易俗，近者說服，而遠者懷之，此大學之道也。記曰：「蛾子時術之」。其此之謂乎。[32]

從小成到大成，教育學習的完成在「大學之道」。觀其過程與內容，除了初階之培養研讀經典的能力之外，「辨志」至「知類通達」的發展，乃蘊含上節所述成德之教的教育目的，其中包括學習心志的持續[33]，以及接受教育學習必在團體生活中呈現，此指

---

30 《禮記注疏》，頁 649。

31 《禮記集解》，頁 959。

32 《禮記注疏》，頁 649。

33 陳澔解「蛾子時術之」云：「蛾子……亦時時述學銜土之事而成大垤，

出學者不僅面對教師之教授，亦有學友同道的共同論學成長，方能在學業有成後，融入廣大社會人羣與國家，表現知類通達且能期使化民易俗。如此學制的意義，乃由於孔子強調「鳥獸不可與同羣，吾非斯人之徒與而誰與」（〈微子〉）[34]，實踐既是不離人間而有所證成，則教育作為傳授人倫價值的方法，其體制與教學內容也必與羣體相聯繫，此亦是培養受教者的實踐性。

確認教育體制的作用與方向後，亦有具體教學方法，如「能博喻然後能為師」，其雖帶有教學技巧的意味，然而〈學記〉所論更重視教學方法的原則展示，其云：

> 大學之教也，時教必有正業，退息必有居學。不學操縵，不能安弦；不學博依，不能安詩；不學雜服，不能安禮；不興其藝，不能樂學。故君子之於學也，藏焉、脩焉、息焉、遊焉。夫然，故安其學而親其師，樂其友而信其道。是以雖離師輔而不反。〈兌命〉曰：「敬孫務時敏，厥脩乃來」。其此之謂乎。[35]

儒學教育觀念既以倫理實現為出發點，故「退息必有居學」，強調學習意志的持續與不懈怠即是教法原理之所在。〈學記〉喻示「善歌者，使人繼其聲；善教者，使人繼其志。其言也約而達，

以喻學者由積學而成大道也」。《禮記集說》（臺北：臺灣啟明書局，1953 年（粹芬閣景本）），頁 199。

34 《論語注疏》，頁 165。

35 《禮記注疏》，頁 651。

微而臧，罕譬而喻，可謂繼志矣」[36]。既然學者的學習心志乃教學得以成立的原因之一，則教者如何使學者保持向學之心志——「繼志」，乃成為重要的教學方法。上引文記載〈學記〉引某記曰「蛾子時術之」證「大學之道」乃積學大成的過程，其中之「強立而不反」與此章之「離師輔而不反」，即是繼志的表現。而學者心志之所以持續，即來自於教學方法能夠確立學者成德之志，保持進德之心，縱使沒有制式教育體制與教師學友環繞，亦能自覺努力於道德事業，不斷實踐價值。再者，「退息必有居學」於鄭注《禮記》本作「退息必有居」，「退息必有居學」乃朱子的斷句，其注解云：「居學，謂居其所學……蓋常時所習，如下文操縵、博依、興藝、藏、脩、息、遊之類，所以學者能安其學信其道」[37]。從一般的課業活動到休息之時，儒學教學觀念重在提撕學者學習心志，創造各種教育情境以延續學者志於學的精神，此不僅是嚴肅地看待教育學習的過程，亦是將成德之教涵融在教學方法中，希冀教者與學者能共同關注在安學信道的實踐上。進而言之，教學活動是一體證歷程，教育者應著重受教者內在心靈的提昇，施行能夠促使受教者的實踐活動有所轉化的教學方法[38]，幫助受教者面對不同客觀環境，依然保有進德成道的信

36 《禮記注疏》，頁 653-654。

37 《禮記集解》，頁 963。

38 〈先進〉記載：「子路問：『聞斯行諸』。子曰：『有父兄在，如之何其聞斯行之』。冉有問：『聞斯行諸』。子曰：『聞斯行之』。公西華曰：『由也問聞斯行諸，子曰「有父兄在」；求也問聞斯行諸，子曰「聞斯行之」。赤也惑，敢問』。子曰：『求也退，故進之；由也兼人，故退之』」（《論語注疏》頁 99）。孔子面對同樣的問題，卻在教學上做出相反的指點，顯見引導受教者的實踐心靈有所轉化，在儒學

念。是以教育者的教學方法即成為教育是否成功的關鍵，〈學記〉云：

> 大學之法，禁於未發之謂豫，當其可之謂時，不陵節而施之謂孫，相觀而善之謂摩。此四者，教之所由興也。
> 發然後禁，則扞格而不勝；時過然後學，則勤苦而難成；雜施而不孫，則壞亂而不脩；獨學而無友，則孤陋而寡聞；燕朋逆其師，燕辟廢其學。此六者，教之所由廢也。君子既知教之所由興，又知教之所由廢，然後可以為人師也。故君子之教喻也，道而弗牽，強而弗抑，開而弗達。道而弗牽則和，強而弗抑則易，開而弗達則思。和易以思，可謂善喻矣。[39]

教之所廢的後二者——「燕朋逆其師」與「燕辟廢其學」——固可由教師監督，然就受教者亦有所自覺而言，友朋的選擇和與人交談對話的內容的意義，其實亦是學者應自付的責任[40]，所以真正由教育者所應擔負的教法，實乃四種模式。第一種教學方法重在學者的發與未發，教師做到「禁於未發之謂豫」，避免「發然

教學方法上具有優先性。

39 《禮記注疏》，頁 652-653。

40 孫希旦認為教之所由廢的前四項是教法失當造成，然而學者「天資之高而向學之勤者，或猶能奮發以有所成就。若又加以私褻之朋，私褻之談，則固無望其能勤於學，而雖有美資，亦將漸移於邪僻而不自覺矣」（《禮記集解》頁 969）。可見學者在教育過程中並非單向的受教者，其自身亦應能在羣體環境的價值活動中有所正向作為。

後禁則扞格而不勝」，成效即是「道而弗牽則和」。鄭注與孔疏的說法多就「情欲」解釋發與未發[41]，從「發然後禁則扞格而不勝」觀之，防範情欲對學習的影響，確有其必要性。〈學記〉云：「學者有四失，教者必知之。人之學也，或失則多，或失則寡，或失則易，或失則止。此四者，心之莫同也。知其心，然後能救其失也。教也者，長善而救其失者也」[42]。教育者在教法上固應先體察受教者對於學習事物的方向，然關懷學者心靈的良窳，於施教時有所調整，方是有德者之教學。意即教育實踐除了化除學者學習心態上的弊端外，「道而弗牽則和」，積極地引導出善端，開啟學者內心向學成德之志，乃是教學首要大法。〈學記〉如此觀念，一方面指出教者的職責，另一方面預設學者本身蘊含道德的可能性，隱含性理之學的傾向，肯定生命內在必然存在著價值性。

第二種教學方法興於「當其可之謂時」，廢於「時過然後學則勤苦而難成」；第三種教學方法興於「不陵節而施之謂孫」，廢於「雜施而不孫則壞亂而不脩」。從二者教學成效分別在「強而弗抑則易」與「開而弗達則思」觀之，此二種教學方法存在著相互關係。因為「時過然後學則勤苦而難成」的問題關鍵在於施教無方，即「陵節而施」，教師未能掌握本末終始的先後次序的教法原則，遂有「雜施而不孫則壞亂而不脩」的後果，所以纔強調「當其可之謂時」，即教師教學一方面應留意受教者的學習時

---

41 鄭注曰：「未發，謂情欲未生」，又對「扞格不勝」注曰：「教不能勝其情欲」。孔疏云：「情欲既發，而後乃禁教，則扞格於教，教之不復入也」。《禮記注疏》，頁 652, 653。

42 《禮記注疏》，頁 653。

機，施予相應的指點，故應做到「強而弗抑」。再者，教育實踐的另一方面應關心受教心靈的成熟過程，有經驗者應知曉教育實施之契機，以使教學方法產生效果，此即「開而弗達則思」。〈學記〉云：「良冶之子必學為裘。良弓之子必學為箕。始駕馬者反之，車在馬前。君子察於此三者，可以有志於學矣」[43]。文脈所蘊含之方法雖是觸類旁通與啟發之應用，或可從現代教育心理學詮釋為經驗學習理論[44]。然而，教學方法若僅是技術之操作或學者心理之對治，志於學的教學方法僅使學者心智見習具體的經驗感知，則成德之教即流於外在形式，難免失去德性內涵。是以綜合〈學記〉所述教學方法的思想，其意乃在表述教育者若不嫻熟先易後難的道理，教學方法本末倒置，無法在學習一開始即開導學生自覺思考，則大師大業亦無由傳承。因此，「君子」作為教育者的代表，其教法除了能符應學者的心智發展過程外，更應深入受教者心志，使志學之心有所承受與發用，如此方是有德者之施教。此亦呼應上述教之所由興的大學之法，教學方法首重受教者的心靈，關注學者未發時的內在狀態。

至於第四種教學方法乃由教師創造觀摩環境（相觀而善之謂摩），促使學者有多聞之學友，因為「獨學而無友則孤陋而寡聞」，換言之，教育過程中的朋友，是為了輔助成德之實踐而存在。〈衛靈公〉記載子貢問為仁，孔子答曰：「居是邦也，事其大夫之賢者，友其士之仁者」[45]，可見道德實踐雖是由己，然在

---

43 《禮記注疏》，頁 655。

44 鐘丁茂〈禮記「學記」的教育思想〉，《國立臺灣體專學報》第 1 期，1992 年 6 月。

45 《論語注疏》，頁 138。

生活世界中，實踐非僅是個我之事，亦需積極推廣至客觀世界，並與賢能仁德之人相交往。孔子曰：「主忠信，毋友不如己者」（〈子罕〉）[46]，曾子曰：「君子以文會友，以友輔仁」（〈顏淵〉）[47]。既然「德不孤，必有鄰」（〈里仁〉）[48]，願意致力於倫理事務者，必有益友之道以為同聲相應，〈學記〉即認為教學方法應賦予受教者友善的人文環境，將學者置於良好的道德氣氛中，相對的，學者也就能培養親近賢者之價值意識。此如《荀子・勸學》以「蓬生麻中，不扶而直。白沙在涅，與之俱黑」喻「君子居必擇鄉，遊必就士，所以防邪僻而近中正」[49]。學習環境作為教學重要事項之一，其中除了教師影響學者外，有德的同儕所給予之同類相求，亦是教法上不得不留意者。

猶有進者，教學方法是由教育者所負責，反應教育者對受教者有直接的責任，〈學記〉云：

> 今之教者，呻其佔畢，多其訊，言及于數，進而不顧其安，使人不由其誠，教人不盡其材，其施之也悖，其求之也佛。夫然，故隱其學而疾其師，苦其難而不知其益也。雖終其業，其去之必速。教之不刑，其此之由乎。[50]

引文所論實是教育者的自我批判，其深意在反省教者應該安立學

46 《論語注疏》，頁81。

47 《論語注疏》，頁111。

48 《論語注疏》，頁38。

49 《荀子集解》，頁3-4。

50 《禮記注疏》，頁651-652。

者之心志，並以誠意發揮學者之資質。因為「記問之學，不足以為人師」，教者應避免形式化的背誦教法，此無益於學者對於學問的堅持，「學問之道無他，求其放心而已矣」（《孟子・告子上》）[51]。知性活動的累積並非無意義，然而儒者更意在道德心靈的覺醒，是以學問乃來自教者能夠從文字的表象世界，啟發學者學習心靈對意義世界的領悟，此如〈學而〉中孔門解詩，子貢引〈衛風・淇澳〉「如切如磋，如琢如磨」，藉此作為說法，喻示其明瞭孔子教導為人應進德之不已[52]，可見孔子詩教乃在由詩文指引而心生價值觀念，並非記誦即以足矣。同理可證，〈八佾〉中孔子回應子夏「起予者商也，始可與言詩已矣」，師徒彼此將詩文「巧笑倩兮，美目盼兮，素以為絢兮」的理解，由「繪事後素」的解讀，昇華為先質後禮的詮釋，將詩義賦予道德內涵[53]，其中除了推擴詩的意義外，亦可知教學相長乃儒學教學方法之教育思想所延伸出來的重要精神。

三、教學相長與尊道敬學

〈學記〉云：

51　《孟子注疏》，頁 202。

52　朱子注曰：「子貢自以無諂無驕為至矣，聞夫子之言，又知義理之無窮，雖有得焉，而未可遽自足也，故引是詩以明之」。《四書章句集註》，頁 73。

53　朱子注引楊時語：「『甘受和，白受采，忠信之人，可以學禮。苟無其質，禮不虛行』。此『繪事後素』之說也。孔子曰『繪事後素』，而子夏曰『禮後乎』，可謂能繼其志矣。非得之言意之表者能之乎。商賜可與言詩者以此。若夫玩心於章句之末，則其為詩也固而已矣。所謂起予，則亦相長之義也」。《四書章句集註》，頁 86。

> 雖有嘉肴，弗食不知其旨也。雖有至道，弗學不知其善也。是故學然後知不足，教然後知困。知不足，然後能自反也。知困，然後能自強也。故曰：教學相長也。〈兌命〉曰：「學學半」。其此之謂乎。[54]

「學學半」即「斆（教）學半」，歷來解釋多如陳澔引劉氏曰：「教人之功，居吾身學問之半。蓋始之修己所以立其體，是一半。終之教人所以致其用，又是一半。此所以終始典于學，成己成物合內外之道，然後為學問之全功也」[55]。此說明「教學相長」與「教學半」的教與學乃相互關係，二者在教者與學者自身是互益的過程。猶有進者，就學者能心志自覺於學習而言，學然後固知有所不足而自反，唯自反後而能接受教育下，亦可知學習之困境處，進而自強憤悱，此即因學習而能有所受教，亦可說是因為教育而使學者能夠自強以致自反的過程，證之〈學記〉云：「善學者，師逸而功倍，又從而庸之。不善學者，師勤而功半，又從而怨之」[56]。可知「教學相長」與「教學半」還可理解為「教」與「學」在學者自身的相輔相成，學者固因教者而有所成就，然此成就亦須學者自知與自志於學習本身，方能有所成功。意即「教學相長」並非單就教者論教、學者論學來成立，而是教者與學者皆落實於教學活動中以結合為教育整體，纔有教學之共同成就可言。因此，教學相長的觀念即反映出〈學記〉思想重視教者與學者共同參與教育學習的實踐，且此又可進至教者與學者

---

54 《禮記注疏》，頁 648。

55 《禮記集說》，頁 199。

56 《禮記注疏》，頁 655。

在問學上的互動工夫，〈學記〉云：

> 記問之學，不足以為人師。必也其聽語乎。力不能問，然後語之，語之而不知，雖舍之可也。[57]

又云：

> 善問者如攻堅木，先其易者，後其節目，及其久也，相說以解。不善問者反此。善待問者如撞鐘，叩之以小者則小鳴，叩之以大者則大鳴，待其從容，然後盡其聲。不善荅問者反此。此皆進學之道也。[58]

記誦活動不意味著做到理解乃教育常識，唯「記問之學」章的教學觀念所述實則重在「人師」的意義，指出儒者的教育理念在以成德為志業下，不以誦讀與解題為教育內容；教師之職責不在使學生獲得知識或累積知識，而是引導學者的學習意志來強化學習事務，因而留心學生的反應即成為人師的重要教學能力，此即上引第二段文獻以「撞鐘」譬喻教者與學者的互動。邱德修先生考證兩周時代樂師撞鐘的表演關乎鐘的形制和演奏工具與方式[59]，而〈樂記〉作者的詮釋則著墨在扣鐘者表現的從容不迫，亦即演

57　《禮記注疏》，頁 655。

58　同上註。

59　〈《禮記・學記》「撞鐘」考〉，《孔孟學報》第 63 期，1992 年 3 月。

奏者如何讓鐘聲發出相應的餘韻[60]。換言之，學者有如擊鐘手，其心境乃決定問學活動的效果，相對地，教師有如鐘鏄，雖被動地回應學者之敲問，但也在如理的答應中，無形地使問者領會問答之道，掌握進學之方法[61]。由此亦可知，除了攻堅之說所指出學者應瞭解先易後難的問學方法外，撞鐘之喻進一步傳達教育者的教法原則應培養學者從容問學的心志，故於大學初入學時，即有「時觀而弗語，存其心」的教學方法，意在使學者醞釀自覺意識[62]，進而有所相應之求學表現。如此之教育理念，非是規範教

---

60 孫希旦引輔廣曰：「撞鐘，以莛擊之，則其聲小，以楹擊之，則其聲大。聲之大小雖不同，然必待叩者之從容，然後盡其聲，若亟撞之，未有能盡其聲者也」（《禮記集解》頁 970）。邱德修先生指出，〈學記〉對撞鐘的描述應該是樂師從容不迫地用撞鐘棒撞擊大鐘。同上註，頁 122。

61 鐘鏄作為樂器已蘊含客觀樂理，樂師之撞鐘必預設對鐘鏄樂音反應之合理期待，此即「叩之以小者則小鳴，叩之以大者則大鳴」。因此，樂師撞鐘與鐘鏄的關係乃是互動過程，鐘鏄於此過程中非是純粹的被動者，鐘鏄作為樂器之本性乃因敲擊而有所悠揚，〈性自命出〉云：「金石之有聲，弗扣不鳴」（簡 4-5，《郭店楚墓竹簡》179 頁）。換言之，若無學者問學之實踐，亦無教者之相應問答，教者與學者乃是教學歷程中的共同存在。

62 「時觀而弗語」是接著「未卜禘不視學，游其志也」而說，陳澔云：「禘，五年之大祭也。不五年不視學，所以優遊學者之心志也，此又非仲春仲秋視學之禮。使觀而感於心，不言以盡其禮，欲其自得之也，故曰存其心」（《禮記集說》頁 200）。孫希旦云：「凡人之於學，得之也易，則其守之不固，故時時觀示，而不輙語以發之，所以使學者存其心，以求之於內，待其自有所得，而後告之也」（《禮記集解》頁 962）。毋論是不言使學者觀禮而自得於心，抑或不語使學者守學而內心有所得，皆是教者教法啟示學者醞釀心靈自主於問學實踐。

者或學者孰主孰從，而是強調教者與學者在進學之道的相互成就，此中教者與學者的價值關係是相互隸屬的。

將〈學記〉問答方法對照〈勸學〉云：「不問而告謂之傲，問一而告二謂之囋。傲，非也，囋，非也；君子如嚮矣」，以及「問楛者，勿告也；告楛者，勿問也；說楛者，勿聽也」[63]，可見在教學相長的進學之道上，儒學的教學理念其實更重視教育者的職責，其因由乃在於：

> 凡學之道，嚴師為難。師嚴然後道尊，道尊然後民知敬學。是故君之所不臣於其臣者二：當其為尸，則弗臣也；當其為師，則弗臣也。大學之禮，雖詔於天子，無北面，所以尊師也。[64]

孟子認為「天子不召師，而何況諸侯乎？為其賢也」（〈萬章下〉）[65]，則〈學記〉所述師者不臣之禮，一方面反映大學古禮之儀式，另一方面也道出之所以肯定教師地位的重要因素——師者乃傳道者。依據荀子強調「學莫便乎近其人」與「學之經莫速乎好其人」（〈勸學〉），乃由於「《禮》《樂》法而不說，《詩》《書》故而不切，《春秋》約而不速。方其人之習君子之說，則尊以遍矣，周於世矣」。可知師者的教學體證與現身說法，實是文獻典籍的流傳，呈現永恆意義的充分條件，倘若缺少

63　《荀子集解》，頁 8, 10。
64　《禮記注疏》，頁 654。
65　《孟子注疏》，頁 187。

教師對真理的證成[66]，學者亦僅是「學雜識志順詩書」的「陋儒」（〈勸學〉），方其時，教者與學者皆將無成就道德生命的可能性。是以尊師乃是因為重道，教學者須意識到本我生命乃是道的載體，教育活動即是傳道之實踐，藉由為學之道的彰顯，纔能使學者瞭解「學問之道」的可貴而能敬學，故而教育者的道德責任不可不謂任重道遠。

第三節　成德之教的禮思想義涵

在周代制禮作樂的文化背景中，「學」本有「禮」，即從制度而言，教育學習的實踐本是古禮之一，秦蕙田《五禮通考》對「學禮」的彙整即是代表[67]。高明士先生據學禮的觀念，從《禮記・文王世子》「凡始立學者，必釋奠于先聖先師」的「釋奠之禮」，考證孔子所代表的「道統」，在唐太宗以後的「廟學」制——普遍於官學中設立孔廟，因政治力的作用，被確認為學術與教育（學統）的權威，加以唐代在廟學建立從祀制度（包含配享），益使廟學成為維繫學統與道統之所在。高先生進而對照道統與治統（政治）說：

---

66 孟子云：「頌其詩，讀其書，不知其人，可乎」（〈萬章下〉，《孟子注疏》頁 188）。從教育實踐而言，學者對詩書所蘊含人格價值的體會，亦隱含教者作為傳達道德精神的承擔。

67 《五禮通考・嘉禮四十二・學禮》云：「古《禮經》有〈學禮〉一篇，見於《大戴禮》、賈誼《新書》所引，惜其文不傳。今採録經傳以補《禮經》之闕」。《五禮通考》，《文淵閣四庫全書・經部一三三・禮類》（臺北：臺灣商務印書館，1983 年景本），頁 48。

> 就編撰經書而言，自以禮書（三禮）的完成對治統貢獻最大；就注釋經書而言，自以鄭玄注經最具承先啟後，尤其是注三禮。蓋孔子主張用德、禮治天下，所以說：「道之以德，齊之以禮，有恥且格。」（《論語・為政》篇）德、禮政治的實施，就是道統優於治統……禮書中作了許多規定，以為施政之準則。其中最值得吾人注目的，當是《禮記・學記》篇所規定的「君子如欲化民成俗，其必由乎學」的概念。進而在同書〈文王世子〉篇規定：「凡始立學者，必釋奠于先聖先師。」遑論這種說法在周代如何實施，其欲由教育樹立道統，進而以道統優於治統，乃極為顯然。[68]

道統優於治統確為不刊之論，然而，道統與學統的結合，它們與制度的關係除了來自教育史的考察外，教育若是道統的具體實現，則學禮的存在與禮思想的綰合，是否有其積極意義可言？回顧上引「大學之禮，雖詔於天子，無北面，所以尊師也」，其師生關係之規範固是「學」轉化為「禮」的形式義，顯示〈學記〉與傳統禮學或禮制的聯繫，若依文脈而言，〈學記〉之禮制另可由「古之學者」章與「大學始教」章繹出。前一章以分區分年規劃學制，從地方到中央（家黨術（遂）國），從比年入學、中年考校到九年大成，乃〈學記〉對教育制度的分級，即孔穎達疏解

68　《中國中古的教育與學禮・第三篇・第一章　廟學的學統》（臺北：國立臺灣大學出版中心，2005 年），頁 559-560。廟學制的考證另見氏著《中國傳統政治與教育・中篇・第一章　官學教育體制的發展》，頁 118-119。

該章旨云：「明國家立庠序上下之殊，並明入學年歲之差」[69]。然而，建立體制之用意何在？鄭玄注此章除了考證之外，亦云：「古者仕焉而已者，歸教於閭里」，又云：「鄉遂大夫間歲則考學者之德行道藝」[70]，是則儒者退而著述教學的行事理想，非僅止於考察學者六藝技能，而是以教育道德為行止[71]。鄭玄又解釋在學九年的受教內容，其曰：「離經，斷句絕也。辨志，謂別其心意所趣鄉也。知類，知事義之比也。強立，臨事不惑也。不反，不違失師道」。孔氏之疏進而言之：

> 「一年視離經辨志」者，謂學者初入學一年，鄉遂大夫於年終之時，考視其業。離經，謂離析經理，使章句斷絕也。辨志，謂辨其志意趣鄉，習學何經矣。
>
> 「三年視敬業樂羣」者，謂學者入學三年，考校之時，視此學者。敬業，謂藝業長者，敬而親之。樂羣，謂羣居，朋友善者，願而樂之。
>
> 「五年視博習親師」者，言五年考校之時，視此學者。博習，謂廣博學習也。親師，謂親愛其師。
>
> 「七年視論學取友」者，言七年考校之時，視此學者。論學，謂學問嚮成，論說學之是非。取友，謂選擇好人，取之為友。

69　《禮記注疏》，頁649。

70　同上註。

71　孔疏引《白虎通》云：「古之教民者里皆有師，里中之老有道德者，為里右師，其次為左師，教里中之子弟以道藝、孝悌、仁義也」。《禮記注疏》，頁649。

> 「謂之小成」者，比六年以前，其業稍成，比九年之學，其業小，故曰小成。
>
> 「九年知類通達，強立而不反」者，謂九年考校之時，視此學者，言知義理事類，通達無疑。強立，謂專強獨立，不有疑滯。而不反，謂不違失師教之道，謂之大成。
>
> 「此大學之道也」者，言如此所論，是大學賢聖之道理，非小學技藝耳。[72]

鄭注孔疏之說若以體制及學制作法觀之，則「學」之「禮」確實嚴明，而且程序合理。唯鄭玄為《禮記》作序云：「禮者，體也，履也。統之於心曰體，踐而行之曰履」，「禮」之設立乃為了實踐，其觀念關乎實踐者之價值表現[73]，則「學」之有「禮」即非僅是制度之建構，而是在有教育體制下，將成德實現於教學歷程中，並使學者以道義為目標。子夏曰：「賢賢易色，事父母能竭其力，事君能致其身，與朋友交言而有信。雖曰未學，吾必謂之學矣」（〈學而〉）[74]。孔門之教論「學」顯非以知識教育為目的，而是著重在倫理實踐的涵養，亦即儒學認為教育之所以「學」，乃非技藝能力之培養，而應以成就人我價值為教育學習的內涵。是以學制作為儀文應賦予價值意義，即將「禮」的程序

72　《禮記注疏》，頁 649。

73　〈八佾〉記載：「子曰：『人而不仁，如禮何；人而不仁，如樂何』」（《論語注疏》頁 26）。以及〈陽貨〉記載：「子曰：『禮云禮云，玉帛云乎哉；樂云樂云，鐘鼓云乎哉』」（《論語注疏》頁 156）。此即指出「禮」非僅為器物與形制，而是以價值實踐為核心。

74　《論語注疏》，頁 7。

作用與制式規範轉化為德性與德行（virtues）的載體，此亦本章於上節分析「大學始教」章時所說明，教育學習中的禮儀與規範，從外在觀之固儀文形式，然以內在意義而言，所有規範皆蘊含禮義精神，鄭玄注此章云：

> 皮弁，天子之朝服也。祭菜，禮先聖先師也。菜，謂芹藻之屬。宵之言小也。肄，習也。習《小雅》之三，謂〈鹿鳴〉〈四牡〉〈皇皇者華〉也。此皆君臣宴樂相勞苦之詩，為始學者習之，所以勸之以官，且取上下相和厚。鼓篋，擊鼓警衆，乃發篋出所治經業也。孫，猶恭順也。夏，槄也。楚，荊也。二者所以撲撻犯禮者。收，謂收斂整齊之。威，威儀也。禘，大祭也。天子諸侯既祭，乃視學考校，以游暇學者之志意。（時觀而弗語）使之悱悱憤憤，然後啓發也。學，教也，教之長穉。倫，理也。[75]

引文末句「倫，理也」是注解〈學記〉原文「教之大倫」，此乃指出始學之祭禮所包含的服制、祭品、歌詠，到入學之擊鼓、發篋、笞撻，再到禘祭後之考校，以及初入學者之弗語弗問等作法，皆是所以規範教育生活。然而，如此規範非僅外在禮儀而已，「學」之有「禮」的每一動作與行為，其實無不涵融實踐者所應表達的價值精神。孔疏引崔氏云：「著皮弁，祭菜蔬，並是質素，示學者以謙敬之道矣」，又順鄭注解云：「入學，謂學士入學之時，大胥之官，先擊鼓以召之。學者既至，發其筐篋，以

75 《禮記注疏》，頁650。

出其書，故云『鼓篋』也。所以然者，欲使學者孫其業，謂恭順其所持經業」[76]。著禮服行祭祀的始學之禮，除了對有德之先聖先師表示敬意外，亦是興發學者願意尊道敬德的心境，而入學鼓篋之禮，則是用於提撕學者心志而不怠慢於學業。是以詠詩之樂與適時考試，乃至使用戒尺，皆是鄭注以「倫理」所詮釋之「教之大倫」，意即教育活動中的典章制度固是儀文，唯「禮」（儀）在儒學中首重其道德價值蘊含，則「學」之「禮」作為道義的載體，學者之行禮乃非拘於限制作用，而是以教學規範展現倫理意義，將教育活動作為道德活動的延伸，經由教育倫理化，使學者實踐價值。由此可見，「學」的實踐有二方面，一是傳統教育制度所規範的六藝學習[77]，著重人才與技藝的養成。另一方面，學制作為「禮」的象徵，應以道德規範為依歸，並且將價值做為教育的內在目的，使學習與教育歷程即是成德的實踐，教與學的活動表現為文化過程與人文精神的呈現，此亦「學」（教育）之有「禮」（倫理）的哲學性之所在。倘若依成德之教的目的與理想而言，〈學記〉的內容不僅是屬於傳統三禮之學，亦應是儒家哲學思想的「禮學」。

進而言之，《論語・學而》首載「子曰：學而時習之，不亦説乎」[78]，其文脈透露學習不在建構知識，而是著重充實內在心靈。〈陽貨〉中孔子云：「好仁不好學，其蔽也愚；好知不好

---

[76] 同上註。

[77] 《周禮・地官・保氏》：「養國子以道，乃教之六藝：一曰五禮、二曰六樂、三曰五射、四曰五御、五曰六書、六曰九數」。《周禮注疏》，頁 212。

[78] 《論語注疏》，頁 5。

學，其蔽也蕩；好信不好學，其蔽也賊；好直不好學，其蔽也絞；好勇不好學，其蔽也亂；好剛不好學，其蔽也狂」[79]。且再對照孔子云：「勇而無禮則亂，直而無禮則絞」（〈泰伯〉）[80]。「學」做為儒學的實踐之道，明顯不在知識的累積，而是行為價值性的修養，此即孔子自道：「十室之邑，必有忠信如丘者焉，不如丘之好學也」（〈公冶長〉）[81]。如此道德生命的自覺期許，其印證亦在〈雍也〉篇文記載哀公問：「弟子孰為好學」，孔子對曰：「有顏回者好學，不遷怒，不貳過。不幸短命死矣！今也則亡，未聞好學者也」[82]。可見好學的典範乃在修身成德。劉宗周《論語學案．卷六．顏淵十二》解「司馬牛問君子」章云：「『君子不憂不懼』，語自有含蓄，故復本之內省，以要其至，則**成德之學**在於是矣。小人之心易動，只是自信不過，此亦羞惡之心也。誠能就所疚而善反之，亦庶幾遷善改過之道耳」[83]。學在於成德，成德乃內自省的工夫，故學者應致力於內在道德心的提升。勞思光先生即指出，孔子所謂「學」乃進德之努力，且進德之學著重不斷向上之意志力與自覺要求，並說：「故其（孔子）教人，不以建立某一客觀論證為重，而以能直接助受教者改變其意志狀態，而能進德為主」[84]。易言之，儒家哲

---

79 《論語注疏》，頁 155。

80 《論語注疏》，頁 70。

81 《論語注疏》，頁 46。

82 《論語注疏》，頁 51。

83 戴璉璋、吳光主編，蔣秋華編審《劉宗周全集（第一冊）》（臺北：中研院文哲所籌備處，1997 年），頁 506。

84 《新編中國哲學史（一）》（臺北：三民書局，1984 年），頁 153。

學之所以注重「學」的活動，乃是強調教育實踐應以輔導與引領受教者展現生命中的德性為主，客觀知識的建立並非學習歷程的首要任務，倫理價值的培養與啟發纔是接受教育的主要目的。職是，〈學記〉所蘊含的「禮學」實是儒學之理論與實踐的合一，凡是禮儀或制度（學禮）的規範性的存在，皆應有禮意主體（道德實踐者）參與其中，此遂使教育學習具有德性價值與文化精神。〈學記〉所蘊含的禮學思想（禮意），乃將「禮」繫屬於「學」的活動，經由教育與學習的實施，理解和掌握倫理秩序之義涵，進而有所體證及價值實踐，此即「學」作為「禮」之一部之義。

第四節　結　語

根據上文所析論，〈學記〉所提供的思想不是從政治思考教育的功能，而是從倫理實踐思考教育的履行，即以「成德」賦予「學禮」價值性，教者即擔負道德（教育）責任來引導學者的自覺意識。易言之，自孔子確認「志於學」的意向，並於「禮之本」的觀念發展出「攝禮歸義」與「攝禮歸仁」的理論[85]，其影

85 勞思光先生以「攝禮歸義」與「攝禮歸仁」論述孔子之基本理論，其意指出「禮」以「義」（理）為實質，「禮」作為制度儀文與生活秩序，皆是「義」之正當性的表現。而「仁」作為「公心」，乃是自覺心與價值意識的活動，更是「義」的基礎。「克己復禮為仁」（〈顏淵〉）即是人能不隨私欲而實踐「禮」，復禮即是循理而行，亦即依求正當之意志方向而活動，因而形成「仁」、「義」、「禮」聯合為思想脈絡。參見《新編中國哲學史（一）》，頁 116-122。

響後世學儒者接受學習和參與教育，即秉持著成德之教與學的觀念來證成人之道德的普遍開展，藉由有德者之實行教育，除了使學者能夠應對客觀禮制的存在之外，教者其實更意在使學者體現人做為一個道德存在的真理，使「學」之有「禮」，將「禮」（倫理）的價值性的內在意義，在教育學習活動中有所育成，此不啻教育真理，亦是實踐理論。

再者，〈學記〉除了「凡學之道」章所述「大學之禮」外，「不學雜服，不能安禮」乃〈學記〉另一出現「禮」字處，其在「大學之教」章所述中，與教學方法相關，符合「禮」之規範義，此見〈學記〉直接論「禮」處，確實與傳統學禮脈絡相呼應。然而，〈學記〉畢竟以成德之教為教育目的，故關注於學者心志的啟發，並以此形塑教學方法，賦予教者引導學者道德意向的責任，希冀師生能共同彰顯為學的義理。質言之，〈學記〉的教育哲學視「學之道」乃成德之「教」與「學」，故教與學的實踐即非技術操作與習成技能，而是文化內涵與人文精神的培育，所以教育中所獲得與意識到的即非知識之一般，《經學理窟》記錄張載云：「『樂則生矣』，學至於樂則自不已，故進也。生猶進，有知乃德性之知也」（〈學大原上〉）[86]。「德性之知」可謂成德之教學的最佳註腳。

總而言之，〈學記〉的禮思想可歸結為三面向，一、「學」乃「禮」之一，教育學習活動本身即是一種儀文制度，依其規範

---

86 《張載集》，頁 282。橫渠所論乃針對《孟子・離婁上》曰：「仁之實，事親是也；義之實，從兄是也。智之實，知斯二者弗去是也；禮之實，節文斯二者是也；樂之實，樂斯二者，樂則生矣」。橫渠的詮釋乃表示學者應以倫理實踐為學習活動的內在目的。

義可名之曰「學禮」[87]。二、教育內容包含「禮」的學習，即受教者乃學各種禮儀的施行，此見諸傳統禮書之記載。三、《禮記・仲尼燕居》記載「子曰：『禮也者，理也』」[88]。對比上節引鄭玄以「倫，理也」注「教之大倫」，可知〈學記〉的「學」觀念之蘊含「禮」的意義，非是專注在字面上陳述，或僅描述制式規範，而是將德性與德行的理則蘊含在教育主體之教者與學者的相互價值關係中，並藉由教育活動以實踐之，此纔為「學」之有價值意義，亦即教育之有「禮」之所在。

87　朱熹《儀禮經傳通解》序是書「篇第目錄」，分析「學禮」乃為古禮之一，以「學制」為首。除了學義及〈學記〉〈大學〉〈中庸〉思想類文獻外，朱子並纂集學禮包括弟子職、少儀、曲禮、臣禮、鐘律、詩樂、禮樂、書數等，可見學制本身做為禮儀之豐富。朱傑人、嚴佐之、劉永翔主編，王貽樑校點《朱子全書（第貳冊）》（上海：上海古籍出版社，合肥：安徽教育出版社，2002年）。

88　《禮記注疏》，頁854。

第柒章　〈樂記〉樂教思想的再析論——以心與心術爲探討脈絡

第一節　前　言

《禮記・樂記》做為儒家哲學重要文獻，亦是儒學音樂理論的代表，其文首先確認「凡音之起，由人心生也。人心之動，物使之然也，感於物而動，故形於聲。聲相應，故生變，變成方，謂之音。比音而樂之，及干戚、羽旄，謂之樂」（〈樂本〉）[1]。該論述蘊含三命題，一、音樂的產生與人心的感動有關，而且音樂亦可感動人心，二者交互作用，故〈樂記〉肯定：「樂（聲）者，音之所由生也，其本在人心之感於物也」（仝前）[2]。「心」是音樂活動的主體，其主體性在感應。二、「聲」「音」「樂」三者的概念內涵不同[3]，〈樂記〉將聲、音、樂的

1　《禮記注疏》，頁 662。據孔疏引鄭玄《禮記目錄》所云〈樂記〉蓋十一篇合為一篇，共有〈樂本〉、〈樂論〉、〈樂施〉、〈樂言〉、〈樂禮〉、〈樂情〉、〈樂化〉、〈樂象〉、〈賓牟賈〉、〈師乙〉、〈魏文侯〉等篇，故本章引〈樂記〉文獻亦為之分篇，下章同此。

2　據鄭注孔疏，「樂者」當指「人聲」。《禮記注疏》，頁 663。

3　蔡仲德先生說：「音樂是以『聲』為表現手段的，是由音產生的，是聲

差異進一步表述為：「凡音者，生於人心者也；樂者，通倫理者也。是故，知聲而不知音者，禽獸是也；知音而不知樂者，眾庶是也。唯君子為能知樂」（仝前）[4]。從聲音至音樂的性質分別亦是倫理上的人禽之辨，「心」的運作乃其中的關鍵。三、所謂的「音樂」是由歌、舞、樂組成，〈樂象〉認為：「詩，言其志也。歌，詠其聲也。舞，動其容也。三者本於心，然後樂器從之」，又云：「樂者，心之動也」[5]。可見歌、舞、樂固各自作用，然皆以「心」為基礎，則音樂是心的音樂，不涉及將客觀自然的聲響當作音樂存有。猶有進者，在以「心」為脈絡下，〈樂言〉所言「民有血氣心知之性，而無哀樂喜怒之常，應感起物而動，然後心術形焉」[6]，以及〈樂象〉所述「心術」以實踐正義，表示音樂做為心術能以之治民，當代學者的研究即論斷〈樂記〉的心與心術主要在形塑音樂用於教化，視音樂活動為樂教，音樂並非純然是音樂之美或藝術活動的表現。如郭沫若先生就「審樂以知政而治道備矣」說：「由於知道音樂與政治的關係，

音的藝術。這是音樂在表現手段方面的特徵。正是由於考慮到這一種特徵，所以儘管注重『聲』、『音』、『樂』之辨，〈樂記〉有時仍稱音樂為『聲』（如『〈雅〉〈頌〉之聲』、『五帝之遺音』）、為『音』（如『治世之音』、『亂世之音』），有時又稱音樂為『聲音』（如『聲音之道，與政通矣』）」。〈〈樂記〉音樂思想評述〉，收入人民音樂出版社編輯部編《〈樂記〉論辯》（北京：人民音樂出版社，1983年），頁267。

4　《禮記注疏》，頁665。

5　《禮記注疏》，頁682。

6　《禮記注疏》，頁679。

故音樂可以成為重要的政治工具」[7]。而蔡仲德先生從樂教的角度說〈樂記〉「把音樂當作治理人民的最好工具」[8]。勞思光先生則指出〈樂記〉強調「樂」對人（民）之生活之影響，並說：「『樂』既有各種或好或壞之影響，故『樂』本身依其工具意義亦有好壞可分（此種『好壞』與藝術之內涵價值不同，故是工具意義）」[9]。三位先生的評語雖可從音樂之美的獨立性、音樂審美或對音樂性內涵的建構來理解，但他們的說法難免使〈樂記〉的理論淪為工具理性的觀點，忽略儒學思想是否從藝術哲學來思考音樂的存在及其活動，抑或〈樂記〉的音樂思想其實是本質地與倫理教化的實踐理論有脈絡上的聯繫。而前述問題意識的解決關鍵在上述三命題所涉之「心」觀念，是以本章乃析論〈樂記〉的「心」概念，進而探討心術觀，據以思辨心術觀中的音樂意義，論證〈樂記〉的樂教理論。

第二節　〈樂記〉論「心」

除了「心知」與「心術」二詞外，〈樂記〉論「心」分別述及「人心」、「哀心」、「樂心」、「喜心」、「怒心」、「敬心」、「愛心」、「民心」、「悖逆詐偽之心」、「治心」、「易直慈良之心」、「鄙詐之心」、「易慢之心」、「善心」、「放心」，以下析論之。

7　〈公孫尼子與其音樂理論〉，收入《青銅時代》（北京：科學出版社，1958 年），頁 195。

8　〈〈樂記〉音樂思想評述〉，《〈樂記〉論辯》，頁 275。

9　《新編中國哲學史（二）》（臺北：三民書局，1988 年），頁 70。

一、哀樂喜怒敬愛之心

〈樂本〉曰：

> 樂者，音之所由生也，其本在**人心**之感於物也。是故其**哀心**感者，其聲噍以殺，其**樂心**感者，其聲嘽以緩；其**喜心**感者，其聲發以散；其**怒心**感者，其聲粗以厲；其**敬心**感者，其聲直以廉；其**愛心**感者，其聲和以柔。六者非性也，感於物而後動。[10]

文獻一方面道出音樂的根源在人心，另一方面則分析人心感物有六種聲音表現，焦蹶而衰弱的聲音反應哀心，寬綽而和緩的聲音反應樂心，發揚而舒散的聲音反應喜心，粗猛而嚴厲的聲音反應怒心，耿直而廉潔的聲音反應敬心，和悅而柔順的聲音反應愛心。〈樂記〉作者認為六種情感非是本性，而是人心感動後的現象，此乃本於〈樂本〉的觀念：「人生而靜，天之性也。感於物而動，性之欲也。物至知知，然後好惡形焉。好惡無節於內，知誘於外，不能反躬，天理滅矣」[11]，此從形而上的觀點表示人之本性存有的客觀性，天性之靜是內，性欲之動是外，後者表現為知欲的好惡，是經驗的感物活動。唯本性必然面對外物來感動，但誠如〈中庸〉曰：「喜怒哀樂未發謂之中，發而中節謂之和」[12]，後天的情感並不妨礙價值實踐，因為猶有本性先於情感而存

10 《禮記注疏》，頁 663。

11 《禮記注疏》，頁 666。

12 《禮記注疏》，頁 879。

在，朱子〈樂記動靜說〉云：

> 《樂記》曰：「人生而靜，天之性也。感於物而動，性之欲也」。何也？
> 曰：此言性情之妙，人之所生而有者也。蓋人受天地之中以生，其未感也，純粹至善，萬理具焉，所謂性也。然人有是性，則即有是形，有是形，則即有是心，而不能無感於物。感於物而動，則性之欲者出焉，而善惡於是乎分矣。性之欲，即所謂情也。
> 又曰：「物至而知知，而後好惡形焉」。何也？
> 曰：上言性情之別，此指情之動處為言，而性在其中也。物至而知知之者，心之感也；好之惡之者，情也；形焉者，其動也；所以好惡而有自然之節者，性也。
> 「好惡無節於內，知誘於外，不能反躬，天理滅矣」。何也？
> 曰：此言情之所以流，而性之所以失也。情之好惡本有自然之節，惟其不自覺知，無所涵養，而大本不立，是以天則不明於內，外物又從而誘之，此所以流濫放逸而不自知也。苟能於此覺其所以然者，而反躬以求之，則其流也庶乎其可制矣。不能如是，而惟情是徇，則人欲熾盛，而天理滅息，尚何難之有哉！此一節正天理人欲之機，間不容息處，惟其反躬自省，念念不忘，則天理益明，存養自固，而外誘不能奪矣。[13]

[13] 《晦庵先生朱文公文集・卷六十七》，朱傑人、嚴佐之、劉永翔主編

朱子的詮釋將心、性、情三分，心主心知（知性），性為天理（理性），情是情感（感性）。當心知感物出現情感，並引出好惡之情的活動時，若能做到反躬自省與存養自固的工夫以回歸本性天理，情欲即無法影響實踐者，此即價值的可能性。朱子雖是依託〈樂記〉文獻自為理學詮釋，然而涵養以明天理並節人欲，從〈樂記〉而言，即是樂教之實施，實施對象亦由人心轉為民心，由此乃見倫理教化是為音樂活動存在的意義。

二、民心

〈樂本〉曰：

> 先王慎所以感之者。故禮以道其志，樂以和其聲，政以一其行，刑以防其姦。禮、樂、刑、政，其極一也，所以同**民心**而出治道也。[14]

禮、樂、刑、政並列而論，難免政治意味，然而「為政以德」畢竟是儒家政治思想的本懷[15]，治道之所以在民心，即是政治實踐

《朱子全書（第貳拾參冊）》（上海：上海古籍出版社，2002 年），頁 3263-3264。

14 《禮記注疏》，頁 663。

15 〈為政〉篇記載：「子曰：『道之以政，齊之以刑，民免而無恥；道之以德，齊之以禮，有恥且格』」（《論語注疏》頁 16）。文義指出一般政治觀念只考量效果問題，所以注重施政工具，亦即政刑的觀念僅問成效，僅止於考量外在之效用，忽略人民對道德的感受，則此並非國家長治久安之道。相對而言，德禮的政治思想乃轉化政刑的工具性，將外在制約轉成對道德秩序的服膺，易言之，禮樂教化方是「為政以德」

應該感動人心，在以普遍民心為對象下，〈樂記〉的論述脈絡乃在制禮作樂的觀念。〈樂本〉曰：

> 先王之制禮樂，人為之節。衰麻哭泣，所以節喪紀也。鐘鼓干戚，所以和安樂也；昏姻冠笄，所以別男女也；射鄉食饗，所以正交接也。禮節**民心**，樂和民聲，政以行之，刑以防之。禮樂刑政，四達而不悖，則王道備矣。[16]

哀戚與喜樂的情感，男女之情與友情，無不是生而為人必然面對之客觀事實，而王道的具體施政乃因此分為四個面向，喪禮用以合理地表現悲傷情感[17]，文武樂用以和順愉悅的心情，婚禮與成年禮用以分辨二性的互動，鄉射禮與鄉飲酒禮用以導正社交關係。此即在人皆有感物而動的情況下，主政者之治道應實行禮樂的引導，使價值理序得以可能，並防範人倫的失序。換言之，禮樂實踐的主要意義乃在使生活世界有合乎義理的情感，倘若缺少禮樂的導引與節制，情感的發生是無情理可言的。因此，「政以行之，刑以防之」可說是禮樂在政治面的意義，消極而言是避免

（〈為政〉）的相應方法。

16　《禮記注疏》，頁667。

17　陳澔引劉氏（劉懋）曰：「因其哀死而喪期無數，故為衰麻哭泣之數以節之」。《禮記集說》（臺北：臺灣啟明書局，1953 年粹芬閣景本），頁 206。哀傷乃人之常情，然如過度則易產生情傷。《禮記・仲尼燕居》載：「子曰：『禮者，理也』」。孔疏云：「理，謂道理。言禮者，使萬事合於道理也」（《禮記注疏》頁 856）。因此，筆者認為「節」不僅是節制或制訂禮節而已，亦應是使情感順應地合理化，既積極地使情感存在，而且有情理可言。

情感無節無度，導致倫理不彰；積極而言，禮樂教化乃維繫倫理，興發移風易俗之功。是以〈樂象〉強調：「樂者，樂也。君子樂得其道，小人樂得其欲。以道制欲，則樂而不亂；以欲忘道，則惑而不樂。是故，君子反情以和其志，廣樂以成其教，樂行，而民鄉方，可以觀德矣」[18]。以教化意義而言，音樂活動的存在本不在娛樂，而是使情感的發生接受理則，即「以道制欲」，將人之常情轉化為道德情感，讓人一方面是情感的存在，另一方面亦是道德的存在，此纔是音樂的價值所在。故〈樂象〉又曰：「德者，性之端也；樂者，德之華也。金石絲竹，樂之器也……情深而文明，氣盛而化神。和順積中而英華發外，唯樂不可以為偽」[19]，由此可見，〈樂記〉認為音樂性不重在樂器（歌舞）的華麗演奏，而是由道德性決定音樂的表現，有德的音樂除了是有情理的音樂外，亦是有文化表現的音樂[20]，「樂者德之華」即意喻德性乃音樂性的核心。

三、悖逆詐偽之心、易直慈良之心與治心

〈樂本〉曰：

---

18 《禮記注疏》，頁 682。

19 同上註。

20 孫希旦云：「情深者，謂喜怒哀樂之中節。氣盛者，謂陰陽剛柔之交暢。文明者，文采著明，五色成文而不亂，八風從律而不姦也。化神者，行乎陰陽，通乎鬼神，窮高遠，測深厚，而無所不至也。情深而氣盛者，德也，和順之積中者也。文明而化神者，樂也，英華之發外者也。有是德，然後有是樂，故樂不可以為偽」。《禮記集解》（臺北：文史哲出版社，1990 年），頁 1006。

> 人生而靜，天之性也。感於物而動，性之欲也。物至知知，然後好惡形焉。好惡無節於內，知誘於外，不能反躬，天理滅矣。夫物之感人無窮，而人之好惡無節，則是物至而人化物也。人化物也者，滅天理而窮人欲者也。於是有**悖逆詐偽之心**，有淫泆作亂之事。是故，強者脅弱，眾者暴寡，知者詐愚，勇者苦怯，疾病不養，老幼孤獨不得其所，此大亂之道也。[21]

該引文上承「先王之制禮樂也，非以極口腹耳目之欲也，將以教民平好惡而反人道之正」，下接「先王之制禮樂，人為之節」。則「天之性」相對「性之欲」除了是天理與人欲的對照之外，益重在回復性理以避免情欲之流，「悖逆詐偽之心」即是陷於情欲之意。上引朱子〈樂記動靜說〉云：「苟能於此覺其所以然者，而反躬以求之，則其流也庶乎其可制矣。不能如是，而惟情是徇，則人欲熾盛，而天理滅息」。朱子學說主「虛靈自是心之本體」[22]，「人心莫不有知」[23]，「有知覺謂之心」[24]，「所謂心者，乃夫虛靈知覺之性」[25]。依朱子學而言，天理與人欲的主宰乃在心知的活動，虛靈心之知覺能反躬求天理，人性天理即存

---

[21] 《禮記注疏》，頁 666。

[22] 《朱子語類·卷五·性理二》，《朱子全書（第拾肆冊）》，頁 221。

[23] 《朱子語類·卷十四·大學一》，《朱子全書（第拾肆冊）》，頁 437。

[24] 《朱子語類·卷一百四十》，《朱子全書（第拾捌冊）》，頁 4340。

[25] 《晦庵先生朱文公集·卷七十三·胡子知言疑義》，《朱子全書（第貳拾肆冊）》，頁 3559。

留；心知為情感流蕩所蒙蔽則息天理，人化為物欲，無節作亂。以此反觀〈樂記〉文脈，可見樂教的對治人心乃用以節制人欲。〈樂化〉曰：

> 禮樂不可斯須去身。致樂以**治心**，則**易**、**直**、子（**慈**）、諒（**良**）之**心**[26]油然生矣。易、直、子（慈）、諒（良）之**心**生則樂，樂則安，安則久，久則天，天則神。天則不言而信，神則不怒而威，致樂以**治心**者也。致禮以治躬則莊敬，莊敬則嚴威。**心**中斯須不和不樂，而**鄙詐之心**入之矣，外貌斯須不莊不敬，而**易慢之心**入之矣。故樂也者，動於內者也；禮也者，動於外者也。樂極和，禮極順。內和而外順，則民瞻其顏色而弗與爭也，望其容貌而民不生易慢焉。故德煇動於內，而民莫不承聽，理發諸外，而民莫不承順。故曰：「致禮樂之道，舉而錯之，天下無難矣」。[27]

鄙詐之心與易慢之心的出現同悖逆詐偽之心一樣，皆是「致樂以治心」所轉化的對象，治心即去人欲而存天理。治心的工夫亦與「禮」配合，禮主外，樂主內，主外乃禮儀身體力行於外在行

---

26 朱熹《儀禮經傳通解・卷九・明禮樂之義》云：「《韓詩外傳》『子諒』作『慈良』，近是」。《朱子全書（第參冊）》，頁 403-404。而《朱子語類・卷八十七・禮四・小戴禮・樂記》云：「『易直子諒之心』一句，『子諒』，從來說得無理會。卻因見《韓詩外傳》『子諒』作『慈良』字，則無可疑」。《朱子全書（第拾柒冊）》，頁 2977。

27 《禮記注疏》，頁 698-699。

為，節制得宜可促使行為者恭敬順當；主內乃音樂作用於內在情感，使心生價值而可收斂過度的情感，並安和生命內在。禮與樂和順生命內外，即是生命全幅表現為禮樂文化籠罩，禮樂之道是文化實踐之一體二面，樂教之治心與禮教之治身乃人文精神的展現。上引〈樂化〉又曰：

> 樂也者，動於內者也；禮也者，動於外者也。故禮主其減，樂主其盈。禮減而進，以進為文；樂盈而反，以反為文。禮減而不進則銷，樂盈而不反則放。故禮有報而樂有反。禮得其報則樂，樂得其反則安；禮之報，樂之反，其義一也。[28]

有禮則自我約束，但可能流於自制過度，裹足不前，而樂之動人可助於行禮，避免拘束退縮。有樂則可感動人心，但可能流於情感放宕，而禮之節制作用可使心知自抑無恣，合於禮數，而讓心情和樂從容。此除了顯示禮與樂的相互關係外，亦指出禮與樂於實踐上乃互為充要條件。

四、善心與放心

樂教治心轉化人心（民心）向倫理道德表現，心之主體性乃朝積極面而言，〈樂化〉曰：

> 夫樂者，樂也，人情之所不能免也。樂必發於聲音，形於

28　《禮記注疏》，頁699。

> 動靜，人之道也。聲音動靜，性術之變，盡於此矣。故人不耐（能）無樂，樂不耐（能）無形，形而不為道，不耐（能）無亂。先王恥其亂，故制〈雅〉〈頌〉之聲以道之，使其聲足樂而不流，使其文足論而不息，使其曲直、繁瘠、廉肉、節奏足以感動人之**善心**而已矣。不使**放心**邪氣得接焉，是先王立樂之方也。[29]

以「聲音動靜」抒發情感所顯示的人情固是客觀事實，然而若流於淫逸，則音樂活動無異於宣洩情緒而已。再者，心的活動必然產生情感，情感需要抒發則創造音樂，因而音樂的出現與人心情有關，其形式則是歌唱舞蹈之類，做為展現人性應有的方法，即是人道[30]。音樂表現的方式得當，如以雅樂頌歌引導人的聲音情感，不僅有理論內涵可言[31]，乃至在實踐面向生發善心，無有縱

---

29 《禮記注疏》，頁 700。

30 孔疏云：「『夫樂者，樂也』者，言樂之為體，是人情所歡樂也。『人情之所不能免也』者，免，猶止退也。言喜樂動心，是人情之所不能自抑退也。『樂必發於聲音』者，言人歡樂之事，發見於聲音，言內心歡樂，聲音發見，前『嗟嘆之，詠歌之』是也。『形於動靜』者，形，見也。內心歡樂，發見於外貌動靜，則『不知手之舞之，足之蹈之』是也。『人之道也』者，謂內心歡樂，發見聲音動靜，是人道自然之常」。《禮記注疏》，頁 700。

31 〈魏文侯〉記載魏文侯請教子夏古樂與新樂之分，子夏將古樂稱之為「德音」，且云：「夫古樂，進旅退旅，和正以廣，弦匏笙簧，會守拊鼓，始奏以文，復亂以武，治亂以相，訊疾以雅。君子於是語，於是道古，修身及家，平均天下。此古樂之發也。今夫新樂，進俯退俯，奸聲以濫，溺而不止，及優侏儒，獶雜子女，不知父子。樂終不可以語，不可以道古。此新樂之發也」（《禮記注疏》頁 686）。語樂道古意謂古

情流蕩，此乃以道制欲，不啻樂教的最高理想。

第三節　〈樂記〉的心術觀

〈樂言〉曰：

> 夫民有血氣心知之性，而無哀樂喜怒之常，應感起物而動，然後**心術**形焉。是故志微、噍殺之音作，而民思憂；嘽諧、慢易、繁文、簡節之音作，而民康樂；粗厲、猛起、奮末、廣賁之音作，而民剛毅；廉直、勁正、莊誠之音作，而民肅敬；寬裕、肉好、順成、和動之音作，而民慈愛；流辟、邪散、狄成、滌濫之音作，而民淫亂。[32]

血氣心知固意味生性，並且哀樂喜怒無常似謂情緒無理，然而對照〈樂本〉認為哀樂喜怒敬愛等是「六者非性也，感於物而后動」[33]，則〈樂記〉乃區分知性與情感，前者是本性知能，可以發生經驗反應；後者是心知（性）在經驗中的回應內容，且因外物存在的複雜，致使各種情感難以掌握。然而，〈樂記〉肯定「凡音者，生於人心者也；樂者，通倫理者也」，情感內容的因素固有經驗性質且雜多，卻可藉由存在著的主體與價值事物的對應，而有道德的表現。亦即人心面對感性活動與心理情緒，其經

樂具理論性，亦即道德音樂是可以討論的，音樂應該內涵思想性。

32　《禮記注疏》，頁679。

33　陳澔曰：「六者心感物而動，乃情也，非性也。性則喜怒哀樂未發者也」，《禮記集說》，頁204。

驗影響並非全然負面，而是能另外藉由音樂創造活動，導正實踐方向，表現價值理序，此即以音樂為心術之意義，心術乃意謂以音樂對人心產生正面影響的實踐。猶有進者，〈樂記〉之所以以音樂為心術，其理論目的則與教化之實踐有關，上節討論「治心」與「治道」即指出，禮樂與刑政對照，樂教作為積極的治理之道，其方法即在感動人心，諧和群體，與「禮」同具引導作用。換言之，音樂活動之所以有意義，即在於歌舞樂的演奏能夠使聆聽者具備價值觀與實踐價值，《史記・孔子世家》記載一段事跡：

> 孔子學鼓琴師襄子，十日不進。師襄子曰：「可以益矣」。孔子曰：「丘已習其曲矣，未得其數也」。有閒，曰：「已習其數，可以益矣」。孔子曰：「丘未得其志也」。有閒，曰：「已習其志，可以益矣」。孔子曰：「丘未得其為人也」。有閒曰，有所穆然深思焉，有所怡然高望而遠志焉。曰：「丘得其為人，黯然而黑，幾然而長，眼如望羊，如王四國，非文王其誰能為此也」。師襄子辟席再拜，曰：「師蓋云文王操也」。[34]

孔子從習樂過程中領悟作樂者為有德的為政者，此除了反應樂曲的道德性與作樂者的價值聯繫之外，孔子做為習樂者與聆聽者，藉由得志做為媒介，益與作樂者所創造的音樂道德性形成感通，

---

[34] 瀧川龜太郎《史記會注考證》（臺北：漢京文化公司，1983 年），頁754。

融合在音樂的道德氣氛中。質言之，儒者面對音樂活動非僅是技術操作或欣賞音樂性，而是建立音樂作為心術，創造道德價值的融通。儒學的音樂思想一方面肯定作樂者或樂曲的來源的道德性，另一方面，倘若習樂者及聆聽者未內涵道德意識，亦即音樂的感受者未能心存對樂曲的倫理好惡，則德音的感動亦難以成立。因此，〈樂記〉以心術觀念論述音樂的情感作用，即非僅止於音樂活動的外在作用，其音樂思想亦必肯定實踐者的內在情感的價值性，所以纔能在體會德音的過程中，反映出道德主體與價值實踐的存在，〈樂言〉曰：

> 土敝則草木不長，水煩則魚鼈不大，氣衰則生物不遂，世亂則禮慝而樂淫。是故其聲哀而不莊，樂而不安；慢易以犯節，流湎以忘本；廣則容姦，狹則思欲；感條暢之氣，而滅平和之德。是以君子賤之也。[35]

〈樂象〉云：

> 凡姦聲感人，而逆氣應之，逆氣成象，而淫樂興焉。正聲感人，而順氣應之，順氣成象，而和樂興焉。倡和有應，回邪曲直，各歸其分。而萬物之理，各以類相動也。是故，君子反情以和其志，比類以成其行。姦聲、亂色不留聰明，淫樂、慝禮不接**心術**，惰慢、邪辟之氣不設於身

35　《禮記注疏》，頁 681。

體。使耳、目、鼻、口、心知、百體皆由順正以行其義。[36]

〈樂記〉以「氣」來描述心術的音樂實踐所發生的影響。第一段引文的宇宙論描述乃用「氣」來形容經驗因素對倫理道德的影響，尤指淫樂破壞德性產生各種不德。文脈以條暢之氣對照平和之德，此不僅意謂道德實踐必是經驗中的活動，而且指出實踐活動必須面對外在事物的變化，並使實踐者做出相當的應和，故〈樂象〉謂姦聲對逆氣而興淫樂，以及正聲對順氣而興和樂。如此思想在以類比的方法，論述音樂活動對人內在性的影響，為了避免不道德的事物對心志產生影響，遂主張具倫理性的音樂可以反映出情志，引導出實踐主體的德行，此即是心術。之所以謂之心術，一方面表示人心的經驗性感應的客觀事實，另一方則肯定心的內在性涵具義理的回應，故經由音樂可使聆聽者有所體悟並實踐價值。進而言之，〈樂記〉作者已觀察到音樂會產生官能上的作用，在經驗中影響人的情緒與行為，此雖然本於音樂是情感的產物，亦可謂是音樂的客觀功能。唯儒家學者反省到音樂不能只是抒發情感或欲望的工具，音樂性與藝術性亦非音樂表現的目的，而是必須藉由音樂展演使人興發倫理活動，此纔是音樂存在的意義，意即儒學樂論乃以道德性為理論最高層次，肯定音樂實踐可以啟發心志。〈樂象〉云：「君子反情以和其志，廣樂以成其教，樂行，而民鄉方，可以觀德矣」。有德者建立或表演和正的音樂，適所以讓心志導出道德實踐，使眾人的活動「皆由順正以行其義」，故〈樂記〉的心術觀其實肯定人心與人性，〈樂

36 同上註。

化〉云：

> 樂在宗廟之中，君臣上下同聽之則莫不和敬；在族長鄉里之中，長幼同聽之則莫不和順；在閨門之內，父子兄弟同聽之則莫不和親。故樂者，審一以定和，比物以飾節；節奏合以成文。所以合和父子君臣，附親萬民也，是先王立樂之方也。故聽其〈雅〉〈頌〉之聲，志意得廣焉。執其干戚，習其俯仰詘伸，容貌得莊焉。行其綴兆，要其節奏，行列是正焉，進退得齊焉。故樂者，天地之命，中和之紀，人情之所不能免也。[37]

樂的「同」與「和」其實是「仁者」的境界[38]，亦即道德實踐者的最高境界。而且，〈樂象〉強調「樂者，樂也。君子樂得其道，小人樂得其欲。以道制欲，則樂而不亂；以欲忘道，則惑而不樂」。情感或情緒僅是生命存在的客觀事實面，然而，「樂而不淫，哀而不傷」（〈八佾〉）[39]，人不能只是情感的動物，亦應是倫理的存在，〈樂本〉云：「知聲而不知音者，禽獸是也；知音而不知樂者，眾庶是也。唯君子為能知樂」。音樂用以建立人禽之辨，進而君子小人之別則是能否使音樂內涵德性，有德者

---

37 《禮記注疏》，頁 700-701。

38 徐復觀《中國藝術精神・第一章・第五節 仁與樂的統一》（臺北：臺灣學生書局，1988 年），頁 16-17。徐先生的觀點亦可證諸「人而不仁，如禮何？人而不仁，如樂何」（〈八佾〉），意即禮樂的價值在於內涵仁的精神。

39 《論語注疏》，頁 30。

能將音樂的情感作用轉化為道德實踐，將正聲德音及其蘊含使人性實現為價值性。「樂者所以象德也」（〈樂施〉）[40]，在德性音樂（雅樂頌歌）的引領下，「足以感動人之善心」（〈樂化〉），相對即避免放心邪氣的出現。而且，由人心的不放逸反映出善心的存在，乃對照出人心存在著價值性的可能，〈樂記〉思想實蘊含相當心性論，隱喻音樂活動中的人性可以導出道德心，此所以音樂心術做為術又可稱為「性術」，掌握性術乃是實踐人道的方法。易言之，〈樂記〉的心術觀將性情分為二層，一是感動的層面，即接受外物的感動，故有情感；二是心做為感物的主體，音樂的影響可以從內在生發價值意義，產生倫理道德，則在感性知能之上，價值本性又可影響情感，反顯心情的正面意義。〈樂象〉云：「德者，性之端也；樂者，德之華也。金石絲竹，樂之器也。詩言其志也。歌詠其聲也，舞動其容也。三者本於心，然後樂器從之」[41]。此即以本心為音樂道德性的依據，詩歌舞乃道德本心之發用[42]，則由內而外亦是〈樂記〉所主音樂實

---

40 《禮記注疏》，頁 678。

41 《禮記注疏》，頁 682。

42 〈樂化〉云：「致樂以治心，則易、直、子（慈）、諒（良）之心油然生矣。」林朝成先生認為：「『心』需『治』，可見此心非指道德本心，而是指血氣之心」（〈〈樂記〉與〈樂論〉審美理想對比研究〉，《成功大學中文學報》第 1 期，1992 年 11 月）。然而本文已指出，〈樂記〉對「心」觀念的論述實包含「性」與「情」的表述，且孫希旦引真德秀曰：「樂之於人，能變化其氣質，消融其渣滓，故禮以順之於外，而樂以和之於中。此表裡交養之功，而養於中者實為之主，聖門之教，立之以禮，而成之以樂也」（《禮記集解》頁 1030）。可見從變化氣質而言，音樂實踐乃能消除血氣心知之性的負面影響，轉化出實踐主體的積極面，故綜觀〈樂記〉論「心」之脈絡，非全然是消極義。

踐進路之一，與物動心知之正聲感人而行義，合而為心術觀念的理論體系。

第四節　心術觀與樂教

音樂活動作為倫理教化的實踐即是心術，心術觀的理論目的在樂教，普遍而言，「凡音者，生於人心者也；樂者，通倫理者也」。人心感物而動做為一般能力，客觀來看具有知識論意義，然而儒家音樂理論的哲學思考不就此心知活動進行認知理論的分析，而是思辨人心能創作音樂，以及音樂可以感動人的交互作用下，其中是否能建立價值實踐的意義。〈樂本〉曰：

> 審聲以知音，審音以知樂，審樂以知政，而治道備矣。是故，不知聲者不可與言音，不知音者不可與言樂。知樂則幾於知禮矣。禮樂皆得，謂之有德。德者，得也。[43]

本章前言已說明，〈樂記〉區分聲、音、樂乃用以顯示價值層級上的階段，一方面凸顯動物與人的不同在「知音」與否，另一方面眾庶與君子之辨在「知樂」與否，指出一般人與有德者的差異。進而言之，有德者之知樂除了能夠使聲音進階到音樂外，更可使音樂應用在政治上，以致反映出世道之良窳[44]。然而，樂教

---

[43] 《禮記注疏》，頁665。

[44] 〈樂本〉曰：「凡音者，生人心者也。情動於中，故形於聲，聲成文，謂之音。是故治世之音安以樂，其政和；亂世之音怨以怒，其政乖；亡國之音哀以思，其民困。聲音之道，與政通矣。宮為君，商為臣，角為

治道非僅是為了政治效果，而是將「禮」的倫理秩序義，經由音樂活動實踐出來。孔子云：「興於詩，立於禮，成於樂」（〈泰伯〉）[45]，此乃以詩歌為成德之學之始，經歷以禮立身處世，完成於音樂實踐[46]。禮樂連言顯示樂教實乃禮治，亦是道德實踐。〈樂象〉曰：

> 樂者，心之動也。聲者，樂之象也。文采節奏，聲之飾也。君子動其本，樂其象，然後治其飾，是故先鼓以警戒，三步以見方，再始以著往，復亂以飭歸。奮疾而不拔，極幽而不隱。獨樂其志，不厭其道，備舉其道，不私其欲。是故情見而義立，樂終而德尊。君子以好惡，小人以聽過。故曰：「生民之道，樂為大焉」。[47]

民，徵為事，羽為物。五者不亂，則無怗懘之音矣。宮亂則荒，其君驕；商亂則陂，其官壞；角亂則憂，其民怨；徵亂則哀，其事勤；羽亂則危，其財匱。五者皆亂，迭相陵，謂之慢。如此，則國之滅亡無日矣。鄭衛之音，亂世之音也，比於慢矣。桑間、濮上之音，亡國之音也。其政散，其民流，誣上行私而不可止也」。《禮記注疏》，頁663-665。

45 《論語注疏》，頁71。

46 朱子根據《禮記．內則》「十年學幼儀，十三學樂誦詩，二十而後學禮」，認為「興於詩，立於禮，成於樂」三者「非小學傳授之次，乃大學終身所得之難易、先後、淺深也」。並注解「成於樂」云：「樂有五聲十二律，更唱迭和，以為歌舞八音之節，可以養人之性情，而蕩滌其邪穢，消融其查滓。故學者之終，所以至於義精仁熟，而自和順於道德者，必於此而得之，是學之成也」。《四書章句集註》，頁133。

47 《禮記注疏》，頁683。

文中再次強調音樂本於內心的感動，心動而形象為樂聲，且編曲（舞）以文飾之。音樂活動過程的價值性，唯有德者能之，如〈大武〉之樂先鼓動，加以舞步循序漸進地開展，其間動作敏捷而不急促，最終收歸於原來行伍，使觀賞者感受到武王弔民伐罪之意蘊似隱微而顯著[48]。蔡仲德先生從藝術形式的觀點表示，〈樂記〉提及文采節奏之美，是注意到音樂的美的要求，音樂形式需有音階、調式、節奏、和聲、旋律、結構等要素，〈樂記〉重視音樂創作的藝術性與形式美[49]。然而在藝術美學之上，更重要的是〈樂象〉所強調的「廣樂以成其教」，除了「以道制欲」之外，亦積極地實現「情見而義立，樂終而德尊」，樂音能夠傳達出道德的可貴，如同情感流露出義理般。誠如「歌者，直己而陳德」（〈師乙〉）[50]，在樂教下，情感表現可以有其義理，進而展現德行（virtues）與德性（morality），使道德人格有所呈

---

48 鄭注孔疏皆以為此節文獻乃描述武王之樂舞（《禮記注疏》頁 683），〈賓牟賈〉藉由孔子口吻詳述〈武〉樂的內容，孫希旦即引該篇文解釋此節文獻。《禮記集解》，頁 1007。

49 〈〈樂記〉音樂思想評述〉，《〈樂記〉論辯》，頁 279。蔡仲德先生雖然留意到〈樂記〉認為（音樂）文采節奏的形式是用來表現德行的，亦即〈樂記〉認為思想內容是主要的，藝術形式是次要的，德行修養是主要的，掌握技藝是次要的；但是，蔡先生評論〈樂記〉將藝術標準置於次要的主張是輕視形式的傾向，他認為〈樂記〉「沒有認識形式與內容之間的辯證關係，不懂得藝術之所以成為藝術，首先在於它有一定的藝術形式、有一定的藝術性，不懂得沒有形式就無從表現內容」（《〈樂記〉論辯》，頁 281）。可見蔡仲德先生是後設地從音樂美學的角度批評〈樂記〉的思想，而非同情地以道德哲學來看待〈樂記〉的音樂思想。

50 《禮記注疏》，頁 701。

現。因此，心術觀之樂教，具體而言即在人心治道與移風易俗，〈樂施〉曰：

> 天地之道，寒暑不時則疾，風雨不節則饑。教者，民之寒暑也，教不時則傷世。事者，民之風雨也，事不節則無功。然則先王之為樂也，以法治也，善則行象德矣。夫豢豕為酒，非以為禍也，而獄訟益繁，則酒之流生禍也。是故先王因為酒禮，一獻之禮，賓主百拜，終日飲酒而不得醉焉，此先王所以備酒禍也。故酒食者所以合歡也，樂者所以象德也，禮者所以綴淫也。是故先王有大事，必有禮以哀之。有大福，必有禮以樂之。哀樂之分，皆以禮終。樂也者，聖人之所樂也，而可以善民心，其感人深，其移風易俗，故先王著其教焉。[51]

引文首先以宇宙觀譬喻樂教，鄭玄注：「以法治，以樂為治之法」[52]，此即是以樂教為政治實踐的方法，消極而言是「教不時則傷世」，正面地看實是「善則行象德」，教化終是以道德為目的。如飲酒之禮所象徵的，非為了滿足嗜欲，而是面對人皆有歡樂情感的需求，使饗宴會飲合禮（理）地表現人情。同理，面對吉凶之事，哀樂之情亦應是以衰絰或歌舞之禮出之。禮與樂合，樂之象德在風行草偃[53]之效下，即是上位者好善惡惡的展現。

51　《禮記注疏》，頁678。

52　同上註。

53　《論語・顏淵》記載：「季康子問政於孔子曰：『如殺無道，以就有道，何如』？孔子對曰：『子為政，焉用殺？子欲善，而民善矣。君子

《論語・陽貨》記載：「子之武城，聞弦歌之聲。夫子莞爾而笑，曰：『割雞焉用牛刀？』子游對曰：『昔者偃也聞諸夫子曰：「君子學道則愛人，小人學道則易使也」。』子曰：『二三子！偃之言是也。前言戲之耳』」[54]。對話顯示儒家思想以樂教為道德實踐的一環，肯定踐德應有普遍性，為政者一方面是道德的實踐者，另一方面則將道德價值的呈現不限於為政者，經由樂教，亦能使人民於實踐事務有所回應，此即「善民心，感人深」，可謂〈樂記〉的音樂理論乃以倫理道德為終極關懷，而不是以政治為理論目的。

再者，上節引〈樂化〉「樂在宗廟之中」章，文中肯定音樂使聆聽者，君臣和敬、長幼和順、父子兄弟和親，此乃來自「樂者，審一以定和」與「樂者，天地之命，中和之紀，人情之所不能免」，傳達「和樂」是樂教的主要內涵。和樂固有整合多層與多樣禮儀的作用[55]，然客觀而言，「樂者，天地之和也……和，故百物皆化」（〈樂論〉）[56]，〈樂記〉宇宙論式的價值觀點，詮釋和樂的實現如同天地造化流行之自然之和，實亦在喻意音樂

之德風，小人之德草。草上之風，必偃』」。《論語注疏》，頁 109。

54 《論語注疏》，頁 154。

55 〈樂論〉曰：「樂者為同，禮者為異」，而〈樂情〉曰：「樂也者，情之不可變者也。禮也者，理之不可易者也。樂統同，禮辨異，禮樂之說，管乎人情矣。窮本知變，樂之情也：著誠去偽，禮之經也」。《禮記注疏》，頁 667, 684。陳來先生指出，由於〈樂記〉留意到「禮勝則離」所造成階級之間的緊張關係，因此發明「以樂輔禮」，樂可以使上下相親和睦，樂的統同功能也提供使社會和諧的功能。《古代宗教與倫理——儒家思想的根源》（北京：三聯書店，1996 年），頁 276。

56 《禮記注疏》，頁 669。

的價值性。同理可見於〈樂禮〉天道觀的描述，其文肯定「樂者敦和」[57]，進而陳述：

> 地氣上齊，天氣下降，陰陽相摩，天地相蕩，鼓之以雷霆，奮之以風雨，動之以四時，煖之以日月，而百化興焉。如此，則樂者，天地之和也。[58]

引文亦同於〈樂論〉「大樂與天地同和……和故百物不失」[59]的論述，以類比的方式，描繪音樂蘊涵著和諧的性質[60]，如同天地萬物存在著和諧的運作，由此肯定「樂以和其聲」與「樂和民聲」（〈樂本〉），故將和樂作用於人倫，必然人倫有和，表現出倫理。「樂文同，則上下和矣」（〈樂論〉）[61]，此即和樂的

---

[57] 「天高地下，萬物散殊，而禮制行矣。流而不息，合同而化，而樂興焉。春作夏長，仁也；秋斂冬藏，義也。仁近於樂，義近於禮。樂者敦和，率神而從天；禮者別宜，居鬼而從地。故聖人作樂以應天，制禮以配地。禮樂明備，天地官矣」。《禮記注疏》，頁 671。

[58] 《禮記注疏》，頁 672。

[59] 《禮記注疏》，頁 668。

[60] 以樂器性質而言即是「鐘鼓干戚，所以和安樂也」（〈樂本〉）。

[61] 據前註所引〈樂論〉之樂為同與禮為異，以及〈樂情〉之「樂統同，禮辨異，禮樂之說，管乎人情」的相關文獻，勞思光先生認為「同」與「和」乃表「樂」之「普遍性」，其云：「樂記本意實是以為，在情緒一面，人與人大致相似；故為調和情緒而設之『樂』，乃針對人之所『同』而立」。《新編中國哲學史（二）》，頁 68。筆者認為，毋論前註陳來先生所述和諧功能，抑或勞先生所謂調和情緒，就〈樂記〉的論證程序應是和樂本身所蘊含的價值性，使得和諧與調和得以展現，而非以調和與和諧為功能目的纔來創建和樂。亦即〈樂記〉的和樂觀念並

普遍性質實現了道德價值。

歸納〈樂記〉所述，和樂的思想含有三面向的理論意義，其一是天道觀——「樂者，天地之命，中和之紀」。〈師乙〉亦曰：「歌者，直己而陳德也。動己而天地應焉，四時和焉，星辰理焉，萬物育焉」[62]，此乃意謂音樂（教化）的價值性可普遍化有如天地萬物中和之道，而且和樂客觀地做為價值理序，之所以「人情之所不能免」，一方面和樂化解了生命內在可能的情欲氣動[63]，另一方面則是在和樂中調和心、性、情關係，進而使親親尊尊各安其位。〈樂言〉曰：

> 先王本之情性，稽之度數，制之禮義。合生氣之和，道五常之行，使之陽而不散，陰而不密，剛氣不怒，柔氣不慴，四暢交於中而發作於外，皆安其位而不相奪也。然後立之學等，廣其節奏，省其文采，以繩德厚。律小大之稱，比終始之序，以象事行。使親疏貴賤長幼男女之理，皆形見於樂，故曰：樂觀其深矣。[64]

引文所述即和樂的理論意義的第二面向，實踐生命內在的安和，

非功能主義或倫理學的目的論，而是以和諧為客觀而普遍的存有，此適所以呼應〈樂記〉的天道觀。〈樂記〉的天道觀請見下章析論。

62 《禮記注疏》，頁 701。

63 上引〈樂言〉文以萬物氣衰形容亂世所生之淫樂造成各種價值底不和諧，「淫樂」即相對於和樂而言，其破壞平和之德，如同萬物運行中出現衰敗與消退的現象，此乃價值的否定。

64 《禮記注疏》，頁 679-680。

中心平和而創造文化價值。上二節探討〈樂記〉的心與心術觀念，曾引述〈樂象〉的「和樂」說，在「倡和有應」下，是「君子反情以和其志，比類以成其行」，以及「君子反情以和其志，廣樂以成其教」，其所涉心術觀的內容，包括聆聽者在生活世界的實踐，以及擴大活動領域，表現在政治上的音樂教化。從和樂而言，「樂行而倫清，耳目聰明，血氣和平，移風易俗，天下皆寧」（〈樂象〉）[65]，此乃本於「情深而文明，氣盛而化神。和順積中而英華發外，唯樂不可以為偽」。和樂使生命情感平順，倘如由內而外，以之文化天下，演繹「和動之音作而民慈愛」（〈樂言〉）[66]，其理想即是〈樂本〉所謂「治世之音安以樂，其政和」的政治典範，而此當本於和樂具有道德規範的內涵。[67]

〈樂記〉一再稱述「先王」禮樂教化的治績，此即和樂的第三個理論意義：於歷史脈絡中肯定道德性音樂的價值。〈魏文侯〉記載：

> 魏文侯問於子夏曰：「吾端冕而聽古樂，則唯恐臥；聽鄭衛之音，則不知倦。敢問古樂之如彼何也？新樂之如此何也？」子夏對曰：「今夫古樂，進旅退旅，和正以廣，弦

---

65 《禮記注疏》，頁682。

66 《禮記注疏》，頁679。

67 案〈樂記〉做為《禮記》之一，屢次申論「樂」與「禮」的結合，上引〈樂化〉文即表述樂動內與禮動外的活動性，可在「樂極和，禮極順。內和而外順」的運作下，使民眾可因此有序而不生亂。此即和樂的實踐一方面具有禮儀的節制形式，另一方面，和樂的音樂內涵將倫理規範內在化，樂即是禮，音樂的規範性亦〈樂記〉之所以具有「禮」的意義之因由。

> 匏笙簧，會守拊鼓，始奏以文，復亂以武，治亂以相，訊疾以雅。君子於是語，於是道古，修身及家，平均天下。此古樂之發也。今夫新樂，進俯退俯，姦聲以濫，溺而不止，及優侏儒，獶雜子女，不知父子。樂終不可以語，不可以道古。此新樂之發也。今君之所問者樂也，所好者音也。夫樂者，與音相近而不同。[68]

「古樂」乃「進旅退旅，和正以廣」，其樂舞演奏表現整齊，樂音中正和諧，顯示規範與秩序，音樂的內涵可用來闡釋家國倫理。新樂則是樂舞進退之間行列失序，舞者如在嬉戲，其中充滿沈淫之聲，毫無倫理可言，新樂實不值得稱為「樂」，僅能視作主觀喜好之音。故子夏即將和正古樂與姦濫新樂（音）進而區別為「德音」與「溺音」，其言曰：

> 夫古者天地順而四時當，民有德而五穀昌，疾疢不作而無妖祥，此之謂大當。然後聖人作為父子君臣以為紀綱，紀綱既正，天下大定。天下大定，然後正六律，和五聲，弦歌詩頌，此之謂德音。德音之謂樂。《詩》云：「莫其德音，其德克明。克明克類，克長克君，王此大邦。克順克俾，俾於文王，其德靡悔。既受帝祉，施於孫子」。此之謂也。[69]

---

68 《禮記注疏》，頁 686。

69 《禮記注疏》，頁 691。

德音乃有德的為政者在政治倫理底定後所進一步之實施，以「正」與「和」說聲律，並配合詩歌，此即雅樂之音。《論語・子罕》記載孔子自述：「吾自衛反魯，然後樂正，雅頌各得其所」[70]，從價值義理而言，樂正不僅是詩歌篇章的整理，亦應包括使詩歌樂曲有所正當性，即將音樂性規範在德性面向，所以孔子告誡「惡鄭聲之亂雅樂也」（〈陽貨〉），而且面對顏淵問為邦，孔子答以「行夏之時，乘殷之輅，服周之冕，樂則韶舞。放鄭聲，遠佞人。鄭聲淫，佞人殆」（〈衛靈公〉）[71]。此樂舞之「韶」乃是「盡美矣，又盡善也」（〈八佾〉）[72]，其不僅是藝術，更是充盡道德。即此可見，德音的觀念乃是孔子德政觀念的論證脈絡，肯定道德性可以放諸生命實踐事物，於音樂活動亦是道德實踐的發展，肯定德政包含樂教，此所以上引文中，子夏引〈大雅・皇矣〉詮釋德音乃如政治典範的聲名發顯，形成文化的流傳。至於魏文侯所好之溺音，子夏以對比的方式而言曰：

> 鄭音好濫淫志，宋音燕女溺志，衛音趨數煩志，齊音敖辟喬志；此四者皆淫於色而害於德，是以祭祀弗用也。《詩》云：「肅雍和鳴，先祖是聽」。夫肅肅，敬也；雍雍，和也。夫敬以和，何事不行。為人君者謹其所好惡而已矣。君好之，則臣為之。上行之，則民從之。《詩》云：「誘民孔易」。此之謂也。然後，聖人作為鞉、鼓、椌、楬、壎、篪，此六者，德音之音也。然後鐘、磬、

---

70 《論語注疏》，頁 79-80。

71 《論語注疏》，頁 138。

72 《論語注疏》，頁 32。

竽、瑟以和之，干、戚、旄、狄以舞之。此所以祭先王之廟也，所以獻、酬、酳、酢也，所以官序貴賤各得其宜也，所以示後世有尊卑長幼之序也。[73]

「溺音」傷志是為淫樂，之所以祭祀不用，乃因其不具備肅雍敬和的內涵，不合於禮的實施，故禁用。與溺音相對之「德音」則具規範性與倫理性，其作用不僅是樂舞的性質與樂器的音質相合於祭禮[74]，而且德音的內涵本於為政者秉持風行草偃的道德觀念來行政，故必強調音樂活動的教化作用。易言之，抉擇古樂德音以形成樂教乃為了成德，成德之教乃德音之所以為德，即以「德」為內涵，德音之「音」（樂）則成德之外延面向，著重在歌、舞、樂等樸實之制度儀文的實施。古樂德音的表現於形式上雖是復古，然而於義理上卻是道德實踐的傳承，由此乃見儒家哲學對倫理的堅持。

第五節　結　語

鄭玄認為〈樂記〉主旨乃「記樂之義」[75]，孫希旦則以為此

---

73 《禮記注疏》，頁 692。

74 孔疏云：「鞉、鼓、椌、楬、壎、篪，其聲質素，是道德之音也。既用質素為本，然後用此鍾、磬、竽、瑟華美之音以贊和之，使文質相雜。……聲既文質備足，又用干、戚、旄、狄以舞動之。……此六者為道德之音，四器之和，文武之舞，並可於宗廟之中奏之也」。《禮記注疏》，頁 692。

75 《禮記注疏》，頁 662。

篇專言「樂以義理為本，以器數為用」[76]。本章分析〈樂記〉所述「心」與「心術」，論證古代學者的觀點，說明〈樂記〉內容確實非專記音樂器物與儀文，而是在論述「樂」之哲理及其樂教之形成。首先，〈樂記〉論人性中客觀地存在心知活動，藉由心知活動可以感知外物，並反應生命內在的情感，而且經由音樂的引導，教化亦得以建立。〈樂記〉理論所謂的「心」雖無心性論的直接表述，然而「治心」之後，凡「悖逆詐偽之心」、「放心」、「鄙詐之心」、「易慢之心」等，皆能轉化為「易直慈良之心」與「善心」。換言之，心之所以能得治，樂教之所以能成立，來自於心內涵倫理的可能，是以〈樂記〉的心觀念傾向道德性。再者，心做為對治的對象，「心知」對應音樂活動的動作，可以感應古樂德音的啟發，感知道德音樂的教化，此即「心術」的實踐，使心能夠發生人倫價值的感動，顯現於外，行為上即是與「禮」配合，故制禮作樂除了是倫理實踐的一體二面外，規範性亦是〈樂記〉做為《禮記》之一篇的意義。第三，樂教之所以是心術，乃人性本涵平和的天性，人性固有心情的表現與情感的動作，而和樂的表演影響人心，乃是道德實踐內在化的途徑，導引情感回歸平和的心性，「和順積中而英華發外，唯樂不可以為偽」。生命最真實的意義即是有情有義的人情倫理，有德者將和樂實踐於政治中，即是道德政治之道。第四，〈樂記〉治道非僅是關注形式化的治理作法，亦有專注生命內在的合理性情感。心術做為樂教的實踐，一方面使人心不流於物欲的情感，另一方面則提升情感的表現，以義理為依歸。心術的表現不僅是個人意

---

76 《禮記集解》，頁 975。

義，於有德者之為政，乃是以無形之德音化民成文理，如天道運行，生化萬物而不言。〈樂記〉的天道觀反映出樂教實踐者與天地萬物的價值關係，亦顯示先秦儒學天道觀的流傳。第五，樂教治道非為了政治目的，而是經由禮樂實踐，人文化成天下，呈現安和的治世，此即是為政以德。

職是之故，建構音樂創作的美聲性質或論證展演的藝術性並非〈樂記〉音樂理論的內容，與其詮釋〈樂記〉的音樂思想具備美學的內涵，毋寧肯定古典儒學是以道德為藝術目的[77]，將「人生而靜，天之性」的本性，聯繫「樂由中出，故靜」的實踐，亦即使音樂的價值性根源於德性，盡美亦必須盡善矣。是以一般所謂音樂美學的理論判斷不適用在〈樂記〉思想，依〈樂記〉認為音樂的美善乃是實踐人倫道理與治平政道觀之，〈樂記〉思想應屬倫理學範疇。

77　〈性自命出〉的音樂理論云：「咏思而動心，喟如也，其蹲節也久，其反善復始也慎，其出入也順，司其德也」（簡 26-27，《郭店楚墓竹簡》頁 180）。「蹲節」原作「居次」，此從劉釗的考證與釋讀，意指節奏。《郭店楚簡校釋》（福州：福建人民出版社，2005 年），頁 97。簡文意謂歌舞樂之感動人心，演奏過程雖久，卻能使人敬慎地復返於樂音的根本價值精神，條理有序地表現，此即主於「德」的音樂活動。〈性自命出〉的思想亦不以一般藝術性為音樂實踐的目的，而是強調德性主導觀賞與聆聽，可謂呼應〈樂記〉的義理，再次印證古典儒學的音樂思想在不同文本之間的脈絡聯繫。

第捌章　〈樂記〉的天道思想與王船山的詮釋

第一節　前　言

《禮記．樂記》的重要性除了做為傳統禮學之學術面向外[1]，在義理方面，程頤云：「《禮記》除〈中庸〉、〈大學〉，唯〈樂記〉為最近道，學者深思自求之」[2]，依理學家的哲學意識，當是本文中「天理」「人欲」之對比而為學者察識[3]。易言之，〈樂記〉論述音樂的價值性不僅在表演藝術方面，更在

1　研究論題取向主要是〈樂記〉作者與文本出處的考證，詳參人民音樂出版社編輯部編《《樂記》論辯》（北京：人民音樂出版社，1983年）。

2　《河南程氏遺書．卷第二十五》，《二程集》（臺北：漢京文化公司，1983年），頁323。

3　詳參朱子〈樂記動靜說〉。《晦庵先生朱文公文集．卷六十七》，朱傑人、嚴佐之、劉永翔主編《朱子全書（第貳拾參冊）》（上海：上海古籍出版社，2002年），頁3263-3264。以及《朱子語類．卷第八十七．禮四》中論〈樂記〉部分，《朱子全書（第拾柒冊）》，頁3263-3264。

「聲」「音」「樂」（含「歌」與「舞」）的形式中[4]，指出其中蘊含「天道」觀念。而據〈樂記〉首云：「凡音之起，由人心生也。人心之動，物使之然也，感於物而動，故形於聲。聲相應，故生變，變成方，謂之音」（〈樂本〉），文獻再三致意「音由心生」以及「人心感物」[5]，則人心與音樂乃存在著互動模式，音樂既因物感人心而製作，音樂做為存在物也可以反過來感動人心，其關係圖示意如下：

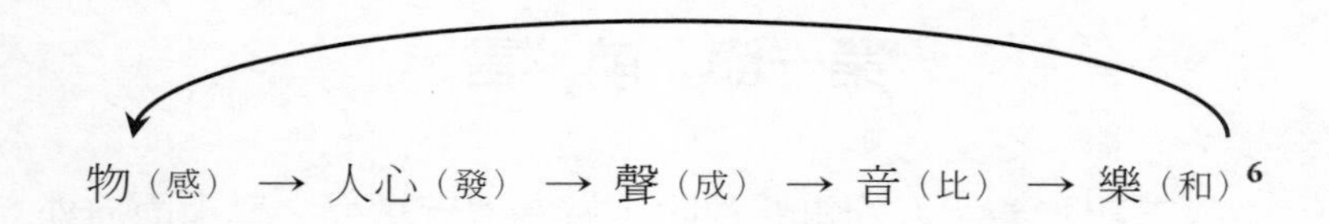

由上圖探討〈樂記〉的天道思想，則有二方面可思索，一是音樂亦是事物，若音樂存在具有天道意義，則其表演是否僅是外在影

4 〈樂本〉云：「凡音之起，由人心生也。人心之動，物使之然也，感於物而動，故形於聲。聲相應，故生變，變成方，謂之音。比音而樂之，及干戚、羽旄，謂之樂」（《禮記注疏》頁 662）。依「詩，言其志也。歌，詠其聲也。舞，動其容也。三者本於心，然後樂器從之」（〈樂象〉，《禮記注疏》頁 682）。古代音樂的表現形式實際包含樂舞與歌曲，〈賓牟賈〉篇討論軍樂之舞容，及〈師乙〉篇專門討論歌者與歌曲的價值關係，即是明證。

5 前者見「凡音者，生人心者也。情動於中，故形於聲，聲成文，謂之音」；「凡音者，生於人心者也；樂者，通倫理者也」。後者見「樂者，音之所由生也，其本在人心之感於物也」；「（哀心、樂心、喜心、怒心、敬心、愛心）六者非性也，感於物而后動」。文獻皆自〈樂本〉篇。《禮記注疏》，頁 663, 665。

6 「樂之和」的義涵請見下文討論。

響。二是若音樂源自於人心[7]，則音樂的天道性質是否具有內在本質。猶有進者，〈樂記〉認為「樂者通倫理者也」（〈樂本〉），而且「知樂則幾於禮」（同前），因「樂」可通「倫理」，而「禮」本即倫理事務，故知樂通理乃呼應「禮」。此觀念寓意音樂活動非皆是可做積極地價值肯定，而是須使音樂自身符應倫理，纔能使音樂有意義；質言之，音樂活動不僅是器物展演、藝術功能，乃至抒發情感，吾人亦可使音樂具有道德性，可做價值規範的表現，此所以「樂」亦是「禮」之意義之所在。王船山《禮記章句・序》云：

> 緣仁制禮，則仁體也，禮用也；仁以行禮，則禮體也，仁用也。體用之錯行而仁義之互藏，其宅固矣……仁未嘗不存焉；唯其無禮也，故雖有存焉者而不能顯，雖有顯焉者而無所藏。故子曰：「復禮為仁」。大哉禮乎！天道之所藏而人道之所顯也。[8]

「禮」的存在必有價值依據，凡有價值根源，必訴諸道德實踐[9]，依船山體用觀，「禮」乃內涵天道且有仁義表現。而「禮

---

7 〈樂論〉云：「樂由中出」（《禮記注疏》頁 667），且〈樂象〉亦云：「樂者心之動也」（《禮記注疏》頁 683）。

8 《禮記章句》，船山全書編輯委員會編校《船山全書（第四冊）》（長沙：嶽麓書社，1991 年），頁 9。

9 〈禮運〉：「夫禮，先王以承天之道，以治人之情」（《禮記注疏》頁 414）。由此可見《禮記》固已有禮之天道觀，然在有關音樂的天道思想，則是〈樂記〉的發明。

樂」同質，「樂」的存在亦當是天道的體現，並且在音樂必與人心聯繫的結構下，音樂的存在與活動實關乎生命實踐的價值意義。是以本章之探討乃依船山體用觀為詮釋進路，論證〈樂記〉天道思想的義涵。

第二節　樂理的天道義涵

> 人生而靜，天之性也。感於物而動，性之欲也。物至知知，然後好惡形焉。好惡無節於內，知誘於外，不能反躬，天理滅矣。夫物之感人無窮，而人之好惡無節，則是物至而人化物也。人化物也者，滅天理而窮人欲者也。（〈樂本〉）[10]

此是〈樂記〉天道思想的首要論述，指出人性內含天理，是生命存在的形上依據；而人性又能感物而動，表現出好惡之欲，顯現人對生活世界的接觸。唯〈樂記〉認為「民有血氣心知之性，而無哀樂喜怒之常，應感起物而動」（〈樂言〉）[11]，而且「（哀心、樂心、喜心、怒心、敬心、愛心）六者非性也，感於物而后動」（〈樂本〉）[12]。則人性感物而動的情欲非是本質，而是感知事物後有的生命現象，且此情感現象若無規範，則必流於物化嗜欲，陷入放蕩迷惘的困境。然而，若能反躬自省，存理以節制人之窮極情欲，則可以有道德工夫之好善惡惡，避免生命失落在

---

10 《禮記注疏》，頁 666。

11 《禮記注疏》，頁 679。

12 《禮記注疏》，頁 663。

物欲中，而能積極向道。王船山對上引文注云：

> 人具生理，則天所命人之性固在其中，特其無所感觸，則性用不形而靜。乃性必發而為情，因物至而知覺之體分別遂彰，則同其情者好之，異其情者惡之，而於物有所攻取，亦自然之勢也……好惡本性之所發，而吾性固有當然之節。唯不能於未發之時存其節而不失，則所知之物誘之以流。斯時也，大本已失，而唯反躬自修以治其末，則由外以養內，天理猶有存者。苟其不然，縱欲以蕩性，迷而不復，而天理亡矣。心存乎所嗜之物，則物之形不舍於心而心徇之。不知有己而唯見其物，是失其所以為人者，而化為所嗜之物也。[13]

船山哲學的天道觀主「道器說」與「理氣說」。「上下無殊畛而道器無異體」[14]，且「道與器不相離」[15]，形上形下本非斷為兩橛，「道」必即生活世界而顯現，此乃「體用相涵」、「體以致用，用以備體」[16]。「道體」與「器用」概念雖有分，然實現歷程中二者是體用不相離[17]，生成化育中自現天道。然而，實踐者

13 《船山全書（第四冊）》，頁 897-898。

14 《周易外傳・繫辭上傳・第十二章》，《船山全書（第一冊）》，頁 1027。

15 《周易內傳・繫辭上傳・第十二章》，《船山全書（第一冊）》，頁 568。

16 《周易外傳・繫辭上傳第十一章》，《船山全書（第一冊）》，頁 1023。

17 「天無自體，盡出其用以行四時、生百物。無體不用，無用非其體」。

固當依「天理」而有生命活動，唯人性發用未必如理得當，物欲影響知覺反應的方向，使得人的情感對外失去理序，此是人性欲望的氣化作用與經驗事物相引過程中出現好惡無節的後果[18]，心所內涵的理則即無法發揮。船山認為：

> 若夫命，則本之天也。天之所用為化者，氣也；其化成乎道者，理也。天以其理授氣於人，謂之命。人以其氣受理於天謂之性……則是一言命，而皆氣以為實，理以為紀，固不容析之。[19]

即「天」而言，氣化用與成道理固是一事，故謂「理在氣中，氣無非理」[20]，「於氣上見理」[21]。則即「人」而言，「氣」「理」在身亦是一事，此乃天道演化天理，天理流行於氣中，人秉氣受理，人之性命無非是天理。唯氣化作用在生命本身出現人心或循或不循「理」的問題，「心存乎所嗜之物，則物之形不舍

《周易內傳・卷一上・乾》，釋「用九，天德不可為首也」之語。《船山全書（第一冊）》，頁 58。

18 「天之命人，與形俱始。人之有氣稟，則是將此氣稟凝著者性在內」。又「自形而上以徹乎形而下，莫非性也，莫非命也，則亦莫非天也。但以其天者著之，則無不善；以物之交者興發其動，則不善也」。故云：「凡不善者，皆非固不善也。其為不善者，則只是物交相引，不相值而不審於出耳」。皆見《讀四書大全說・滕文公上篇》，《船山全書（第六冊）》，頁 959, 961, 960。

19 《讀四書大全說・盡心下篇》，《船山全書（第六冊）》，頁 1139。小字句為船山自注。

20 《張子正蒙注・太和篇》，《船山全書（第十二冊）》，頁 23。

21 《讀四書大全說・離婁上篇》，頁 992。

於心而心徇之」。此一方面是後天之「習」的緣故[22]，另一方面是吾人氣稟與物交接不當[23]，物質嗜欲造成起心動情，進而使心流放於感官場域，遺忘生命中的天理。因此，保持天人關係的聯繫關鍵即在面對與處理「人欲」問題。船山直解〈樂記〉的「人欲」為「一人之私欲」，而私欲乃：

> 人欲者，為耳目口體所蔽而窒其天理者也。耳困於聲，目困於色，口困於味，體困於安，心之靈且從之而困於一物，得則見美，失則見惡，是非之準，吉凶之感，在眉睫而不知；此物大而我小，下愚之所以陷溺也。[24]

---

22 「習者，亦以外物為習也，習於外而生於中，故曰『習與性成』。此後天之性所以有不善，故言氣稟不如言後天之得也」。《讀四書大全說・滕文公上篇》，《船山全書（第六冊）》，頁 962。另外，船山在《禮記章句・坊記》的篇題注認為：「修己治人之實，禮而已矣。性之所繇失者，習遷之也。坊習之流則反歸於善，而情欲之發皆合乎天理自然之則矣」（《船山全書（第四冊）》頁 1213）。〈坊記〉所述是以「禮」對治「習」，在〈樂記〉則是「樂」能對治「習」（人欲）。習性雖在後天方面影響人性情，然藉由禮樂的規範作用，性情可回復到依本然的天理來實踐生命。

23 「不善之所從來，必有所自起，則在氣稟與物相授受之交也。氣稟能往，往非不善也；物能來，來非不善也。而一往一來之閒，有其地焉，有其時焉。化之相與往來者，不能恆當其時與地，於是而有不當之物。物不當，而往來者發不及收，則不善生矣」。《讀四書大全說・滕文公上篇》，《船山全書（第六冊）》，頁 962。唐君毅先生釋船山所述不善之源為「外物與氣稟與情欲互相感應一往一來之際，所構成之關係之不當之中」。《中國哲學原論（原教篇）》（臺北：臺灣學生書局，1990 年），頁 577。

24 《張子正蒙注・大心篇》，《船山全書（第十二冊）》，頁 125。

此即指出「物至知知，然後好惡形焉」的問題。情感為物所引化，進而心知困於物欲，遂使好惡對象不合理，後果即是如「滅天理而窮人欲」後所述「有悖逆詐偽之心，有淫泆作亂之事」。道德心靈本是秉持天命之理而為主體存在，其本於性理亦顯用為氣化活動[25]。而面對經驗世界必有事物引動，出現情感欲望現象，則人之為不善乃由於物動而有情欲之際，人情表現不合於理，滯留成惡習，而有人之私欲的出現。易言之，於船山的天道觀中，在天命成性而人性氣理無非善的保障下，惡的發生乃來自情欲偏窒的活動現象，道德善惡是人與物接引的經驗問題，人在經驗活動中因後天感官執著於物欲而陷溺、而難以自拔。故工夫即在回歸本體而顯現價值根源，以為調整實踐行為的方向，而非訴諸於人性中是否根本有反道德的本質[26]，以強為剷除工作。是以依船山的理路，遂可理解〈樂記〉之文乃謂人性中固有天理，縱使感物而有性欲，好惡不當以致情感流蕩於物欲，然「吾性固有當然之節」，形上之理能使情感發而中節，且若有道德地音樂活動以為遏止人欲的工夫，則必反求諸己以保存天理。此固是「反躬自修以治其末，則由外以養內，天理猶有存者」。然亦是

25 船山論「心」、「性」、「理」、「氣」可關乎〈樂記〉「和樂」與「和志」觀念，請見下節討論。

26 是以船山提醒：「（「人生而靜天之性」章）其所論性情心知之際，偏為下愚牿亡天理者而言，而未能推性情同善之原，槩以感物之動為欲，而歸罪於知，亦不知喜怒哀樂之本涵於未發之先，逮其已發，而天理之節固存而不昧，則因知發見，要以效其所性之正，非知之誘人迷性而為人欲之倡也」（《船山全書（第四冊）》頁 899-900）。由此可知，物欲固然迷人，唯歸罪外物，不知性情之正，不知涵泳於未發之本之性，並作存理遏欲的工夫，則強調人欲實是卸責與逃避的觀念。

本於「行天理於人欲之內，而欲皆從理，然後仁德歸焉」[27]。人性之本固能合於音樂教化，因此音樂一旦施教於生命，即能轉化氣質與物交感所產生的偏邪，而引回性理生命來表現應有之道。

〈樂記〉固以「氣」言經驗活動，如「血氣」、「生氣」、「四氣」、「天地之氣」、乃至「邪氣」。由此一方面可知物質存在不離氣的變化活動，以至物欲亦不脫天地之氣的運動；另一方面，氣化的感應作用並非總是如理，而是會有悖逆之氣的發生，即經驗環境的衰蕩帶來犯分亂理之事，生命氣象受姦聲感應，乖戾之聲動搖人心的安寧，遂有邪辟之氣的出現，使性命所內涵的「平和之德」受到遮掩[28]。是以〈樂記〉從能感在心與所

27　《讀四書大全說‧憲問篇》，《船山全書（第六冊）》，頁 799。船山一方面主張「人性之有禮也」，另一方面也提醒道：「禮雖純為天理之節文，而必寓於人欲以見……終不離人而別有天，禮，天道也……終不離欲而別有理也」（皆見《讀四書大全說‧梁惠王下篇》，《船山全書（第六冊）》，頁 911）。依「樂」同於禮的規範性而言，「樂」固是於人欲中彰顯出天理，使人欲歸於人性之理。

28　詳參〈樂言〉云：「土敝則草木不長，水煩則魚鼈不大，氣衰則生物不遂，世亂則禮慝而樂淫。是故其聲哀而不莊，樂而不安，慢易以犯節，流湎以忘本。廣則容姦，狹則思欲。感條暢之氣，而滅平和之德。是以君子賤之也」（《禮記注疏》頁 681）。以及〈樂象〉云：「凡姦聲感人，而逆氣應之，逆氣成象，而淫樂興焉。正聲感人，而順氣應之，順氣成象，而和樂興焉。倡和有應，回邪曲直，各歸其分。而萬物之理，各以類相動也。是故，君子反情以和其志，比類以成其行。姦聲、亂色不留聰明，淫樂、慝禮不接心術，惰慢、邪辟之氣不設於身體，使耳、目、鼻、口、心知、百體皆由順正以行其義」（同前）。船山注〈樂象〉所謂「氣」曰：「人之心氣」。《船山全書（第四冊）》，頁 924。

感在物，將音樂活動視為「心術」[29]，指出在氣化流行中，除了避免外物污染靜心外，積極地則是以正聲德音使人心回到道義的正軌，此即「反情以和其志」（〈樂象〉），回歸內在性理[30]，相應地使生命「順正以行其義」（同前），此即音樂活動的文化實踐。進而言之，〈樂記〉作者的倫理論述認為「樂者所以象德也」（〈樂施〉）[31]，而且「樂章德」（〈樂象〉）[32]，「德者性之端，樂者德之華」（同前）[33]。音樂實踐非是調劑心理情緒的工具或是政教的手段，而是在音樂的展演與聆聽中，藉以傳達有德者的生命實踐。此實踐者自內在性而言是心志對道德事物的嚮往，客觀地由外感對生命的作用而言，則是文采節奏啟發吾人德性[34]。猶有進者，依上章所論「人生而靜天之性」的天道觀，天理與人性乃存在著價值聯繫，故是「樂由中出故靜」（〈樂論〉）[35]，即形上之理作用於性命之中，音樂向內地呼應生命主體；然價值根源亦繫屬於天命，則內化亦兼具超越性，性理主靜亦反映音樂

29　「心術」即〈樂化〉所謂「致樂以治心，則易直慈良之心油然生矣」，其思想請詳見上章所論。

30　船山注「反情以和其志」該節云：「『反情』，謂制其橫流而使依於性也。『和』，平也……養之於視聽以平其氣而順其行也」。《船山全書（第四冊）》，頁925。

31　《禮記注疏》，頁678。

32　《禮記注疏》，頁684。

33　《禮記注疏》，頁682。

34　是以音樂活動的藝術表象非是〈樂記〉的理論目的，音樂之道德化活動纔是其實踐原則，意即音樂實踐之蘊含自覺性與道德理性，纔是音樂活動的意義所在。詳見上章的論述。

35　《禮記注疏》，頁668。

具有形而上的本性[36]，此即〈樂記〉所稱之「和樂」。

第三節　天道的和諧性與樂理的內涵

〈樂禮〉云：

> 天尊地卑，君臣定矣。卑高已陳，貴賤位矣。動靜有常，小大殊矣。方以類聚，物以群分，則性命不同矣。在天成象，在地成形，如此，則禮者，天地之別也。地氣上齊，天氣下降，陰陽相摩，天地相蕩，鼓之以雷霆，奮之以風雨，動之以四時，煖之以日月，而百化興焉。如此，則樂者，天地之和也。[37]

由於「天尊地卑」至「在地成形」同《繫辭上傳・第一章》文獻，故船山直指〈樂記〉此章是「明乾坤之定位者，以推禮之所自秩」，即在「陽健而動，陰順而靜」的功用下，「禮以法天地之體」而建立人事物的殊別。以此宇宙觀理解「樂」的活動，則是乾坤陰陽二氣（天氣地氣）的變化應合，「乾坤之動幾，升降相乘，以息相吹，以氣相擊，應感訢合，變化以成兩間之和」，合成「太和洋溢之幾不容已者為之」的和諧理序[38]。船山的宇宙

36　徐復觀先生即將「靜」詮釋為「無聲之樂」，是「樂」的本性。《中國藝術精神》（臺北：臺灣學生書局，1992 年），頁 30。

37　《禮記注疏》，頁 671-672。

38　文獻詳參《禮記章句・樂記・第十六章》，《船山全書（第四冊）》，頁 912-913。

觀固本諸易學，解釋太極與乾坤陰陽的關係為其思想主軸，並以之演繹變易與人事。船山認為太極其實是「陰陽之渾合」[39]，故「陰陽者，太極所有之實也」[40]。而「乾坤，謂陰陽也」[41]，且「太極者乾坤之合撰也」[42]，則太極、陰陽、乾坤乃最高形上實體的不同表述，合而言之是太極[43]，分而言之是陰陽[44]，亦可分說為乾坤[45]，故云：「合之則為太極，分之則謂之陰陽；不可強

---

[39] 《周易內傳・繫辭上傳・第十一章》，《船山全書（第一冊）》，頁561。

[40] 同上註，〈第五章〉，《船山全書（第一冊）》，524。

[41] 《周易內傳・繫辭上傳・第十一章》，《船山全書（第一冊）》，頁560。

[42] 《周易外傳・繫辭上傳・第一章》，《船山全書（第一冊）》，頁990。

[43] 《周易外傳・繫辭上傳・第九章》云：「太極之在兩間，无初无終而不可間也」（《船山全書（第一冊）》頁 1016），此意謂太極不在天地萬物之先，而是即在天地萬物之中。船山認為太極即是道，且其作為本體乃與存有物同在，此可證諸《周易外傳》論〈乾卦〉云：「太極動而生陽，靜而生陰，動靜各有其時，一動一靜，各有其紀，如是者乃謂之道」。又云：「道之生天地者，則即天地之體道者是已。故天體道以為行，則健而乾，地體道以為勢，則順而坤，无有先之者矣」。《船山全書（第一冊）》，頁 823。唐君毅先生指出船山之所以如此立論，乃因其主張「太極或道即在氣化流行之中」。詳參《中國哲學原論（原教篇）》，頁 527。

[44] 唐君毅先生說：「陰陽之理之別，惟可在陰陽二氣之化上安立」。《中國哲學原論（原教篇）》，頁 525。

[45] 依「《周易》並建乾坤為太始，以陰陽至足者……」，則船山不認為乾坤有先後之分，而是同時並存並現，以為始源之活動。參見《周易內傳・卷一・乾》注卦辭「元亨利貞」，《船山全書（第一冊）》，頁43。

同而不相悖害，謂之太和」[46]。由此可見，船山是以生氣相續、生機不息、生化無已之「太和」來解釋〈樂記〉的「樂者天地之和」，即宇宙天地的流行變動中所蘊含的常道，乃是持續表現出生生的盎然興發，各種變化雖共同出現在天地之中，事物相異卻可共存地運行其中而不相悖、不相衝突。而依此思路來理解樂之「和」的價值意義，即是德性音樂的展現可以猶如天地之運行秩序底生成不斷，創造人倫的和諧理序。因此〈樂禮〉篇反省道：

> 化不時則不生，男女無辨則亂升，天地之情也。及夫禮樂之極乎天而蟠乎地，行乎陰陽而通乎鬼神，窮高極遠而測深厚。樂著大始，而禮居成物。著不息者天也，著不動者地也。一動一靜者，天地之間也。故聖人曰「禮樂」云。[47]

船山解釋「化不時則不生」該節云：「樂之必中節而禮之必慎別，皆天地自然之理也」[48]。禮樂活動所建立的倫理秩序乃一客觀之理的表現，倘若以「樂」而言，則是德性化的音樂必使吾人合乎義理，行為不失理則，此乃（禮）樂所蘊含的形上價值。故船山注解「禮樂之極乎天而蟠乎地」該節即云：「禮樂明備則道

---

46 《周易內傳・卷五・繫辭上傳・第五章》（《船山全書（第一冊）》頁525）。「太和」的定義又可見《張子正蒙注・太和篇》云：「太和之中，有氣有神。神者非他，二氣清通之理也。不可象者，即在象中。陰與陽和，氣與神和，是謂太和」（《船山全書（第十二冊）》頁16）。太和乃對陰陽二氣之理的和暢生化的本體性描述。

47 《禮記注疏》，頁672。

48 《船山全書（第四冊）》，頁913。

通乎天地，體用相因則功效必相準也」[49]。禮樂之理本於天地之道，禮樂乃原本於天地之德而表現，就「樂」而言即是「和」之體[50]的發用；且因樂（禮）作用範疇深遠廣大，故和樂（殊禮）[51]的體用理路即可會通於道體的無盡造化之用。猶有進者，「樂著大始」章是以天地動靜象徵樂與禮之始成萬物，即禮樂具有產生變化的作用，可普遍創造（價值）事物的存在，此所以前述船山喻示禮樂活動當有天地之道作為基礎。船山注「樂著大始」章云：

> 萬物之生，以感而始。樂之自無而有，亦因感而生，故與乾之知大始者同其用。物有定體，性命各成。禮之因其成材各為位置，亦以正萬物之性命而安其所，故與坤之作成物者同其功，此明禮樂之原與乾坤合其撰者也。「著」，法象之昭示者也。乾知大始而統乎成，流行而不息；樂以之而自無之有者，終始相貫而成章。坤作成物而正位居

49 《船山全書（第四冊）》，頁914。

50 此「和」就內在性而言是「中」，中和兼心體與中節。「和」就形而上而言則是「太和」，即太極或道的合和運行之理。

51 「和樂」之所以能夠建立人倫和諧與理序，除了德性音樂的本質外，亦須有與「禮」的分殊作用的合作。禮樂關係是「禮者，殊事合敬者也。樂者，異文合愛者也」（〈樂論〉），此固是「樂由中出，禮自外作」（同前）的作用方向不同，一在情感面，一在動作表現面；唯禮樂關係亦是「樂者為同，禮者為異。同則相親，異則相敬。樂勝則流，禮勝則離。合情飾貌者，禮樂之事也。禮義立，則貴賤等矣；樂文同，則上下和矣」（同前，《禮記注疏》頁 667-668）。為避免禮樂實踐的流弊，故依禮義以分異，樂文以和合，二者協作為統貫人間人情事務的林林總總的倫理樣貌。

> 體，凝而不動；禮以之而效其成材者，法制一定而不易。此明禮樂之成與天地同其德也。大始而不息，「動」也。成物而不動，「靜」也。動靜各有其則，而天地之間，化機流行，則動以養靜，靜以居動，互相為用，合同而成化。蓋動靜有必合之幾，而萬物由之以生成，不可偏廢也。一動一靜，互用以成化，故禮必得樂以和，樂必依禮以節，聖人必合言之。[52]

此是船山從乾坤動靜解釋樂與禮的活動理則，尤以乾坤創生並成就萬物來詮釋樂禮感物成材之建立典章制度為論述脈絡。依船山天道觀主天地恆動且無止息而言，一般所謂動靜乃相對現象，實則一切皆「動」，「靜」乃動之消極活動，非是動之取消或停止[53]。而且，動靜活動中蘊含著相涵相成，「互相為用，合同而成化」，故天地動靜乃永恆的生機流行。既然樂禮原本於乾坤合和，樂禮之始成價值事物亦是交互運行而顯天地之體之妙用。此所以〈樂記〉肯定樂禮的互相合作乃創造客觀的和諧秩序，〈樂論〉篇云：

52　《船山全書（第四冊）》，頁914。

53　《思問錄・內篇》：「太極動而生陽，動之動也；靜而生陰，動之靜也。廢然無動而靜，陰陽惡從生哉！一動一靜，闔闢之謂也。由闔而闢，由闢而闔，皆動也。廢然之靜，則是息矣。『至誠無息』，況天地乎！『維天之命，於穆不已』，何靜之有」（《船山全書（第十二冊）》頁 402）。又參《讀四書大全說・告子上篇》解釋陰陽「二氣之動」而自注云：「此『動』字不對 『靜』字言。動、靜皆動也。繇動之靜，亦動也」。《船山全書（第六冊）》，頁1053。

> 樂者，天地之和也。禮者，天地之序也。和，故百物皆化，序，故群物皆別。樂由天作，禮以地制。過制則亂，過作則暴。明於天地，然後能興禮樂也。[54]

「樂」之和諧化物，上引〈樂禮〉篇即以天地陰陽之氣的宇宙運動而能生化萬有來解釋，此即船山注解〈樂論〉篇文的天道觀理路：「天地以和生萬物，以序別羣品；其理命於人而為性情，則中和之體具，而禮樂由是以興」[55]。天地之道所昭示的世界乃萬化合和的秩序圖像，其在人者，即是道體以理作用於人間，人經由性情感物而表現禮樂，此實踐過程即涵蘊中和本體的恆在，亦是人間必有禮樂和序的緣故，因為和的本質乃遍在於天地宇宙。船山云：

> 和者，陰陽往來，變合以成化也。陰陽交動，變化之合，天之教也。禮交動，樂交應，則聖人體天之變化以為德也。此言先王之禮法天以成乎分合之節，皆載至德以與天道相稱也。[56]

「和」乃意味著天道陰陽合和底化成萬物，此亦是聖人效法的對象，且由聖人具體證成為禮樂的實踐，呼應天道的「和德」。天道之大德為「和」，樂理樂教法天是以「和」為德，即必有上引

---

54 《禮記注疏》，頁 669。

55 《船山全書（第四冊）》，頁 906。

56 注〈禮器〉「禮交動乎上，樂交應乎下，和之至也」該節。《船山全書（第四冊）》，頁 609-610。

〈樂論〉〈樂禮〉二篇所述之倫理和序及其成就人倫價值。〈樂情〉篇云：

> 窮本知變，樂之情也；著誠去偽，禮之經也。禮樂偩天地之情，達神明之德，降興上下之神，而凝是精粗之體，領父子君臣之節。是故，大人舉禮樂，則天地將為昭焉。[57]

船山注曰：

> 樂之本，禮之誠，皆天地中和之德，止其變，革其偽，稱中和之實而出之，則與天地之德相依而不離矣。神明之德，天地之撰也，達之則盡誠合漠而可以事鬼神矣。質文之體，中和之用也，凝之則因物昭敬而可以事人矣。人神各得，則幽明合一之理宣著流行而天地之藏顯矣，言禮樂一本於誠而合天道也。[58]

天地中和之德乃禮樂的本真實在，而禮樂質文乃為中和之德之用，其具體即是誠敬於人物鬼神的儀節，且是有德者之工夫實踐之所在。值得留意的是，船山的論證模式乃從宇宙具有和諧秩序為前提，並以人是宇宙萬物一員，且其禮樂活動可以產生普遍的秩序性為論據，故可推論禮樂所內含的理序本自天道。此一方面經由宇宙論說明（禮）樂活動的意義來源，另一方面也證成禮樂

57　《禮記注疏》，頁 684。

58　《船山全書（第四冊）》，頁 933。

的實踐者亦是實踐天道者。船山認為「天下之物莫不有自然之秩敘以成材而利用，天之禮也。天以是生人而命之為性，則禮在性中而生乎人之心矣」[59]。禮樂乃理體之用之二面，故「樂」亦是「天之樂」，加以人是秉受天命之德而為生命存在，且依「樂由中出」之船山注云：「謂心和而後樂以作」[60]，則「樂」亦是天命之性賦予人之性理的創作，性理和德，故由心體作用所產生的即是「和樂」。〈樂化〉篇云：「樂者，天地之命，中和之紀，人情之所不能免也」[61]，此即道出和樂的本質具客觀意義且有規範性，凡有情感的表現，實踐者生命內在亦有性理可與音樂結合，合和為道義的呈現，進而可使天下四海為價值世界。〈樂論〉篇云：

> 與天地同和，大禮與天地同節。和，故百物不失，節，故祀天祭地。明則有禮樂，幽則有鬼神。如此，則四海之內，合敬同愛矣。[62]

船山注曰：

> 「大禮」、「大樂」，謂禮樂之極致。絪縕化生，天地之和也。寒暑成序，天地之節也。「失」，遺也。與天地同

---

59 注〈禮器〉「其在人也如竹箭之有筠也」該章。《船山全書（第四冊）》，頁580。

60 《船山全書（第四冊）》，頁902。

61 《禮記注疏》，頁701。

62 《禮記注疏》，頁668。

和，則天地所以曲成萬物之理在焉，以之感和平而遂民物，無有遺焉者矣。與天地同節，則上應天時，下盡土宜，以之事天而明，事地而察。「鬼神」者，百物之精英，天地之化迹，其精意之見於人事者則為禮樂。禮樂之所由，自無而有，以極於盛，其為功於兩間者，薰蒸翔洽，不言而化成，固不見不聞而體物不遺。是以禮樂鬼神，一而已矣。言其可見者則謂之「明」，言其不可見者則謂之「幽」，非二致也。此禮之節，樂之和，所以育萬物而位天地也。鬼神之德，禮樂之體，凝於人者為愛敬之心，神無方而不遺，故四海之內，人皆涵愛敬於心，以為性情而無殊也。[63]

和樂之理本於天道的化生萬物，即呼應天地生理乃可以建構人間理序[64]，此理之具體是（禮）樂，客觀而言則是形而上的鬼神。依船山的解釋，鬼神非謂宗教上的超越實體，鬼神乃是天道性理表現於天地萬物中的精神[65]，隱含性情之理，故可相應於人文活

63　《船山全書（第四冊）》，頁 903-904。

64　〈樂記〉的天道觀認為：「天地之道，寒暑不時則疾，風雨不節則饑。教者，民之寒暑也，教不時則傷世。事者，民之風雨也，事不節則無功。然則先王之為樂也，以法治也，善則行象德矣」（〈樂施〉）。此固是類比論述，人治象徵天德，然於價值觀念的證成則是指出人道實踐應當具有客觀性，人文活動具有普遍意義。

65　船山此解當是受張載《正蒙．太和》「鬼神者，二氣之良能者」影響。《正蒙注》於此條解釋道：「陰陽相感，聚而生人物者為神；合於人物之身，用久則神隨形敝，敝而不足以存，復散而合於絪縕者為鬼。……良能者，無心之感合，成其往來之妙者也」。《船山全書（第十二

動的禮樂的本體。而禮樂表現做為天道精神的化現，其必經由人心（愛敬之心）的體現，且能體物不遺，遍在於天下。易言之，若天地（天道）運行和諧能使萬物呈現為有（價值）意義的存在，則內涵形上性理的（禮）樂活動所創造的和順，亦可使人事（人倫）有合理性[66]。此乃〈樂記〉的義理脈絡，論述音樂實踐非是停留在政治教化的外加結構或僅是心理情感現象的抒發，而是音樂的內在理則可以使生命表現為具有和諧秩序，樂之和一方面呼應上文「人性之靜」說，「和樂」乃穩定生命內在不起擾動，顯現平和的樣貌[67]，另一方面反應在天地人生之中，「夫歌者，直己而陳德也。動己而天地應焉，四時和焉，星辰理焉，萬物育焉」（〈師乙〉）[68]。此乃道德本我能歌唱和樂以為和德，傳達生命與天地大德圓融的天道觀，〈樂禮〉篇云：

> 天高地下，萬物散殊，而禮制行矣。流而不息，合同而化，而樂興焉。春作夏長，仁也；秋斂冬藏，義也。仁近於樂，義近於禮。樂者敦和，率神而從天；禮者別宜，居

冊）》，頁 33-34。

66 〈樂言〉篇云：「先王本之情性，稽之度數，制之禮義。合生氣之和，道五常之行，使之陽而不散，陰而不密，剛氣不怒，柔氣不懾，四暢交於中而發作於外，皆安其位而不相奪也。然後立之學等，廣其節奏，省其文采，以繩德厚。律小大之稱，比終始之序，以象事行。使親疏貴賤長幼男女之理，皆形見於樂，故曰：樂觀其深矣」（《禮記注疏》頁 679-680）。此方面思想詳見下節探討。

67 如〈樂本〉篇云：「其愛心感者，其聲和以柔」。情感若無內在性理與之符應，則「和」即無實在性，僅為表象。

68 《禮記注疏》，頁 701。

> 鬼而從地。故聖人作樂以應天，制禮以配地。禮樂明備，天地官矣。[69]

制禮與樂固為聖者之典範人生，然此文化活動乃不離天地流行之生息萬物的意義，即禮樂活動的作用性必是依宇宙萬化之道來鑄成其中所蘊含之仁義樂禮的道德價值。宇宙生成論是〈樂記〉作者天道觀的論證方法，此一方法程序導向禮樂價值觀的形式，並指出禮樂文化的內涵具有形而上的意義。船山注曰：

> 「天高地下」各定位也。「萬物散殊」，各成章也。體之不易，禮之象也。天氣降，地氣升，交流以啟化而不息，此天地之和也。萬物生以相滋，剋以相成，合同而效天地之化，此萬物之和也。化之交感，樂之機也。此自天地之化體而言，以明禮樂之原所自生也。「仁」、「義」，體也。「禮」、「樂」，用也……仁義附禮樂而彰也。此自天地之德而言，以明禮樂之道所自凝也。[70]

依上文所述船山的天道觀，注文之意乃謂禮樂自身具體用結構，自體而言，天地萬物無不是氣化流行，其變化現象，傳流不息，其運作之理，永恆而貞固，其作為禮樂之源，乃使它們本具理則與理序。自用而言，天地萬物之體必有表現活動，客觀面是宇宙時空與萬有之形成，且亦伴有天地萬物之四時化生合和；人文面

69　《禮記注疏》，頁 671。

70　《船山全書（第四冊）》，頁 910-911。

則是道體所賦予吾人生命而內涵的仁義之體，可經由禮樂文化活動來呈現德性價值，此亦是人性情藉禮樂而有合乎天理的實踐，顯示禮樂乃源自道體之必然結成的作用。質言之，天地萬物的諧和運作乃天道體用之顯現，以此理解禮樂的行為表現，即從體現道德價值來思索禮樂的存在意義，且亦將禮樂的價值根源指向形而上的本體。是以德性音樂不僅具有內在價值意義，亦是客觀天道的象徵，而且顯現人文精神的普遍性。

第四節　和樂的體用

上述〈樂論〉〈樂禮〉二篇的天道觀與宇宙論乃理解與詮釋禮與樂的客觀價值——和，禮樂活動之和亦於實際人事中有所價值表現，此一理路〈樂記〉分成二方面來敘述，一是實現倫理與政治的和諧，一是生命實踐表現「和志」。

政治方面，〈樂本〉云：

> 先王之制禮樂，人為之節。衰麻哭泣，所以節喪紀也。鐘鼓干戚，所以和安樂也；昏姻冠笄，所以別男女也；射鄉食饗，所以正交接也。禮節民心，樂和民聲，政以行之，刑以防之。禮樂刑政，四達而不悖，則王道備矣。[71]

禮樂政刑並說非是將禮與樂止於政治工具[72]，誠如船山的解釋：

71　《禮記注疏》，頁 667。

72　〈樂本〉篇首節結語：「禮以道其志，樂以和其聲，政以一其行，刑以防其姦。禮、樂、刑、政，其極一也，所以同民心而出治道也」。「治

「先王憂人失其性而制為禮樂以為之節，又以政刑輔之，所以遏人欲之橫流而存其天理也」[73]。船山之說一方面呼應〈樂記〉理論內部之「先王之制禮樂也，非以極口腹耳目之欲也，將以教民平好惡而反人道之正也」（〈樂本〉）[74]，另一方面亦是相應於上文有關〈樂記〉「人生而靜」章的探討，指出人性情感之發動為音樂，除了原天理而可以期待性理流行於其間外，亦需留意感官嗜欲的影響，避免私欲障蔽天理在禮樂活動中的顯現。既然人欲的擴張有可能會導致音樂所蘊含的天道樂理無法呈現，故聖王明君當作存理遏欲的節制治理，施政以德性音樂為主，政刑乃為輔佐性規範，協調出理序，此所以「治世之音安以樂，其政和」（〈樂本〉）。[75]

道」觀念即引起音樂做為工具操作的迴響，詳參郭沫若〈公孫尼子與其音樂理論〉（收入《青銅時代》（北京：科學出版社，1958 年），頁 195）。蔡仲德〈〈樂記〉音樂思想評述〉（《〈樂記〉論辯》頁 275）。勞思光《新編中國哲學史（二）》（臺北：三民書局，1988 年，頁 70）。唯回顧《論語・陽貨》記載：「子之武城，聞弦歌之聲。夫子莞爾而笑，曰：『割雞焉用牛刀？』子游對曰：『昔者偃也聞諸夫子曰：「君子學道則愛人，小人學道則易使也」。』子曰：『二三子！偃之言是也。前言戲之耳』」。（《論語注疏》頁 154）對話背景固是為政者之樂教的實施，然孔門義理顯示政教乃所以實踐道德，樂教經由政治來實踐，亦能使民眾於生活事務有所正面價值回應，此即「樂也者，聖人之所樂也，而可以善民心，其感人深，其移風易俗，故先王著其教焉」（〈樂施〉，《禮記注疏》頁 678）。〈樂記〉的音樂理論乃以倫理道德為終極關懷，而不是以政治為理論目的。

73 《船山全書（第四冊）》，頁 899。

74 《禮記注疏》，頁 665。

75 《禮記注疏》，頁 663。

又「和樂」在倫理方面的實踐是：

> 樂在宗廟之中，君臣上下同聽之則莫不和敬；在族長鄉里之中，長幼同聽之則莫不和順；在閨門之內，父子兄弟同聽之則莫不和親。故樂者，審一以定和，比物以飾節；節奏合以成文。所以合和父子君臣，附親萬民也，是先王立樂之方也。（〈樂化〉）[76]

船山認為「『敬』、『順』、『親』皆言『和』者，本其心之和平以成三者之德，所謂『善心』也」[77]，則依上章所論〈樂記〉的心觀念，此「善心」之說一方面本於〈樂化〉主張雅樂「足以感動人之善心」，即德性音樂可以化解邪氣放心的發作，導正情感的流動，而使心有良善的表現。另一方面，「善心」所指涉的道德心靈乃音樂活動的實踐主體，其活動的客觀性固是心對聲音事物的感應與情意的感通，然心的主體性若無價值內涵，即心的內在性若不涵具義理，則遑論高雅樂音對人心有任何調和的可能性。因此，和樂作用相應於心本和平而發為人際倫理外，另一面向即是向內地恢復心志和諧，使實踐者的價值活動表裏如一。

「和志」的概念本於上文第二節所述〈樂象〉篇之「反情以和其志」之歸於性理，船山稱之為「（和）養之於視聽以平其氣而順其行」，肯定音樂製作者或表演者不僅是道德生命的實踐，亦經由此音樂實踐的過程，使所有的參與者（包括聆聽者），皆

---

76 《禮記注疏》，頁 700。

77 《船山全書（第四冊）》，頁 954。

能回歸平和狀態，此即生命價值本性應有的樣貌。〈樂象〉篇進一步對「反情以和其志」有所陳述：

> 「樂者，樂也」。君子樂得其道，小人樂得其欲。以道制欲，則樂而不亂；以欲忘道，則惑而不樂。是故，君子反情以和其志，廣樂以成其教，樂行，而民鄉方，可以觀德矣。德者，性之端也；樂者，德之華也。金石絲竹，樂之器也。詩，言其志也。歌，詠其聲也。舞，動其容也。三者本於心，然後樂器從之。是故情深而文明，氣盛而化神。和順積中而英華發外，唯樂不可以為偽。[78]

上文一方面是「致樂以治心」（〈樂化〉）的觀念，即以音樂之道避免「樂得其欲」[79]與「鄙詐之心入之」的困境[80]，樂教之治心乃積極回復根本的人文精神，使道德政治得以可能[81]。另一方面，船山解釋「行道而有得於心之謂『德』。仁義禮智具涵於性而著為德，故曰『端』」[82]。可見德性音樂是仁義禮智之性的呈現，是道心經「心氣」所成的詩歌舞[83]，亦是藉樂器所從事的道

78 《禮記注疏》，頁 682。

79 船山稱之為「失其本心之順」。《船山全書（第四冊）》，頁 927。

80 〈樂化〉篇云：「心中斯須不和不樂，而鄙詐之心入之矣」。《禮記注疏》，頁 699。

81 〈樂化〉篇云：「樂極和，禮極順。內和而外順，則民瞻其顏色而弗與爭也，望其容貌而民不生易慢焉」（《禮記注疏》頁 699）。樂教即德治，音樂實踐非個體之事，而應有積極的公共治理的德行。

82 《船山全書（第四冊）》，頁 927。

83 船山注云：「『詩』，歌之辭也。『歌』，詩之調也。『詠』之為言永

德實踐活動。而如此活動歷程的關鍵是「心」及「氣」的運動。船山接受張載《正蒙・太和》「合性與知覺有心之名」的命題，而說「性者，道心也；知覺者，人心也」[84]。人心僅是普通的情感主體[85]，道心纔是德性活動的來源，而此「心」之實在性即是本於氣化活動中所蘊含的天道性理。《正蒙注》說明「合性與知覺有心之名」之論述云：

> 原於天而順乎道，凝於形氣，而五常百行之理無不可知，無不可能，於此言之則謂之性。人之有性，函之於心而感物以通，象著而數陳，名立而義起，習其故而心喻之，形也，神也，物也，三相遇而知覺乃發。故繇性生知，以知知性，交涵於聚，而有閒之中統於一心，繇此言之則謂之心。[86]

「合性與知覺有心之名」之斷言乃由〈太和〉篇文「由太虛，有天之名；由氣化，有道之名；合虛與氣，有性之名」[87]的推論而來，其中「氣化」觀念是張載理學天道觀的標誌，張子以「氣」

也。『三』者，謂詩、歌、舞也……三者人之心氣所成」。《船山全書（第四冊）》，頁928。

84 《讀四書大全說・盡心上篇》，《船山全書（第六冊）》，頁1112。

85 《讀四書大全說・公孫丑上篇》云：「情自是喜怒哀樂，人心也」。《船山全書（第六冊）》，頁946。故同書〈滕文公上篇〉篇云：「性，道心也；情，人心也。惻隱、羞惡、辭讓、是非，道心也；喜、怒、哀、樂，人心也」。《船山全書（第六冊）》，頁964。

86 《張子正蒙注・太和篇》，《船山全書（第十二冊）》，頁33。

87 《張載集》（臺北：漢京文化公司，2004年），頁9。

論述萬有的存在基礎活動[88]，並指出天道經氣化活動而凝成人之生命性理。是以船山的注解乃相應於張載氣化思想而來說明，指出性理雖為心所涵[89]，然是經由天道所形成之氣而存有於心[90]，此乃「原心之所自生……實則在天之氣化自然必有之幾，則但為天之神明以成其變化之妙，斯亦可云化理而已矣」。[91]性理一方面是心的實體，另一方也是心的氣化所欲顯的對象，亦是心的知覺能感應事物而有體察天理的良知，並使吾人有所價值判斷[92]，

88　《正蒙・太和》云：「太虛無形，氣之本體」；又云：「太虛不能無氣，氣不能不聚而為萬物，萬物不能不散而為太虛。循是出入，是皆不得已而然也」（《張載集》頁 7）。張載所論合為「太虛即氣」的觀念，其本體義乃意指萬物之本、性命之原。詳參張亨〈張載「太虛即氣」疏釋〉，收入《思文之際論集——儒道思想的現代詮釋》（臺北：允晨文化公司，1997 年）。

89　《四書訓義・論語・里仁》云：「理者人心之實，而心者，即天理之所發、而所存者也」。《船山全書（第七冊）》，頁 377。又《讀四書大全說・盡心上篇》云：「以本言之，則天以化生，而理以生心。以末言之，則人以承天，而心以具理」。《船山全書（第六冊）》，頁 1112。

90　此義對應文獻亦見於上文第二節所引「天之所用為化者，氣也」該節，船山表述天之氣化所成之道理，亦經「授氣於人」之命，使人「受理於天」而內涵於心性。

91　《讀四書大全說・盡心上篇》，《船山全書（第六冊）》，頁 1111。

92　陳政揚先生即依船山注〈誠明〉篇之「心能盡性」之「凝之於人而函於形中，因形發用以起知能者為心」，以及《正蒙注》相關文獻，指出船山論《正蒙》「心」之「知覺」，乃是「從人之所以為人之性理義中，突顯心能自知此性，朗現此性的價值決斷義」。《明清《正蒙》思想詮釋研究：以理氣心性論為中心》（臺北：臺灣學生書局，2016 年），頁 194-195。

此觀念在音樂思想即可謂有得於性理者乃能「知樂」[93]。進而言之，音樂活動中，心固承載天道，然其氣化亦應用來表現性理，因此有「心氣」形成詩歌舞的行為來外顯人的志向、聲樂與動作。唯如此具有道德意義的行為固是來源於實踐主體之心含有能和的本性（理）與之呼應，對於未內涵任何道德可能性的存在物，德性歌舞樂乃無作用的可能。故觀船山解釋上引〈樂象〉篇末「是故情深而文明」該節云：

> 「情」，謂悅樂之發也，根極於德性，故「深」。「文」，謂詩、歌、舞也。宣其情之深者，出之有本而昭見不昧，故「明」。詩、歌、舞之出於口體者，氣為之也。氣生於情之深者，故「盛」。「化」謂變動金石絲竹之質以成聲也。盛氣洋溢而用物以宣著之，則八音從氣，協一以和而化神矣。由中發外，次第相生而有本，非實有其德者，其可以偽為乎。[94]

藉樂器歌舞之和樂來治心固是外在程序，然若無和心的存在，生命若本非是道德存有，亦即無「根極於德性」與「實有其德者」，則和樂德音的反情和志即無有著落。此所以德音所觸動者乃深刻的道德情感，原理則是「氣生於情之深者」，氣化乃情理的發揮，用於音樂人物即是心之性理之體表現為「協一以和而化

93 〈樂本〉篇云：「凡音者，生於人心者也；樂者，通倫理者也。是故，知聲而不知音者，禽獸是也；知音而不知樂者，眾庶是也。唯君子為能知樂」。《禮記注疏》，頁665。

94 《船山全書（第四冊）》，頁928。

神」，無非是天理體用所呈現之和諧的大化流行[95]。〈樂象〉云：

> （君子）發以聲音，而文以琴瑟，動以干戚，飾以羽旄，從以簫管。奮至德之光，動四氣之和，以著萬物之理。是故清明象天，廣大象地，終始象四時，周還像風雨。五色成文而不亂，八風從律而不姦，百度得數而有常，小大相成，終始相生。倡和清濁，迭相為經。故樂行而倫清，耳目聰明，血氣和平，移風易俗，天下皆寧。[96]

質言之，生命的和順不僅是個體之實踐，亦是表現宇宙萬象的秩序有理，以至回應天地之道的和諧作用。吾人生存於天地之間，感物與所感非僅是生理或物理的機械式反應，人物我之聲響感應非是經驗表象的平鋪直陳。生命作為本有性理的氣化存在，聲音感動、音樂表情、文化舞動乃能有以發用天道本體之「和理」；而理體亦非超然隔絕而獨立，其必有體之用而氣化為心性，船山注「四氣之和」云：「四時之順氣，應人心者也」，注「耳目聰

95　船山「氣化」說的核心觀念乃本於《正蒙・神化》「神，天德；化，天道；德其體，道其用，一於氣而已」。船山注曰：「（天德）絪緼不息，為敦化之本。（天道）四時百物各正其秩敘，為古今不易之道。體者所以用，用者即用其體。氣，其所有之實也。其絪緼而含健順之性，以升降屈伸，條理必信者，神也。神之所為聚而成象成形以生萬變者，化也。故神，氣之神；化，氣之化也」。《船山全書（第十二冊）》，頁 76-77。

96　《禮記注疏》，頁 681-682。

明，血氣和平」云：「（樂行）以之修身而百體從心」[97]，可見以音樂修身固是反映出生命和氣的品德，此是音樂本性源自天地之道的性理，經由人心義理表達音樂、接受歌舞，呈現為天人合德。

第五節　結　語

船山注〈禮器〉篇題旨云：「形而上者道也，禮之本也。形而下者器也，道之撰也。禮所為即事物而著其典，則以各適其用也」[98]。禮樂一本，則樂亦是道之用，樂理無非天理的體用。而且，同篇船山注「（禮）其在人也」節云：「天下之物莫不有自然之秩敘以成材而利用，天之禮。天以是生人而命之為性，則禮在性中而生乎人之心」[99]。禮樂同道，樂亦是天之樂，和樂無非吾人心性之合乎天理，並成天理之用者。且依船山注〈禮運〉「夫禮必本於天，殽於地，列於鬼神」之語：

> 「本」者，原其理之所自出也。「殽」，效也。地載萬物，各得其所，禮之所取則也。《易》曰：「禮卑法地」。「列」，猶參耦也。謂此理之屈伸變化，體物不遺，明則為禮樂，幽則為鬼神，參耦並建而成用也……實以天道人情、中和化育之德皆於禮顯之，故與生死之故、鬼神之情

---

97 《船山全書（第四冊）》，頁 925, 926-927。

98 《船山全書（第四冊）》，頁 579。

99 《船山全書（第四冊）》，頁 580。

狀合其體撰，所以措之無不宜，施之無不正。[100]

樂理之本於天，亦必由於天理氣化而體物不遺，其成用乃普遍地顯現為義理之當然於萬事萬物中。故本章歸結〈樂記〉天道觀有二義，一是價值理序，二是樂理的和諧性質。前者是依天道氣運的客觀本質，轉化為音樂性理的價值內涵，即天地萬物生化的理序的價值性，可以指引樂理的意義[101]；此亦是音樂使生命氣秉有如天地運行的規律，理數有常，和而不亂，生命活動順道而行，表現出價值理序[102]。天道觀的第二義則是天理中和的本性，內化為音樂活動的合理性質，並為和樂的理想實踐。意即樂理的和諧性成為音樂實踐的對象，如表現在歌唱方面，則是上節引〈師乙〉篇所述歌者陳德的客觀精神。歌者之所以能傳達天地之和理，固是源自於生命本身的德性內涵能感通無礙地做價值活動，此乃道德生命的真實呈現。船山解釋〈師乙〉所述歌唱者之

100　《船山全書（第四冊）》，頁 541。

101　〈樂情〉篇云：「天地訢合，陰陽相得，煦嫗覆育萬物，然後草木茂，區萌達，羽翼奮，角觡生，蟄蟲昭蘇，羽者嫗伏，毛者孕鬻，胎生者不殰，而卵生者不殈，則樂之道歸焉耳」。船山注曰：「天地奠位，清寧各正，而當春發生，則陰陽交泰，和氣暄動，萬物各資其和以暢其生理，此太和之理（氣） 凝之於人則發見於情，而樂由是以興。蓋和效於氣，氣動而成聲，故萬物相生以氣而相召以聲。由此思之，則樂之理可見矣」。編輯校注指出「太和之理（氣）」原鈔本與守遺經本皆作「理」，然金陵本以下各本作「氣」。《船山全書（第四冊）》，頁 934。筆者認為，依船山「理在氣中」之理氣不離說，二字當可互通。

102　此義之印證文獻即前註 28 引〈樂象〉篇文「凡姦聲感人，而逆氣應之」該節。

音節表現、辭意與舞容[103]，即指出「（善歌者）善理其氣以養其心之和，則育德之幾亦存乎其間矣」，而且是「歌之所自，緣於心之不容已，而逮其已發，則志氣身心與之俱動」[104]。有價值意義的歌唱活動乃實踐者心氣一理的道德活動，是歌者生命內外的融通和諧，由此即見樂理內涵於生命中，使音樂活動具有德性意義，此亦可謂〈樂記〉的生命觀。誠如船山注〈樂記〉第十二章言「禮樂修之於身必根之於心」[105]，樂理實踐乃見德性修養，深刻地顯現道德性理之生命主體。

復次，根據船山天道體用觀，和樂之理的天道本性亦有二面向可肯定，一是樂之和之「體」——本體義的天道性理與性命心理，此即來自天理的價值本性；故另一值得肯定的面向即是樂之和之「用」——人文價值義的倫理政治與生命實踐。而此一向度嚮為船山哲學研究者所留意。船山認為「人道者，即天分其一真實無妄之天道，而成乎所生之性者也，天命之謂性也」[106]。唐君毅先生即指出，此雖是船山人性論之取客觀宇宙論進路，然在此思路中，船山非徒恃以氣言天、以氣之理言人性物性根源即可，而是仍須有「繼天道乃有所謂善」的實踐歷程，亦即「善在天與人物授受之際、天命流行于人物以成人物之性之際。性成而

103 〈師乙〉篇結語形容歌者：「上如抗，下如隊，曲如折，止如槀木，倨中矩，句中金句，纍纍乎端如貫珠。故歌之為言也，長言之也。說之，故言之；言之不足，故長言之；長言之不足，故嗟歎之；嗟歎之不足，故不知手之舞之，足之蹈之也」。

104 《船山全書（第四冊）》，頁985。

105 《船山全書（第四冊）》，頁907。

106 《四書訓義・中庸・第一章》，《船山全書（第七冊）》，頁105。

善凝于人之性，乃可謂人性為善」[107]。易言之，禮樂之源於天道固是義理之當然，唯人性之理若無繼善的工夫，則性理之於生命不啻抽象觀念而已。是以唐先生即觀察到，在船山重氣的觀念下，其思想亦必重禮，此乃天性之見於形色即是現於形色之氣，故須扣緊氣之表現以言禮意[108]。同理可證樂理，尤以樂之達情能超越語言行為，故「音容」能直接感人是屬氣上事，則音容之大用乃「全氣皆心，全氣皆理之境界」，「人事而上達天德」[109]。進而言之，音樂表現是心氣的活動，而吾人固可依氣之理論證德性音樂根源於天理本體，然此形而上的認知，亦必有形而下的體會，道器不離、體用不二，形上聯繫形下的體認必有實踐的體證，此所以體者用其體，用者體其用，其於天道和樂當是「心和」「理和」的結合。

職是，〈樂記〉的天道觀非僅是作純粹客觀面的存有論或宇宙論式論述，經由船山的體用觀，吾人可知〈樂記〉所論述的天道性理（天理），在以德性音樂對治人欲外，亦指出價值本性的可能性，在樂教與和樂的反情和志的工夫中，生命在正聲德音的感化中，實現生命意義與天地和諧同在的理想。

---

[107] 《中國哲學原論（原教篇）》（臺北：臺灣學生書局，1990 年），頁543。

[108] 《中國哲學原論（原教篇）》（臺北：臺灣學生書局，1990 年），頁637。

[109] 《中國哲學原論（原教篇）》（臺北：臺灣學生書局，1990 年），頁645。唐先生的論述乃引王船山《詩廣傳》為證，文長不殫舉，詳參《船山全書（第三冊）》，頁 511-512。

第玖章　結　論

一

自「儒家」一詞為史遷著作所載，圍繞著儒家所形成之學術、學說與文獻，已使儒學作為哲學傳統而處於歷史發展中，觀《漢書・藝文志・諸子略》敘「儒家者流」言：

> 蓋出於司徒之官。助人君，順陰陽，明教化者也。游文於六藝之中，留意於仁義之際。祖述堯舜，憲章文武，宗師仲尼，以重其言，於道最為高。孔子曰：「如有所譽，其有所試」。唐、虞之隆，殷、周之盛，仲尼之業，已試之效者也。然惑者既失精微，而辟者又隨時抑揚，違離道本，苟以譁眾取寵，後進循之，是以五經乖析，儒學浸衰；此辟儒之患。[1]

引文敘述先秦儒學經西漢中葉獨尊儒術與經學化後，於漢代演化為主流學術的面貌[2]，其中除警示辟儒之迷惘道本與乖離經典

---

[1] 班固撰、顏師古注、王先謙補注《漢書補注》（臺北：新文豐出版公司，1988 年），頁 864。

[2] 察〈諸子略〉析論其它九家多引孔子之言與易學，並總結十家九流乃

外，肯定教育與政治、倫理與道德，乃至有宇宙陰陽觀並能傳承文化歷史，凡此皆顯示儒學發展縱稍離道統，亦不至因後人的思想弊病而失去其理論意義，甚且能在歷史變遷中保持思想活力與產生實踐動力，呈現儒學真理的開放性質而為後學持續探討。易言之，〈諸子略〉對儒家的歸納，傳達二面向思考，一是經典文本所承載之真理的傳承，二是實踐儒學之效用成敗問題。就第一面向而言，倘若視儒學文獻的流傳是思想之理解活動的結晶，則面對〈性自命出〉的現身，乃至因出土文獻而可以重新審視相關儒家經典，本書的研究即是展示儒學的真理，掌握古典儒學的發展面貌，尤其依本書的研究方法，益是在思想歷史的開放性中來理解與詮釋儒學。而且，誠如劉昌元先生在建立中國哲學的解釋學（Hermenutics）原則所提出的判準——「豐富性原則」，即基於詮釋的開放性，傳統經典的意義不會只由一種解釋所窮盡，而是在有新的文化歷史背景下，解釋可以有豐富的理論價值[3]。是以儒學傳統在後學理解與詮釋的過程中，學者們的闡釋與思辨，恆為真理脈絡所貫穿，且又有歷史與文化的思想因素不斷加入，因而呈現多元的哲學圖像[4]，使得儒學思想日久彌新。

「仁之與義，敬之與和，相反而皆相成」，「合其要歸，亦六經之支與流裔」，且結論「若能修六藝之術，而觀此九家之言，舍短取長，則可以通萬方之略矣」，則從儒學義理與六藝經術的背景觀之，不啻昭示儒家為學術史主脈。《漢書補注》，頁 873。

3 〈研究中國哲學所需遵循的解釋學原則〉，收入沈清松主編《跨世紀的中國哲學》（臺北：五南圖書公司，2001 年）。

4 儒學在歷史中的多元面貌，梁啟超《儒家哲學》（臺北：臺灣中華書局，1978 年）所述即是例證。書中講述〈二千五百年來哲學變遷概略〉，除一般所熟悉先秦儒家、宋明清儒與經學外，梁氏自出心裁地列至於上述第二面向之儒學成效問題，由於儒學的真理非是客觀事實之驗證，儒學的真理性不在建構客觀世界的知識性[5]，而是要求學者在思辨價值真理的過程中，亦是體認生命實踐之理路所在，並以之面對世界。是以觀本書經由出土文獻的思想內容所引發的問題意識，且基於哲學問題探討的連續性，從〈性自命出〉，經孟子與荀子、以至〈學記〉與〈樂記〉的研究，儒學面對世界的實踐性即是人性論與天道觀，乃至禮樂思想與教育學習所豁顯出之「成德」。儒學的傳統在成就道德實踐的思考與論述上，向來不是追求自我證成與滿足，而必有面對家、國、天下以至天地萬物以為生命實踐的應有理想，如孔子面對出仕問題答以「孝乎惟孝、友于兄弟，施於有政。是亦為政，奚其為為政」（〈為政〉），孟子強調不得志亦須「修身現於世」（〈盡心上〉），荀子〈儒效〉盛論聖人、大儒、雅儒、君子之效皆不離人羣，〈性自命出〉述不同面向的人際交往的工夫以及「門內之治」與「門外之治」的作法（簡 56-59），〈大學〉之格致誠正

舉陰陽家、司馬遷、張衡、王弼、何晏、鍾會、嵇康、阮籍、潘尼、顧榮、禪宗、華嚴宗、天台宗、柳宗元、歐陽修、王安石、司馬光、蘇軾等，或正或反，或直接或間，略說他們皆與儒家交涉。

5　郝大維（David Hall）和安樂哲（Roger Ames）說：「對孔子來說，思維不是抽象的理性活動，而在本質上是一種操作、一種活動，它直接產生某種實際效果。孔子認為，思維遠不是把人從經驗世界中提升上來的一種手段，而是一種綜合化的過程、一種深刻的具體活動；思維力圖從存在的可能性和所提供的條件中實現最高的潛在價值。這樣，在孔子那裡，思維就不僅是對客觀事實加以認識和對價值進行評價，而是實踐或實現世界的意義」。蔣弋為、李志林譯《孔子哲學思微》（南京：江蘇人民出版社，2012 年），頁 27。此乃當代西方學者從「學」與「思」說明孔子思想的特點，而此亦可呼應成德之學的實踐性義涵。

必有修齊治平，〈學記〉大學之道的實踐目的在化民成俗，〈樂記〉所論和樂德音之天理調節人欲亦是與四時陰陽融合，乃至《中庸》主張成己成物亦且是參贊天地之化育，凡此皆可看出古典儒學的整體結構具有開放性，恆以成德之學來面對客觀世界並以為生命實踐的己任。唯此又涉及成德之學的客觀實踐於古典儒學所面對的世界樣態為何的問題，從普遍性與客觀性的相互對照而言，即是歷史人文與禮樂文化。

二

儒學傳統自古即以人文思想理解歷史，《孟子・離婁下》述《春秋》之作云：「其事則齊桓晉文，其文則史，其義則丘竊取之矣」，章實齋對此解釋道：「夫事即後世考據家之所尚也，文即後世詞章家之所重也。然夫子所取不在彼而在此，則史家著述之道，豈可不求義意所歸乎」[6]。在儒家學者的意識中，歷史之所以做為道的載體，乃由於道德實踐的不斷參與所致，亦即歷史之所以有意義，實來自於學者能因著道德理念回顧史事，察見其中所蘊含的真理，並使得當代的實踐者有所領悟[7]，以為持守價

---

6 《文史通義・卷五・申鄭》，葉瑛《文史通義校注》（臺北：漢京文化公司，1986 年），頁 464。余英時〈一個人文主義的歷史觀〉即章氏之說指出，中國史學自始即重思想，且可與 Collingwood 歷史思想的說法相發明。《歷史與思想（新版）》（臺北：聯經出版公司，2014 年），頁 249，註腳 4。

7 〈宣公二年〉載「趙穿攻（殺）靈公於桃園，宣子未出山而復。大史書曰『趙盾弒其君』，以示於朝，宣子曰：『不然』。對曰：『子為正卿，亡不越竟，反不討賊，非子而誰』。宣子曰：『嗚呼，「我之懷矣，自詒伊慼」。其我之謂矣』。孔子曰：『董狐，古之良史也。書法

值觀而邁向未來。易言之，過往歷史人物的行為事蹟，其所內涵的主體意義，當在於從事實情境召喚倫理道德的思想意識，體會歷史，最富啟示性的，莫過於人文精神的煥發。且看〈襄公九年〉記載：

> 穆姜薨於東宮。始往而筮之，遇艮䷳之八。史曰：「是謂艮之隨䷐，隨其出也，君必速出！」姜曰：「亡！是於《周易》，曰：『〈隨〉，元、亨、利、貞，無咎。』元，體之長也；亨，嘉之會也；利，義之和也；貞，事之幹也。體仁足以長人，嘉德足以合禮，利物足以和義，貞固足以幹事。然，故不可誣也。是以雖〈隨〉無咎，今我婦人而與於亂，固在下位，而有不仁，不可謂元。不靖國家，不可謂亨。作而害身，不可謂利。棄位而姣，不可謂貞。有四德者，〈隨〉而無咎。我皆無之，豈〈隨〉也哉？我則取惡，能無咎乎？必死於此，弗得出矣」。

魯宣公夫人穆姜薨於東宮，《左傳》因而追述穆姜在成公十六年間因政變失敗而退居，並藉由史官的占卜，敘述穆姜的自我反省。此則傳文的記載除了可以考證〈乾卦〉卦辭與《文言傳》、《左傳》的關係外[8]，更重要的是，「易不占險，筮必配德」[9]。

不隱。趙宣子，古之良大夫也，為法受惡。惜也，越竟乃免』」（《春秋左傳正義頁 365》）。此乃《左傳》記載史官董狐秉筆直書之事，孔子日後的評論除了肯定春秋筆法外，孔子的歷史觀點亦在顯示道德判斷，客觀評判趙宣子的或對或錯。

8　詳參勞思光《新編中國哲學史（二）》（臺北：三民書局，1988

穆姜惡行造成內憂外患，魯國內外局勢穩定後，穆姜雖有機會出奔，且卜卦亦指出有此契機，然而穆姜以「元、亨、利、貞」四德解卦，並藉此省察自身所作所為後，選擇幽禁至死。此除了贏得《春秋》經文的肯定外[10]，亦是顯示《左傳》對於歷史人物的自我生命實踐，採取價值批判的觀點，直指生命歷程不應背離正道，並反映出歷史思想的批判性。進而言之，歷史啟發吾人以生命體驗面對歷史，歷史是生命意義的場域，歷史是各種文化文明、人文觀念與價值網絡的整體存在，具備歷史觀感，體察歷史脈絡，亦即以生命領悟傳統文獻與古代思想，乃至領受歷史文物，則歷史世界不僅是客觀性事物的客體架構，益是充滿人文精神與生命智慧之多元且豐富的存在。此乃實踐者在歷史中視域融合，生命實踐也就有了真實的意義。是以綜觀本書對古典儒學的研究，亦見儒學思想對歷史的意識，即以荀子哲學而言，唐君毅先生說：

> 荀子所謂道，為貫于有人倫禮文政制之社會之聖王之道，即貫于此人文社會之歷史之道。此所謂貫，是貫此歷史之

年），頁 72-80。戴璉璋《易傳之形成及其思想》（臺北：文津出版社，1989 年），頁 131。

9 此是戴璉璋先生概括《左傳》《國語》文獻所載占筮文獻之義理思想，詳參《易傳之形成及其思想》，頁 33-36。筆者認為「易不占險，筮必配德」亦是易學實踐觀念的基本精神。

10 雖然穆姜干政之事是由〈成公十六年〉傳釋經文「叔孫僑如出奔齊」、「刺公子偃」而知，但〈襄公九年〉經文願意載「夫人姜氏薨」，頭銜與姓氏皆保留，「薨」亦視為國君夫人，此中實可見史家客觀評判穆姜的春秋筆法。

> 治亂，而為其當然之道，亦為此歷史之所以存在之實然之道。……所謂為「當然」之道者，乃言在一歷史之時代之人，共行于此道，以求至乎其極則治，違此道則亂。故此道恆為一歷史時代之為治為亂之標準，或理想之所在也。所謂為「實然」之道者，則以一時代無論如何亂，亦不能全無此道之貫于其中。因人與人總有若干倫理之道、若干禮文、若干政制、與人之若干對天地萬物之農工商之事；人亦總有其心與情欲，亦總要求對情欲而制之以理等。自此而言，則此道亦總是實際上多少在任一時代之歷史中存在者。[11]

此是唐先生將荀子的禮義之道稱之為「人文統類」[12]所以形成為道的總結，而猶以歷史之道的特徵當為吾人所留意。意即荀子禮義之道的建立，乃來自對歷史發展的歸納與反省，歷史一方面是客觀事實的存在，另一方面也是有道德智慧者在觀察往世治亂過程中，思辨而能獲致倫理禮制之應然樣貌為何的依據，此乃歷史存在提醒人們價值實踐進程之所在的意義。其實，荀子運用歷史觀察來做為傳達思想的方法，除卻「法先王」「法後王」已是其思想形式之一外[13]，《荀子》其它文獻亦透露歷史之道的實在

---

11 《中國哲學原論（原道篇卷一）》（臺北：臺灣學生書局，1986年），頁476。

12 同上註，頁439。

13 「法先王」與「法後王」之文獻主要見於〈儒效〉〈不苟〉〈非相〉，二觀念之理論關係的辨析，請詳參蔡仁厚《孔孟荀哲學・荀子之部・第六章・第二節 法先王與法後王》（臺北：臺灣學生書局，1984年）。

性，如〈非相〉從歷史人物之具體形象來辯證與批評相術之誤，並指出「心術」纔是正確的判斷方法，而此方法之倫理「分辨」即「欲觀千歲，則數今日；欲知億萬，則審一二；欲知上世，則審周道」與「（聖人）以道觀盡，古今一度」。有智慧者是在時間與歲月中進行價值事物的分判，人與歷史非是處於相對位置，而是歷史中蘊含道理而為實踐者依持。柯雄文先生將荀子如此把歷史人物、情勢、事件的古今之別應用在道德論辯的說理方式，稱之為「歷史訴求之應用」（the use of the historical appeal），尤其在評價的（evaluative）功能方面，人的歷史是道德評價的適當材料，引用歷史人物可以闡釋道德主張的可實踐性[14]。依「道者古今之正權也」（〈正名〉）的觀點，歷史是「道」的場域，亦即史料乃為吾人運用道德判斷的論域，故荀子對歷史的應用並非訴諸尊古，而是從歷史中洞察真理之所在，〈正論〉論古代為政者之政治行為的良莠，且云：

> 世俗之為說者曰：「桀紂有天下，湯武簒而奪之」。是不然。以桀紂為常有天下之籍則然，親有天下之籍則不然，天下謂在桀紂則不然。古者天子千官，諸侯百官。以是千官也，令行於諸夏之國，謂之王。以是百官也，令行於境

14 王靈康譯〈就荀子論早期儒家之歷史訴求在倫理學的應用〉（'Ethical uses of the past in early Confucianism: The Case of Hsun Tzu'），《哲學與文化》第 15 卷第 4 期，1988 年 4 月。柯雄文先生將歷史的評價功能視為「以古持今」，並稱之為歷史訴求的回顧性用法。柯先生認為荀子的歷史訴求亦有修辭功能與闡述功能，唯筆者認為，與其視為論證技術，歷史訴求的呈現毋寧是儒者對歷史作為真理的體證。

> 內，國雖不安，不至於廢易遂亡，謂之君。聖王之子也，有天下之後也，埶籍之所在也，天下之宗室也。然而不材不中，內則百姓疾之，外則諸侯叛之，近者境內不一，遙者諸侯不聽，令不行於境內，甚者諸侯侵削之、攻伐之，若是則雖未亡，吾謂之無天下矣。聖王沒，有埶籍者罷不足以縣天下，天下無君。諸侯有能德明威積，海內之民莫不願得以為君師，然而暴國獨侈，安能誅之。必不傷害無罪之民，誅暴國之君若誅獨夫，若是則可謂能用天下矣。能用天下之謂王。湯武非取天下也，脩其道，行其義，興天下之同利，除天下之同害，而天下歸之也。桀紂非去天下也，反禹湯之德，亂禮義之分，禽獸之行，積其凶，全其惡，而天下去之也。天下歸之之謂王，天下去之之謂亡。故桀紂無天下，湯武不弒君，由此效之也。湯武者，民之父母也；桀紂者、民之怨賊也。今世俗之為說者，以桀紂為君，而以湯武為弒，然則是誅民之父母，而師民之怨賊也，不祥莫大焉。以天下之合為君，則天下未嘗合於桀紂也。然則以湯武為弒，則天下未嘗有說也，直墮之耳。[15]

如謂歷史發展必定正確，那麼湯武取代桀紂乃依時勢而順其自然地看待即可，桀紂是否為暴君，湯武是否以下犯上而篡奪權位，實無辨明的必要。然而荀子之所以認為有必要加以嚴肅地申論，即是意在矯正俗說對歷史錯誤地解讀，指出政權的遞嬗乃是基於

---

15 《荀子集解》，頁 215-216。

合乎「禮義之分」與否，「脩其道，行其義」之道義的存在纔是歷史必然的發展，惟有倫理價值可以亙古長存，故有湯武弔民伐罪與誅除暴君獨夫之事的出現。而且，天下歸諸湯武的過程非是破壞政治秩序的行為，反而是維繫天下政治道德的義理實踐。質言之，吾人面對歷史事件當做出客觀評價，此在荀學即以禮義之道詮釋與判斷歷史，是之謂歷史可鑑。而《荀子》其它如〈仲尼〉之論齊桓與管仲的故事所帶來的教訓；〈儒效〉之論證武王、成王與周公之事跡並評論伐紂之事；〈富國〉論證足國之道，從古今政治事跡的對比來說明當代國君施政之不當；〈王霸〉從歷史人事論王霸之分；〈君道〉論明主之道，舉文王用姜太公之事例；〈彊國〉論國之富強，舉春秋時楚國罰蔡國之事，以及「荀卿子答齊相」章舉湯武之行事對比桀紂，以為批評；〈解蔽〉中指證心術之患，詳列歷史人物之事跡來說明。凡此皆可察見荀子引證資料以顯價值真理必同歷史存在的方法，顯現荀子思想中的歷史意識[16]。

---

16 另外如〈勸學〉之舉《詩》《書》與《春秋》的特質，顯示荀子熟悉歷史古籍內容；以及〈禮論〉〈樂論〉論古禮古樂，顯示荀子對禮儀傳統之過往記載有明確瞭解；乃至〈非十二子〉批評過往與當世各個學者的學說，其論述實具思想史意義。凡此雖非直接引述歷史人事，然存在物之價值皆是人文化成，無不是「道」的遺跡，它們歷歷可證，故前述篇章亦皆可確認荀子思想內含歷史意識。

又，荀學的歷史意識可以回應荀學無根的說法，即倘若不以心性論或存有論的方式對聖人的存在追本溯源，則價值根源來自於聖人的說法是可以成立的。換言之，聖人之所以存在，荀子是交由歷史來解答，回顧過往的歷史，聖人顯見存在過，而且必須存在，以致從現在到未來，做為價值義理的建構者與傳承者的道德典範亦必然會且接續地出現。而且，荀子的哲學思想固不內含著形上學的思惟，唯荀學的禮義之道在聖人君不惟荀子的思想，〈性自命出〉舉夏商周聖王明君的代表性音樂，說明它們所表現的德性，並以古樂做具體對照，批評鄭衛之樂[17]，證明「凡聲，其出於情也信，然後其入撥人之心也厚」（簡 23）的道德情感作用。此乃從歷史指出德性音樂感動人心自古皆然，藉已為歷史所流傳的文化事物[18]，引證道德性音樂的真實性。而如〈樂記〉之述先王制禮作樂，範圍更廣及黃帝與陶唐，強調禮樂合和乃「明王以相沿」，即使存在著五帝三王的殊時異世，亦不妨礙禮樂的普遍。尤以〈樂記〉主旨在古樂德音的

子之師法的保障下，禮義理論亦非絕對主義，荀學從歷史來肯定法後王，且亦可包容法先王，則荀子的禮義觀念在歷史中亦當有其開放性。

17 簡 25-28 載：「觀〈賚〉、〈武〉，則齊如也斯作。觀〈韶〉、〈夏〉，則勉如也斯儉。咏思而動心，喟如也，其居次也舊，其反善復始也慎，其出入也順，司其德也。鄭衛之樂，則非其聲而從（縱）之也。凡古樂龍心，益樂龍指，皆教其人者也。〈賚〉、〈武〉樂取，〈韶〉、〈夏〉樂情」（《郭店楚墓竹簡》頁 180）。〈韶〉〈夏〉〈賚〉〈武〉分別代表虞舜、夏禹、周武的樂舞，故云「觀」。依孔子「盡善盡美」（〈八佾〉）的判別，舜禹與周武所立事功不同，故欣賞的情意亦有樂情與樂取之分。

18 《左傳·襄公二十九年》記載吳國公子季札聘於魯國而觀賞古樂云：「見舞〈大武〉者，曰：『美哉！周之盛也，其若此乎』。見舞〈韶濩〉者，曰：『聖人之弘也，而猶有慚德，聖人之難也』。見舞〈大夏〉者，曰：『美哉！勤而不德，非禹，其誰能脩之』。見舞〈韶箾〉者，曰：『德至矣哉！大矣，如天之無不幬也，如地之無不載也。雖甚盛德，其蔑以加於此矣，觀止矣。若有他樂，吾不敢請已』」（《春秋左傳正義》頁 672-673）。魯國所保留的上乘古樂乃西周初天子所賜，然數百年後卻為春秋中原諸國視為蠻夷之邦的吳國公子道出精義，此乃見作傳者不僅傳達春秋後期華夏文化的廣被，亦隱喻文化感動人心的本質，不分古今與族羣。

成立本質與作用，藉古今樂對照，明確指出縱使今樂新聲引人入勝，唯在歷史文化觀下，世異事易與標新立異非即是價值，能使生命有序與倫理和諧的音樂纔得以貫通歷史，價值實在（reality）必在歷史中延續。再如〈學記〉所述先王教學之法與教化之功，無非來自古之「大學之道」，其乃經由教者教育禮樂與學者學習文化來縱貫歷史中的人道與治道，此不僅是一般教學活動的實踐，亦是教者與學者乃為求道而共存，共同承擔歷史中的大道，在教學相長中使價值真理恆常展現。

猶有進者，〈盡心下〉云：

> 由堯舜至於湯，五百有餘歲，若禹、皋陶，則見而知之，若湯則聞而知之。由湯至於文王，五百有餘歲，若伊尹萊朱則見而知之，若文王則聞而知之。由文王至於孔子，五百有餘歲，若太公望、散宜生，則見而知之；若孔子，則聞而知之。由孔子而來至於今，百有餘歲，去聖人之世，若此其未遠也；近聖人之居，若此其甚也，然而無有乎爾，則亦無有乎爾。[19]

孟子歷述聖人賢臣間隔百代必現世，此乃以歷史進程表述任重道遠，蘊謂天命承擔與志士仁人之自負，顯見歷史對孟子而言，實是人文精神之不墜的明證。且觀〈萬章上〉載孟子面對弟子質疑聖人之道，如舜之怨慕父母、不告而娶、孽弟封君、親父北朝，以及堯舜禹禪讓的政權轉移，商湯和伊尹、秦穆公和百里奚之君

---

19 《孟子注疏》，頁264。

臣遇合合乎道義與否，乃至孔子周遊列國時之寄寓行止是否發生背義違禮情事，凡此圍繞戰國前之古代近代有德者事蹟所涉及的倫理與政治問題，孟子對歷史的信念保持其一貫價值觀，直指在歷史的連續性中，不僅悖理無義之事斷不可能發生在賢者聖德之行為處世當中，而且如此人事物之倫理道義的德性與德行必隨著歷史的發展而傳世，堅定地傳達歷史實乃確保文化內涵與人文精神的一致性得以永恆。

人文精神的價值意義之所以是真理，乃因其與人類歷史同在。誠如黃俊傑先生指出儒家人文傳統中內涵歷史意識，儒家思想中的人是「歷史人」，人是「浸潤在以『時間性』為基礎的歷史文化傳統之中」。黃先生並舉孔子「祖述堯舜，憲章文武」與《左傳・宣公二年》載孔子評斷史筆「趙盾弒其君」為例，表示「歷史『事實』必須被放在『價值』的脈絡中考量，其歷史意義才能被彰顯」[20]。筆者願藉黃俊傑先生的論點再進一言：儒家哲學思想中之所以存在著歷史意識，乃是儒學試圖藉由歷史所提供的反思，使學者可以客觀地得知福禍成敗的結果，掌握是非善惡的道理，從而擘劃人倫禮文政制精神之藍圖。易言之，儒學禮思想並非理論之獨白，或是一味復古與迂守禮制，而是從歷史軌跡所呈現的豐富意義，儒者洞見到其中存在著為人間和諧所鋪陳的實踐之道——「禮」。禮（樂）文化是先秦儒者所面對的歷史世界，亦是儒者訴諸價值論證與成德實踐的客觀對象，毋論是流傳的史文或聞見知之的聖賢德行，歷史發展中一切存有所承載的義

20　黃俊傑《儒家思想與中國歷史思維・序論》（臺北：國立臺灣大學出版中心，2014 年），頁 20-23。

理，皆是儒學禮思想之歷史意識的明證。而由此亦可領悟，生命與價值實踐當有歷史意識纔是有意義的存在。

三

本書第陸章結語〈學記〉的禮思想義涵在「學禮」、「禮學」與「學理」三面向，尤以後者做為倫理之學的意義，實為肯定教育活動及其成果之所在，易言之，儒學教育觀念在「求道」而不在「求知」，生命實踐的意義乃經由教與學的歷程來實現。而學之歷程的具體成就，即以〈學記〉語境觀之，除了上述成德之學的理想外，無論近如修身，或羣體生活之面對社會天下，皆指向禮樂文化的建立，此不啻恆為儒學傳統的終極關懷，並顯示儒學思想進入客觀世界的通孔。

熟悉先秦文獻者，皆知古代學人對禮觀念的反省非是自《論語》中孔子的論述伊始，《左傳》做為以禮聞名的史書兼經書，即在多處透露春秋時人學者對禮在歷史事件中所能顯示的省察與批判[21]。然而，就理論開創與思想史的地位而言，孔子對周禮以至傳統古禮的致意與思辨，實是賦予「禮」哲學思想的先河，建立儒學與禮的理論關係，使得學者從禮觀念的考察與思考，得以聯繫儒學思想。據楊伯峻《論語詞典》的彙編[22]，《論語》中具有思想概念的字詞，除了「仁」出現 109 次為最多外，即以「禮」字出現 74 次為其次，不僅高於概括孔子學術觀念的「道」字次數（46 次，扣除「道」字的一般用法），而且遠高

21 請參見本書附錄〈《左傳》禮觀念的儒學省察——以隱公至閔公為範疇〉的探討與論述。

22 《論語譯注》（北京：中華書局，1980 年）之附錄，頁 213-316。

於「德」的 39 次（含「德行」1 次）與「義」的 24 次，若從工夫義觀之，「禮」字次數亦高於「學」字的 64 次。禮觀念的如此重要固可在傳統經學禮學獲得肯定，唯依「君子義以為質，禮以行之」（〈衛靈公〉）的思維，實踐者修身成德非僅個人事務，亦是顯現道德事物之普遍化要求，展示理則之所在。有關行禮的問題，孔子曾反應：「麻冕，禮也；今也純，儉。吾從眾。拜下，禮也；今拜乎上，泰也。雖違眾，吾從下」（〈子罕〉）。此中客觀情勢固是禮冠材質或公室之沒落，唯孔子之所以判斷從眾或違眾，非是順應時勢與否，或人云亦云，而是對禮之義的堅持，可以突破觀念與行事的困境，直顯禮的精神既非物量上的多寡或古今時代之異質，禮乃是行為者對道理的表示，禮（理）是客觀精神的樹立。

是以回顧本書的研究，荀子《禮論》以「禮義之道」建立規範與秩序的觀念，即是禮義所內涵的客觀性，經聖人君子的引領與教化，兼以虛壹而靜的工夫，乃可避免主觀意欲與生性的介入，確保人倫理序不因血氣情性的存在而擾動，積極建立人文世界的長存。至於〈性自命出〉的人道思想除了心性情的論述外，亦言禮樂之教「所以生德於中者」（簡 18），人道的內涵亦須有禮樂作為人文精神的客觀化。在簡文作者的價值觀中，禮樂作為制度與規範，其客觀性乃與道德心靈呼應，此一方面緣於人性所生的情感反應作為生命之實存，反應的表象（氣）必是出現在客觀世界中，又世界事物雜多不定，因而須要心志的心術實踐來使情感表現道德性，以免流於作偽與倫理失序。另一方面，心志亦是積極地引導性情接受禮樂教化，「理其情而出入之」（簡 17-18），且又有「禮作於情」（簡 18）的工夫，此乃表現生命得以與客觀規範互動。〈性自命出〉思想之道德心靈與禮樂的互動固有異於荀子清明心之知道與虛靜心之知仁義法正，在本書第肆章的對比探討中，固亦說明簡文與荀子心靈觀念的不同乃源於二者人性論的思想差異，然而，〈性自命出〉與荀子於禮樂規範的客觀作用在生命實踐中所呈現之義理，則是儒學理論上的共法。意即成德的依據固然依各儒學理論而有不同論證理路，然而成德進路和禮樂修身之為工夫，且得以達成文化世界與昇進生命境界，實是先秦儒者共通的哲學智慧。

猶有進者，〈性自命出〉與〈樂記〉思想所述音樂教化觀念，二者相合，皆認為音樂活動不應停留在主觀好惡之作用，而且〈性自命出〉與〈樂記〉同樣從轉化心靈與良善天下來肯定音樂的存在意義。古典儒學所論之古樂德音非是緬懷過去的世界，抑或直接以悅耳與否來鄙視新興聲音，而是道德心靈對於文化的感受，內在地體察音樂自身是否存在著價值義理，此適所以德音又稱之為正聲。〈樂記〉將實踐基礎建立在價值意識的活動，意即以生命的道德根源為實踐禮樂的依據，實是儒學心性論之禮觀念的合理闡述。而據心靈生命與人性情感以實現德音正聲的內外感通，一旦表現為文化存在，則亦是經由禮樂活動將生命的道德性客觀化到生活世界中。而且，依本書第捌章據船山思想的體用觀所作之論述與詮釋，凡合理的禮樂皆是天道於人道的體用，則禮樂文化生活所能呈現的生命理序，即非處於經驗現象中天理與人欲的本質對立模式，而是在天道理則必然聯繫生命存在下，凡存在無非是天理之氣化流行，則人類文明創造禮樂文化的規模與格局，即本順氣以平和生命為當然。而之所以出現人欲，乃是宇宙氣化出現不和諧的現象——主觀私欲造作，故禮樂之對治人欲，即以〈樂記〉而言，乃「和樂」本於天道性理（天德）以感應人事，客觀保障存理遏欲之工夫，和諧理序得以運行於天下萬物之中[23]，故而使禮樂文化的價值性不因人欲感物而變質。

考慮自孔子省察仁與禮樂的關係，亦即肯定人做為道德存在應與文化行為保持價值聯繫，藉著禮樂文化不斷參與生活世界，則儒學及其實踐思想的意義即非僅能出現在古代社會，抑或僅是在歷史時空條件的設定下而固定為某個時代的世務，禮樂文化與儒學思想的必然結合，乃昭示道德生命在歷史傳統中尋求真理所留存給人類的思想契機。此所以歷史的主流是文化，禮樂的內涵是人文，二者和合，共譜人類文明世界的樂章。歷史傳統與禮樂的相互關係的哲學意義在於，歷史是所有文化生命的融貫歷程，禮樂是文化生命的具體落實；歷史中有文化，人類的生命活動纔有意義；禮樂與歷史共存，人類存在纔是文化生命；禮樂精神與歷史共存共榮，生命存在乃具有價值的實在性。本書的研究表明，儒學思想在歷史傳統與禮樂文化中所顯現的脈絡，除了荀子獨特地謹守禮義之道而不超越地聯繫天道命理外，儒者對心靈內在性的肯定，不斷提撕心靈實踐在道德工夫的要義，而且心靈工夫之必與具體歷史傳統中的禮樂文化形成價值聯繫，此即鋪展儒

23　張亨先生據《左傳・昭公二十五年》子產言「夫禮，天之經，地之義」，並言人能奉禮而哀樂不失，則「乃能協于天地之性」，指出此是「以『禮』作為根本聯繫的『天人合一』」。〈「天人合一」的原始及其轉化〉，《思文之際論集——儒道思想的現代詮釋》（臺北：允晨文化公司，1997年）），頁258。進而言之，禮樂儀文固是人造物，然秉持著天道之理乃由體顯用的進路，天德即人事，則禮樂文化終亦能不因私情物欲而異化流轉，且在實踐者感悟天理中顯露人文精神。

學思想的實踐性論述的康莊大道。儒學禮思想乃為論證生命實踐並非蹈空之學，「禮」的哲學觀念不僅是規範義的基礎思考，亦是生命實踐義的價值探索，並證明成德之學實可客觀化為真理。

四

歸結而言，儒學傳統一般以心性論與天道觀而為整體學說的結構，實可以在其中發掘禮思想的元素，吾人可經考察禮思想的多樣化發展，而來掌握儒學的歷史面貌。此乃不僅是從先秦儒學諸多文獻與理論來抉發「禮」觀念的內涵，得見儒學發生之與「禮」息息相關，亦是順著儒學歷史的發展，發現儒學的根源與本質從未離開對「禮」的哲學思考，此乃禮思想的研究可以掌握儒學自身的詮釋活動歷程，得以從傳統中開創儒學的豐富面向。觀二程言：「視聽言動，非理不為，即是禮，禮即是理也」[24]，依洛學理學，則天道性理亦禮之內涵，此即呼應本書柒、捌章所發明〈樂記〉樂理之天道觀義涵，音樂的極致性不在滿足感官之欲，而是展現生命活動如同天地恆常運行的和諧與合理。不僅二程有禮思想的意識，同時底張載更有禮學著作來顯明理學家對禮的思想關懷，如《橫渠張氏祭禮》、《三家冠婚喪祭禮》、《禮記說》、《儀禮說》[25]等雖已亡佚，但傳世名著《正蒙》中有專論禮學的〈樂器〉與〈王禘〉，《經學理窟》中有專論禮學的

---

[24] 《河南程氏遺書卷第十五・伊川先生語一》，《二程集》（臺北：漢京文化公司，1983 年），頁 144。

[25] 魏濤〈張載著作新發現——張載佚書《禮記說》考論〉，《河北師範大學學報（哲學社會科學版）》第 37 卷第 6 期，2017 年 11 月。該文認為可用輯佚的方法，重建張載禮書著作的面貌。

〈周禮〉、〈宗法〉、〈禮樂〉、〈祭祀〉、〈喪紀〉等篇，實可窺見一斑。《經學理窟・氣質》云：「居仁由義，自然心和而體正。更要約時，但拂去舊日所為，使動作皆中禮，則氣質自然全好」[26]，〈學大原上〉又云：「學者且須觀禮，蓋禮者滋養人德性……嚴正剛大，必須得禮上下達」[27]，張載理學向以氣觀念為其獨創的思想體系，經由氣觀念的闡釋，不僅說明天地宇宙的本體內涵，在道德工夫方面，毋論氣質之性或氣質之偏，實亦可由觀禮、制禮、得禮而得正面轉化[28]。再且據朱子年譜所載，朱熹晚年一方面仍致力於《四書章句集注》的修訂，另一方面還在進行《儀禮經傳通解》的制訂，甚且視為平生主要心願之一[29]，此實與《朱子家禮》[30]的著述相互呼應，顯示朱子對傳統禮學用

---

26 《張載集》（臺北：漢京文化公司，2004年），頁265。

27 《張載集》，頁279。

28 《張子語錄・語錄下》云：「蓋禮者理也，須是學窮理，禮則所以行其義，知理則能制禮，然則禮出於理之後」。《經學理窟・氣質》云：「修持之道，既須虛心，又須得禮，內外發明，此合內外之道也」。《張載集》，頁326-327, 270。

29 參見戴君仁〈朱子儀禮經傳通解與修門人及修書年歲考〉的考證，該文收入《梅園論學集》（臺北：臺灣開明書店，1970年）。戴先生針對前文再作〈書朱子儀禮經傳通解後〉（收入同前揭書），文中指出朱子修纂《儀禮經傳通解》之所以留心禮觀念的改進，乃是紹先儒之學以詔後世的表現。

30 《朱子家禮》不僅影響元明清社會禮俗與儀節，在近代亦影響日韓文化甚深。參見田世民《近世日本儒禮實踐的研究：以儒家知識人對《朱子家禮》的思想實踐為中心》（臺北：國立臺灣大學出版中心，2012年）。盧仁淑《朱子家禮與韓國之禮學》（北京：人民文學出版社，2000年）。

力甚深。由種種線索而言，復興先秦儒學的宋代儒者們仍有著歷史的視域，熟悉過往以禮學與禮思想面貌而存在著的儒家，禮思想當可做為儒家哲學的範疇而為學者所深究[31]。而如此從禮的歷史發展為方法來思索，進行禮之儒學思想的哲學詮釋，不啻顯示儒學禮思想是一門生命的學問，亦是研究與思辨儒學的明燈，可為儒學研究帶來新的意義。

---

[31] 近世學術發展縱有考證取向的進路，然亦可從中發掘思想的成分，參見張壽安《十八世紀禮學考證的思想活力：禮教論爭與禮秩重省》（臺北：中央研究院近代史研究所，2010年）。

附錄

《左傳》禮觀念的儒學省察
——以隱公至閔公爲範疇

一、前言

《春秋左氏傳》在學術史具有經學與史學的崇高地位，乃因傳文之以事解經，傳達史官從史料反映（reflect，亦是反省）孔子修作《春秋》[1]的目的，藉由人物之事跡，顯發《春秋》褒貶之作用。而且，據清末民初國學大師劉師培《羣經大義相通論》的考證，《左傳》的史料敘述其實還可以聯繫先秦諸子，尤與荀子的關連最為明顯[2]。唯不僅荀子思想，詳察《左傳》文獻，其

1　文獻學上，孔子是否修作《春秋》，或是以《魯春秋》授徒，乃至斷然切割孔子與《春秋》的聯繫，自清末民初以來，多為學者辯論。張以仁〈孔子與春秋的關係〉檢討正反二面的說法，並考證相關文獻資料，確認今傳《春秋》實係孔子修作。本文以張先生的研究成果為定論，該文收入張以仁《春秋史論集》（臺北：聯經出版公司，1990 年）。

2　參見〈左傳荀子相通考〉，《羣經大義相通論》（臺北：國民出版社，1959 年）。劉師培共舉出十八處，值得參考的有三則，一是〈隱公元年〉云：「贈死不及屍，弔生不及哀，預凶事，非禮也」合於〈大略〉。二是〈襄公二十六年〉云：「善為國者，賞不僭而刑不濫。賞僭則懼及淫人，刑濫則懼及善人。若不幸而過，寧僭無濫。與其失善，寧

中更蘊涵探索先秦儒學的根據，乃吾人審視儒家哲學的對照點。如《左傳・昭公二十九年》記載晉國依范宣子刑書鑄刑鼎，而孔子評論道：

> 晉其亡乎，失其度矣。夫晉國將守唐叔之所受法度，以經緯其民，卿大夫以序守之，民是以能尊其貴，貴是以能守其業。貴賤不愆，所謂度也……今棄是度也，而為刑鼎，民在鼎矣，何以尊貴？貴何業之有？貴賤無序，何以為國？[3]

據〈僖公二十七年〉載「（晉文公）於是乎蒐于被廬，作三軍，謀元帥」、「（晉文公）於是乎大蒐以示之禮，作執秩以正其官」，晉國早年已有強化政軍改革的傾向，再經魯文公六年趙盾（趙宣子）蒐于夷後為「常法」[4]，即顯示春秋後期晉國鑄刑

其利淫」合於〈致士〉。三是〈昭公三十一年〉云：「君子曰：名之不可不慎也如是，夫有所有名而不如其已」之「懲不義，警非禮」合於〈修身〉。除此之外，筆者認為據〈成公十四年〉、〈昭公三十一年〉傳文一再致意「《春秋》之稱微而顯」，對照〈勸學〉之「《春秋》之微也」與〈儒效〉之「《春秋》言是其微也」的觀點，亦可見荀子熟悉《春秋》文義。《荀子集解》，頁 7, 84-85。

3　杜預注、孔穎達等疏《春秋左傳正義》，阮元重刻《十三經注疏》（臺北：藝文印書館發行，1989 年）。頁 926。凡杜注、孔疏、阮氏校勘與補字逕自引用，不再註明。

4　「（蒐於夷後）宣子於是乎始為國政，制事典，正法罪，辟刑獄，董逋逃，由質要，治舊洿，本秩禮，續常職，出滯淹。……使行諸晉國，以為常法」。《春秋左傳正義》，頁 313。

鼎，轉向政治法制化的背景[5]。孔子的批評固不否認法度的政治作用，即所謂「貴賤不愆，所謂度也」。然孔子的觀點乃在於指出，法度一旦形式化有如刑鼎，則法度精神完全由外在性規範所決定，即「民在鼎矣」，民貴刑不貴禮，消極防範甚於主動守禮，此將導致國家倫理的失序[6]。若將上引文獻對比〈為政〉云：「道之以政，齊之以刑，民免而無恥；道之以德，齊之以禮，有恥且格」[7]，即知孔子批判刑罰的形式功用以及肯定德禮之培養道德心的政治倫理思想，實可從歷史脈絡獲得證明。

楊士勛疏《春秋穀梁傳注》之序文引鄭玄〈六藝論〉云：「《左氏》善於禮」[8]，可見《左傳》的思想意義在於「禮」的精神，〈昭公五年〉記載：

> 晉侯謂女叔齊曰：「魯侯不亦善於禮乎？」對曰：「魯侯焉知禮？」公曰：「何為？自郊勞至於贈賄，禮無違者，何故不知？」對曰：「是儀也，不可謂禮。禮，所以守其國，行其政令，無失其民者也……禮之本末將於此乎在？

---

5 杜預注云：「范宣子所用刑，乃夷蒐之法也。夷蒐在文六年」。《春秋左傳正義》，頁 926。可見范宣子的刑書是本於〈文公六年〉趙宣子的夷蒐之法。

6 鑄刑鼎的問題在〈魯昭公六年〉則表述為「鄭人鑄刑書」。晉國叔向致函鄭國，議論此事將導致人民「棄禮而徵於書」的政治困境。面對質疑，鄭國名政治家子產僅能答以「以救世也」（《春秋左傳正義》頁 751）。由此可見春秋後期各國的政治走向，逐漸缺乏倫理價值精神。

7 《論語注疏》，頁 16。

8 范寧注、楊士勛疏《春秋穀梁傳注疏》，阮元重刻《十三經注疏》（臺北：藝文印書館發行，1989 年），頁 3。

而屑屑焉習儀以亟，言善於禮，不亦遠乎？」君子謂叔侯於是乎知禮。[9]

由上可知，春秋後期對所謂「禮」已非侷限在儀式意義來反省，「禮」並非僅是行為動作或物質表現，而乃應就禮所內涵的精神來實踐，纔是善於禮與知禮者，此即「禮／儀」之分[10]。「禮／儀」之分若就哲學觀念而言，可謂起於孔子云：「禮與其奢也，寧儉。喪與其易也，寧戚」（〈八佾〉）[11]，此乃孔子回答「禮之本」的意義，說明真正的「禮」不在儀式化的作用，而是真實情感的保留，避免文飾有餘，而誠意不足[12]。「禮」的哲學性固

---

9 《春秋左傳正義》，頁745。

10 〈衛靈公〉載「子曰：君子義以為質，禮以出之」。勞思光先生從「禮」與「義」的關係說：「『禮之本』之第一意義，即指禮儀之分……此原是春秋時有識之士早已言及者。孔子亦強調此一觀念。但此種分別只是指出『秩序性』為禮之本義，而儀文為末節，尚未觸及『禮』之基礎問題」。勞先生又說：「（孔子）轉入『禮之基礎』之研究；而以『義』為『禮』之實質，則是孔子所提之解答」。《新編中國哲學史（一）》（臺北：三民書局，1984 年（增訂版）），頁 117。「禮／儀」之分還原到《論語》，即如孔子反思道：「人而不仁，如禮何？人而不仁，如樂何」（〈八佾〉），以及「禮云禮云，玉帛云乎哉？樂云樂云，鐘鼓云乎哉？」（〈陽貨〉）。

11 《論語注疏》，頁26。

12 孔子禮意觀點之闡釋亦見《禮記・檀弓上》記載：「子路曰：『吾聞諸夫子：喪禮，與其哀不足而禮有餘也，不若禮不足而哀有餘也。祭禮，與其敬不足而禮有餘也，不若禮不足而敬有餘也』」。《禮記注疏》，頁 133。又朱子注〈八佾〉之「林放問禮之本」章引范氏曰：「夫祭與其敬不足而禮有餘也，不若禮不足而敬有餘也，喪與其哀不足而禮有餘也，不若禮不足而哀有餘也。禮失之奢，喪失之易，皆不能反本，而隨

源於孔子的省思，然就思想活動的形成過程觀之，如上舉證，《左傳》文獻亦得以提供探索先秦儒學的歷史材料。而且倘如徐復觀先生所論證，春秋時代是以「禮」為中心的人文世紀[13]，則《左傳》的編年紀事於承載史實之中實亦蘊含「禮」思想的文脈，是研究者上溯儒學禮思想的依據。本文即基於此探討方向，將論述範疇設定在《左傳》紀年之魯隱公至魯閔公年代，分析文獻所述禮觀念之儒學思想。

二、文獻分析

《左傳・隱公》所述之「禮」，除開專在敘述禮儀文飾與器物的記載[14]，以及單就所施用文物之行為的肯定或否定用語之外[15]，隱公時期的敘述有六則文獻可留意，請見下文分析。

（一）〈隱公元年〉：

秋七月，天王使宰咺來歸惠公、仲子之賵……贈死不及

其末故也。禮奢而備，不若儉而不備之愈也；喪易而文，不若戚而不文之愈也。儉者物之質，戚者心之誠，故為禮之本」。《四書章句集註》，頁 84。范祖禹的解釋亦指出祭禮與喪禮的本質在敬意與哀心。

13 《中國人性論史（先秦篇）》（臺北：臺灣商務印書館，1988 年），頁 46-51。

14 計有〈隱公六年〉、〈隱公八年〉、〈隱公十一年〉共五則五處。

15 計有〈隱公六年〉、〈隱公七年〉、〈隱公八年〉、〈隱公十一年〉共四則五處。其中亦有兼括禮儀與禮文用意者，如〈隱公六年〉對成婚程序先後之「非禮也」的批評，以及〈隱公十一年〉對賓禮先後次序的「賓有禮」之說。

> 屍，弔生不及哀，豫凶事，非禮也。[16]

此一文獻事涉魯惠公薨而世子母親仲子仍在世，然周平王派使臣送物品於魯，以示助喪之禮，卻一併贈賵於仲子，此乃「預凶事」，即杜預所注：「仲子在，而來贈，故曰：『預凶事』也」。如此無禮之事，對照《荀子．大略》之說：「賻賵所以佐生也，贈襚所以送死也。送死不及柩屍，弔生不及悲哀，非禮也……賵贈及事，禮之大也」[17]，賻、賵、襚、贈皆是儀式做法，然而喪事重在生者對亡者的心意，即「喪，與其易也，寧戚」，藉禮儀所傳達的情感纔是行禮的意義。致哀若無體會之感，行禮如空洞形式，難免如周平王因貪圖方便，預贈助喪物品[18]，而招致無禮之譏諷。

對於「豫凶事」為「非禮」，竹添光鴻解釋道：

> 仲子未卒而賵，似非人情，然當時非禮之禮，原有不可意測者。仲子為夫人既久矣，故得聞于天子。時將改葬惠公，賵惠而加禮于仲子也。夫車馬非殉葬之物，不過為葬時儀文，身後之榮。故夫人有生而歸賵，是寵異之過禮，衰世之事也。此一段已為三年天王崩，武氏子求賻作斷案。仲子未卒，天子命賵。改葬惠公，衛桓親會。而天王

16　《春秋左傳正義》，頁 38-39。

17　《荀子集解》，頁 325。

18　楊伯峻先生說：「隱二年十二月乙卯，夫人子氏薨，或此時（指隱公元年七月）已病重，周室聞之，故於賵惠公之便，而兼賵之」。《春秋左傳注（上）》（高雄：復文圖書出版社，1991 年），頁 17。

> 之崩葬，未聞遣使加賻，同軌之義謂何。比事以觀，嗣後王不書葬，不必有傳矣。讀者毋以一傳止釋一經也。[19]

可見竹添認為「非禮」不是指「豫凶事」，而是周天子（周平王）太過於多禮，亦即當時人做出不符合原有禮制之禮，雖然有禮，但卻是過度。筆者認為，竹添的解釋雖有新意，卻於傳文脈絡不合，因為賵贈做為助喪物品，必是關連著喪事，「豫凶事」不僅不合乎人情，而且「過猶不及」（〈先進〉），周平王的作法實無必要性。再者，「禮，與其奢也，寧儉」，符合禮制本有其意義，賵贈雖為身後之榮，周平王固有意加禮於魯惠公夫人，然其心意與作為實是違背禮制。《左傳》批評「豫凶事」之無禮仍是可以成立。

猶有進者，此則違禮事件亦見倫理失序，張其淦先生說：

> 左氏謂「豫凶事」是仲子生而歸賵，恐無此理。《春秋》於大夫不書官，官塚宰則書之，以見塚宰重臣歸賵之事不當使而使也。隱之即位，未請見於天王，今天王之命使同於諸侯，宰之來使同於侯國之大夫。魯之受賵不辭，同於諸侯之交際，君臣之禮皆失也。[20]

張先生之說除了指出《春秋》書法之義例外，而且也道出《春

---

[19] 《左氏會箋（上）》，日本慧豐學會編《漢文大系（十）》（臺北：新文豐出版公司，1978 年（影本）），頁 29。

[20] 《左傳禮說》，林慶彰主編《民國時期經學叢書（第一輯 43）》（臺中：文听閣圖書公司，2008 年），頁 2-3。

秋》的言外之意——「禮之失」意謂著君臣倫理的破壞。易言之，若以君臣德行關係來反省，則荀子「君臣之道」之「以禮分施，均遍而不偏」的人君（〈君道〉）[21]，以及「謹志之而慎自為擇取」的人臣（〈臣道〉）[22]，即可做為傳文所謂「非禮」的理論判準。周天子如能修身持禮，則無逾禮之事[23]，魯侯如能以禮辭之，則無諂君之辱[24]，此即合宜的禮意使周王魯君彼此能維繫君臣上下階層，無有逾越分位之行。

（二）〈隱公三年〉：

> 鄭武公、莊公為平王卿士，王貳于虢，鄭伯怨王，王曰：「無之」。故周鄭交質。王子狐為質於鄭，鄭公子忽為質於周。王崩，周人將畀虢公政。四月，鄭祭足帥師取溫之麥，秋又取成周之禾，周鄭交惡。君子曰：「信不由中，質無益也。明恕而行，要之以禮，雖無有質，誰能間之？苟有明信，澗、谿、沼、沚之毛，蘋、蘩、薀藻之菜，筐、筥、錡、釜之器，潢、汙、行潦之水，可薦於鬼神，可羞於王公，而況君子結二國之信，行之以禮，又焉用質？《風》有〈采蘩〉、〈采蘋〉，《雅》有〈行葦〉、〈泂酌〉，昭忠信也」。[25]

---

21 《荀子集解》，頁 152。

22 《荀子集解》，頁 165。

23 〈君道〉云：「聞修身，未嘗聞為國也」。《荀子集解》，頁 154。

24 〈臣道〉云：「從命而利君謂之順，從命而不利君謂之諂」。《荀子集解》，頁 165。

25 《春秋左傳正義》，頁 51-52。

文獻有關周平王對輔佐王政的鄭莊公有二心，欲分權於西虢公，引起莊公質疑，遂導致周鄭交質。而《左傳》的評語主在以「信」指出周鄭之無禮，亦即周王鄭君因彼此心無誠信，出現君不君、臣不臣的現象。誠如孔子所云：「君子博學於文，約之以禮，亦可以弗畔矣夫」（〈雍也〉）[26]，禮非僅是儀文，而是學文之後之由內而外的表現。是以平王與莊公若有誠意，二者何須交質。「要之以禮」與「行之以禮」的評語指出實踐者的行為意義固有外在形式，然而「君使臣以禮，臣事君以忠」（〈八佾〉）[27]，實踐雙方的內在禮意纔是政治倫理的決定性因素。

對於周鄭交質事件，竹添氏箋曰：

> 四詩皆言所以昭明忠信之義也。錢大昕曰：「（問）宋儒譏左氏書周鄭交質，以周鄭為二國，不知上之分。然乎？曰：《春秋》譏交質，故《穀梁》云：『交質不及二伯』。《左氏》亦有『信不由中』之戒。傳載交質非一事，獨於此引君子之論以見例。凡交質之失，二國共之。君子非專為周鄭言之也。古者封建之世，王畿幾千里為天子之國，自畿以外為列國，天子不自治之。故曰：『古之欲明明德於天下者，先治其國，國治而後天下平』。又曰：『天下之本在國』。王國與侯國皆國也。天子有道而天下諸侯朝之，謂之有天下，否則位號僅存，所有者唯王國而已。殷之有天下舊矣，而孟子言『武丁朝諸侯有天

26　《論語注疏》，頁55。

27　《論語注疏》，頁30。

下，猶運之掌也』。戰國之世，周鼎未改，而孟子書言：『三代之失天下』。又云：『王者跡熄而詩亡』。可證平王東遷以後，周僅有其國，不得云有天下。左氏以周鄭為二國，亦紀其實耳。漢初賈誼上疏，亦以漢與吳楚淮南諸國對言，當時未聞非之。後儒去古日遠，不攷封建之制，強立議論，要於經義無當」。[28]

竹添箋語乃據錢大昕的觀點，指出《左傳》的評論非在批判周鄭之間不顧君臣上下位階以行交質之事，而是意在表示當時政治情勢，周鄭實是平行國家，交質之事應重在論述相互忠信的問題。筆者同意忠信可從二國政治關係來看待，因為信須由衷且結信以禮乃是根本。然而，封建時代之階級政治雖是現實制度，但是只憑政治實力，而不論政治倫理，此實乃破壞政治秩序之根源，亦導致天下秩序之敗壞，故周鄭二者之交質問題當須從禮的價值觀念來留意。

（三）〈隱公五年〉：

五年春，公將如棠觀魚者。臧僖伯諫曰：「凡物不足以講大事，其材不足以備器用，則君不舉焉。君，將納民於軌、物者也，故講事以度軌量謂之軌，取材以章物采謂之物。不軌不物，謂之亂政。亂政亟行，所以敗也。故春蒐、夏苗、秋獮、冬狩，皆於農隙以講事也。三年而治兵，入而振旅。歸而飲至，以數軍實。昭文章，明貴賤，

---

28 《左氏會箋（上）》，頁43。

> 辨等列，順少長，習威儀也。……若夫山林川澤之實，器用之資，皁隸之事，官司之守，非君所及也。」公曰：「吾將略地焉。」遂往，陳魚而觀之。僖伯稱疾不從。書曰「公矢魚于棠」，非禮也，且言遠地也。[29]

文獻記載魯隱公面對臧僖伯的勸諫，仍以巡視邊境為由，到棠地滿足個人觀看漁獵的欲望。觀魚似是小節，然在臧僖伯細數國君當有之儀軌，即政治上位者應有「昭文章，明貴賤，辨等列，順少長」之規範表現，以期上行下效並建立倫理秩序，則可知主政者自我意欲下的一言一行當非作一般動作來看待。傳文所謂「禮」非僅指階級政治之職守問題，如《穀梁傳》對此事云：「禮，尊不親小事，卑不尸大功」[30]即是中肯之語。而且，《左傳》「非禮也」的評語亦有表示政治實踐者應該心存禮義的意味。《國語・周語上》曰：「昭明物則，禮也」[31]，禮的具體實現乃所以建立秩序性，而非表面工夫之敷衍，如隱公之藉口雖使觀漁成行，卻也為臧僖伯與《左傳》作者所不認同。又〈魯語〉曰：「夫禮所以正民也」[32]，「禮」於政治實踐益應著重「風行草偃」之效[33]，此固是「子率以正，孰敢不正」（〈顏淵〉）[34]

---

[29] 《春秋左傳正義》，頁 58-60。

[30] 《春秋穀梁傳注疏》，頁 21。

[31] 韋昭《國語韋氏解》（臺北：世界書局，1975 年），頁 29。

[32] 同上註，頁 107。

[33] 〈顏淵〉載孔子曰：「君子之德風，小人之德草。草上之風，必偃」。《論語注疏》，頁 109。

[34] 《論語注疏》，頁 109。

之意，然此非普通政治之用意，而是「為政以德」（〈為政〉）[35]的理念，政治實踐乃道德實踐的延伸，價值觀念的彰顯實是政治活動的基本精神，《左傳》「非禮也」的批評當可由此來理解。

再者，《荀子‧君子》云：「聖王在上，分義行乎下」[36]，理想的主政者應以道義示下，其言云：

> 論法聖王，則知所貴矣；以義制事，則知所利矣。論知所貴，則知所養矣；事知所利，則動知所出矣。二者是非之本，得失之原也。故成王之於周公也，無所往而不聽，知所貴也。桓公之於管仲也，國事無所往而不用，知所利也。吳有伍子胥而不能用，國至於亡，倍道失賢也。故尊聖者王，貴賢者霸，敬賢者存，慢賢者亡，古今一也。故尚賢使能，等貴賤，分親疏，序長幼，此先王之道也。[37]

古代君臣關係雖為階級政治，然以天下秩序的道德性而言，尊尊亦來自親賢，政治倫理乃是相互之間有禮有義的往來。荀子以歷史觀點聯繫上法聖王與下以義制事，即見政治之是非得失源自主政者是否心存理序價值觀[38]，並在用人聽政方面反映主事者的判

35 《論語注疏》，頁 16。
36 《荀子集解》，頁 300。
37 《荀子集解》，頁 302。
38 此「心」在荀子哲學是「以智識心」的客觀精神。參見牟宗三《荀學大略》，《名家與荀子》（臺北：臺灣學生書局，1979 年），頁 203, 224-225。

斷，否則，必招致不道早已的結果。春秋年間，魯國君被殺者三，隱公是第一人，其原因即是不辨佞臣[39]，遠因則在「矢魚于棠」之事件中不聽臧僖伯的諫言而可知。由此亦可見，主政者若秉持政治倫理秩序，上下之間必不僅是名位差異，而是君君臣臣的合理互動以及合乎禮義的理性表現，此當是傳文「非禮也」之另一寓意。

（四）〈隱公七年〉：

> 七年春，滕侯卒。不書名，未同盟也。凡諸侯同盟，於是稱名，故薨則赴以名，告終，稱嗣也，以繼好息民，謂之禮經。[40]

傳文除了說明《春秋》筆法之凡例外，亦解釋此例之義理，指出訃告之書不書名乃顯示國際關係，並藉此反映出同盟國關係於「禮」方面的重要性，「禮」使盟約國在各項國際活動上保持穩定性。「禮經」的表述涉及舊史書法或禮意的理解，杜預注藉《春秋》筆法而以為此是來自周公所制《禮經》，孔疏正義雖接受杜預的注解，唯修正杜注的解釋，認為書法固是來自周公舊典，然「告終稱嗣也以繼好息民」則是《左傳》自抒的辭意，其

---

39 〈隱公十一年〉載：「羽父請殺桓公，將以求大宰。公曰：『為其少故也，吾將授之矣。使營菟裘，吾將老焉』。羽父懼，反譖公於桓公而請弒之……羽父使賊弒公於寪氏，立桓公」（《春秋左傳正義》，頁 82-83）。魯國君被殺另二人是桓公、閔公。

40 《春秋左傳正義》，頁 72。

在表示「禮之大意」，且「禮經」乃「禮之常法」[41]。竹添箋注則皆認為「禮經」與周公《禮經》無關，而是意謂「禮之大法」，並舉〈隱公十一年〉、〈襄公二十一年〉與《禮記．樂記》所述「禮之經」為證[42]。〈隱公十一年〉與〈襄公二十一年〉的「禮之經」皆是在國際事件中表述對各國活動的「禮」觀念，前者「德之則也，禮之經也」之禮意請見下文討論，而後者「會朝，禮之經也」的文義則在禮制中兼有禮意的評語[43]。至於〈樂記〉「著誠去偽，禮之經也」亦見於《荀子．樂論》[44]，該節本文之「禮也者理之不可易者也」是「禮之經」做為大法與常法的詮釋依據，故可由此理解《左傳》已視「禮」有常道義。而且，「著誠去偽」做為「禮之經」的內涵，除了可意會《春秋》書法秉筆直書的真誠外，在《左傳》所記載的具體情境中，益見「禮」在國際外交活動中所蘊含的價值觀。《禮記．禮器》云：

> 先王之立禮也，有本有文。忠信，禮之本也；義理，禮之文也。無本不立，無文不行。禮也者，合於天時，設於地

---

41 文長不盡舉，詳見《春秋左傳正義》，頁72。

42 《左氏會箋（上）》，頁74。

43 文曰：「會朝，禮之經也；禮，政之輿也；政，身之守也。怠禮，失政；失政，不立，是以亂也」（《春秋左傳正義》頁 593）。因本文析論範疇未至襄公年間，故此傳文禮觀念之探討尚待筆者日後為文詳述。

44 〈樂記〉與〈樂論〉相同的文獻在「樂也者，和之不可變者也；禮也者，理之不可易者也。樂合同，禮別異，禮樂之統，管乎人心矣。窮本極變，樂之情也；著誠去偽，禮之經也」（《荀子集解》頁 255）。異文則是「和之不可變者」、「樂合同禮別異」、「窮本極變」，〈樂記〉作「情之不可變者」、「樂統同禮辨異」、「窮本知變」。

> 財，順於鬼神，合於人心，理萬物者也……故必舉其定國之數，以為禮之大經。[45]

依〈禮器〉首章認為「君子有禮則外諧而內無怨」[46]，則「禮」之有本有文乃表裡一體，行禮者乃內外呼應，體現禮在天地萬物鬼神中之倫理道德價值的普遍性。〈禮器〉將「禮之大經」又稱為「禮之大倫」，對照「定國之數」之說，則禮的理則應為其內在禮意，而一旦實踐者反映於外顯文理，即當有所持守以維護禮的價值義。易言之，禮之本與文的關係意謂體用架構，指出禮的表現應非徒為具文，而是當使其存在內含忠信義理。是以傳文所述同盟之稱名與告終非僅是為外在形式，而是意在傳達政治價值理序的維繫，以顯倫理常道之為人事本質，不啻儒學禮義之道之先聲。

（五）〈隱公十一年〉：

> 鄭伯使許大夫百里奉許叔以居許東偏，曰：「天禍許國。鬼神實不逞于許君，而假手于我寡人，寡人唯是一二父兄，不能共億，其敢以許自為功乎？寡人有弟，不能和協，而使餬其口於四方，其況能久有許乎？吾子其奉許叔以撫柔此民也，吾將使獲也佐吾子。若寡人得沒于地，天其以**禮**悔禍于許，無寧茲許公復奉其社稷，唯我鄭國之有請謁焉，如舊昏媾，其能降以相從也，無滋他族，實偪處

45　《禮記注疏》，頁449。

46　同上註。

> 此，以與我鄭國爭此土也，吾子孫其覆亡之不暇，而況能禋祀許乎，寡人之使吾子處此，不唯許國之為，亦聊以固吾圉也。」……君子謂鄭莊公「於是乎有禮。禮，經國家，定社稷，序民人，利後嗣者也。許無刑而伐之，服而舍之，度德而處之，量力而行之，相時而動，無累後人，可謂知禮矣。」[47]

此則文獻敘述齊、魯、鄭三國聯合攻打許國，戰勝後齊魯將許國交由鄭國監管，鄭莊公遂順此告誡許國大夫。此則之「禮」有四處，一是「天其以禮悔禍于許」，此是鄭莊公帶領盟國伐許的說詞，「禮」僅有政治正確的意義。另三處是《左傳》的評語，其中以「禮，經國家，定社稷，序民人，利後嗣者也」肯定鄭莊公在處理許國的做法上乃「有禮」與「知禮」。綜合觀之，鄭莊公聯合齊魯伐許雖有其政治意圖，即如竹添箋注所云：「鄭莊公之不有許，非量大，非膽怯，直是時勢明，見識老」[48]。鄭莊公之不私有許國非真是心懷包容，而是根據政治時勢做出相應判斷與行為[49]。然而，戰事過後的應對除了顯示鄭莊公的政治判斷外，《左傳》的描述實亦在肯定鄭莊公保存許國的做法。換言之，《左傳》雖藉魯隱公之口表示許國是因「不恭」而被攻打，實則未明確道出鄭莊公侵許的政治原因，此一方面反映出春秋時期中

47　《春秋左傳正義》，頁 80-81。

48　《左氏會箋（上）》，頁 97。

49　〈定公六年〉載鄭國日後仍滅了許國，顯見竹添光鴻之評語合理地指出鄭莊公僅是政治家之所為，並非心存施恩於許國。

原小國生存之困難[50]，另一方也是顯示當時「天下無道則禮樂征伐自諸侯出」（〈季氏〉）的現況；然而，事件的結果纔是《左傳》評述的目的——「禮」。意即《左傳》藉由鄭莊公之訓詞，傳達齊、魯、鄭猶存政治秩序之意念，故許國戰敗後仍能存續，此乃禮在政治實踐應有之理想——以有禮改變無道無序的困境。進而言之，齊、魯、鄭的作為相應於《禮記・禮運》云：「治國不以禮，猶無耜而耕也，為禮不本於義，猶耕而弗種也」[51]。禮的政治秩序義在於使政治實踐有方法與作用，有方法即禮是行事的準則，有作用即禮能使行為者雙方達至適宜的成果。雖然在《左傳》所述歷史事件的情境中，鄭國的政治目的隱而不顯，而且鄭莊公之心無禮意非充分合於日後儒學所主張「攝禮歸仁」與「攝禮歸義」[52]，然而鄭莊公的語意與做法仍可視為維繫天下政治秩序的觀念來看待。誠如〈八佾〉記載「子貢欲去告朔之餼羊。子曰：『賜也！爾愛其羊，我愛其禮』」[53]，若能重新找回實踐禮的內涵，儀文形式之存在仍有其意義，「禮」不應因現實因素而減殺其客觀義。是以回顧《左傳》對鄭莊公言行之「有禮」與「知禮」的評語，實是引領吾人應由價值理序體會「禮」的（政治）倫理規範義。

---

50 金榮權〈許國的世系及五次遷徙論考〉，《信陽師範學院學報（哲學社會科學版）》第 30 卷第 6 期，2010 年 11 月。

51 《禮記注疏》，頁 440。

52 勞思光《新編中國哲學史（一）》，頁 113-122。

53 《論語注疏》，頁 29。

（六）〈隱公十一年〉：

> 王取鄔、劉、蔿、邘之田于鄭，而與鄭人蘇忿生之田——溫、原、絺、樊、隰郕、欑茅、向、盟、州、陘、隤、懷。君子是以知桓王之失鄭也。恕而行之，德之則也，禮之經也。己弗能有，而以與人。人之不至，不亦宜乎。[54]

文獻所錄事件的背景與上述「周鄭交質」及〈隱公六年〉周桓王即位後之行為有關[55]。此年則記錄周桓王無在上位者的模範，將難以屬於王畿的田地與鄭國交換，預示日後鄭國更不禮敬周朝。故事中隱而未現的另一主角鄭莊公除了因「鄭伯克段於鄢」與「周鄭交質」而為《左傳》述評外，亦因掘地黃泉以見母[56]，而為傳文所肯定。誠如「其為人也孝悌而好犯上者，鮮矣；好犯上而不好作亂者，未之有也」（〈學而〉）[57]，鄭莊公並非好犯上者，他願意在周桓王即位後再度朝覲，即顯示其做為政治家的氣度。然而對照周桓王這一方，則無孔子恕道所論「己所不欲，勿施於人」（〈衛靈公〉）[58]。道德倫理乃相互實踐，而非名位所可圈限，縱使是政治行為亦可如禮實施。恕道精神即是呼應傳文

---

54 《春秋左傳正義》，頁 81-82。

55 「鄭伯如周，始朝桓王也。王不禮焉，周桓公言於王曰：『我周之東遷，晉、鄭焉依。善鄭以勸來者，猶懼不蔇，況不禮焉？鄭不來矣』」。《春秋左傳正義》，頁 71。

56 文詳〈隱公元年〉。《春秋左傳正義》，頁 35-37。鄭莊公與母親情事請見下文引述。

57 《論語注疏》，頁 5。

58 《論語注疏》，頁 140。

「恕而行之，德之則也，禮之經也」的觀點，「禮」所應承載者乃義理價值，也因此可以成為「國之紀」與「國之常」[59]。

又，此則傳文「禮」之「恕道」可比較《大學》「絜矩之道」：

> 所惡於上，毋以使下；所惡於下，毋以事上；所惡於前，毋以先後；所惡於後，毋以從前；所惡於右，毋以交於左；所惡於左，毋以交於右：此之謂絜矩之道。[60]

朱子解釋道：

> 如不欲上之無禮於我，則必以此度下之心，而亦不敢以此無禮使之。不欲下之不忠於我，則必以此度上之心，而亦不敢以此不忠事之。至於前後左右，無不皆然，則身之所處，上下、四旁、長短、廣狹，彼此如一，而無不方矣。彼同有是心而興起焉者，又豈有一夫之不獲哉。所操者約，而所及者廣，此平天下之要道也。[61]

周鄭雖然交惡，然而如能以禮化解，實不失為國際外交正常化、乃至恢復天下政治秩序的契機，猶如上引「著誠去偽，禮之經也」，鄭莊公身為臣下，曾於〈隱公六年〉間主動和解，此不僅

---

59 《國語・晉語》載：「夫禮，國之紀也」；「禮以紀政，國之常也」。《國語韋氏解》，頁 250, 252。

60 《禮記注疏》，頁 987。

61 《四書章句集註》，頁 24。

不失身份，而且合乎禮儀。是以藉由朱子的詮釋，吾人益知「恕道」做為「絜矩之道」，實非侷限在階級政治的上下分別，而是天下同有道德心靈的普遍性，因此可以合理地忖度彼此雙方的互動，或禮或忠，形成價值關係的聯繫。此不啻「敬人者人恆敬之」之君子「以禮存心」（〈離婁下〉），亦可省察《左傳》「德之則也，禮之經」所涵蘊之儒學思想。

《左傳·桓公》所述「禮」共 14 則，字詞凡 17 見，除開專在敘述禮儀、文飾與器物的記載[62]，以及單就所施用文物之行為的肯定或否定用語之外[63]，桓公時期所載禮觀念有 3 則文獻具有思想意義。

（一）〈桓公二年〉：

> 夏四月，取郜大鼎于宋。戊申，納于大廟，非禮也。臧哀伯諫曰：「君人者，將昭德塞違，以臨照百官，猶懼或失

62 計有〈桓公二年、十八年〉之會盟、〈桓公二年、十六年〉之告廟飲至、〈桓公三年〉之婚禮、〈桓公四年〉之軍禮（狩獵）、〈桓公六年〉之命名禮、〈桓公九年〉之饗宴禮、〈桓公十四年〉地主致餼禮等多處。

63 計有〈桓公六年〉、〈桓公八年〉、〈桓公九年〉、〈桓公十四年〉、〈桓公十五年〉、〈桓公十七年〉等。其中多是兼括禮儀與禮文用意者，如〈桓公六年〉對成婚程序先後之「非禮也」的批評，或〈桓公八年〉肯定周天子之不親迎是「禮也」的評語。例多不殫舉。唯〈桓公十五年〉批評周天子對諸侯求私財乃「非禮」，事固涉國君對周王納貢之制，然與《公羊傳》評語對照，乃可見思想內涵，請詳參拙著〈《公羊傳》與《左傳》禮觀念之荀學省察〉，已投稿，待審查刊登。

之，故昭令德以示子孫……夫德，儉而有度，登降有數，文物以紀之，聲明以發之，以臨照百官。百官於是乎戒懼，而不敢易紀律。今滅德立違，而寘其賂器於大廟，以明示百官，百官象之，其又何誅焉？國家之敗，由官邪也。官之失德，寵賂章也。郜鼎在廟，章孰甚焉？武王克商，遷九鼎于雒邑，義士猶或非之，而況將昭違亂之賂器於大廟，其若之何」。公不聽。周內史聞之曰：「臧孫達其有後於魯乎！君違，不忘諫之以德」。[64]

傳文「二年春」已述宋國華父督弒君並改立殤公，而且藉由賄賂來使各國承認該政權[65]，上引文即敘述臧哀伯諫魯桓公不應納鼎

---

[64] 《春秋左傳正義》，頁 91-95。

[65] 「二年春，宋督攻孔氏，殺孔父而取其妻。公怒，督懼，遂弒殤公。君子以督為有無君之心，而後動於惡，故先書弒其君。會于稷，以成宋亂，為賂故，立華氏也。宋殤公立，十年十一戰，民不堪命。孔父嘉為司馬，督為大宰，故因民之不堪命，先宣言曰：『司馬則然』。已殺孔父而弒殤公，召莊公于鄭而立之，以親鄭。以郜大鼎賂公，齊、陳、鄭皆有賂，故遂相宋公」（《春秋左傳正義》頁 90-91）。此事近因固與宋殤公好戰及華父督貪圖孔父嘉之妻有關，然遠因亦由於〈隱公三年〉發生宋國國君繼位狀況：「宋穆公疾，召大司馬孔父而屬殤公焉，曰：『先君舍與夷而立寡人，寡人弗敢忘。若以大夫之靈，得保首領以沒。先君若問與夷，其將何辭以對？請子奉之，以主社稷。寡人雖死，亦無悔焉』。對曰：『羣臣願奉馮也』。公曰：『不可。先君以寡人為賢，使主社稷。若棄德不讓，是廢先君之舉也，豈曰能賢？光昭先君之令德，可不務乎？吾子其無廢先君之功』。使公子馮出居於鄭。八月，庚辰，宋穆公卒，殤公即位」（《春秋左傳正義》頁 52）。宋殤公多次征伐鄭國，即是害怕宋穆公子馮回國爭君位。

受賄。臧哀伯的諫言並非從弒君小人之籠絡來直指魯君受賄，而是從「儉而有度，登降有數，文物以紀之，聲明以發之，以臨照百官」來勸諫國君所作所為應「昭德塞違」，竹添氏箋注此語云：

> 在心為德，施之為行。德是行之未發者，而不可聞見。故聖王設法，以外物表之，其儉、其度、其數、其文、其物、其聲、其明，皆是昭德之事也。[66]

儉、度、數、文、物、聲、明是指臧哀伯在「昭令德以示子孫」後以七種具體禮文，說明主政者應該在生活各面向表現出「昭其儉」、「昭其度」、「昭其數」、「昭其文」、「昭其物」、「昭其聲」、「昭其明」[67]，即禮儀之施行是全方位籠罩實踐者的活動，顯示行為者的規矩。而竹添氏之「在心為德，施之為行」的注解，即是詮釋「禮」的表現是由心存規範到外在行為的過程，乃「昭德之事」，此即呼應臧哀伯隱喻魯桓公公開收賄（賂器置太廟）不僅未能正面顯現德行，更是表明敗壞道德之事公然可行，此所以《左傳》評論此事為「非禮」。因為，禮實踐事務的原則，以禮做為行為活動，無論涉及服制或器物，皆是外

---

66 《左氏會箋（上）》，頁7。

67 〈桓公二年〉：「清廟茅屋，大路越席，大羹不致，粢食不鑿，昭其儉也；袞、冕、黻、珽、帶、裳、幅、舄、衡、紞、紘、綖，昭其度也；藻、率、鞞、鞛、鞶、厲、游、纓，昭其數也；火、龍、黼、黻，昭其文也；五色比象，昭其物也；鍚、鸞、和、鈴，昭其聲也；三辰旂旗，昭其明也」。《春秋左傳正義》，頁91-95。

顯為行事理序，亦是呈現實踐者對行為的意念。換言之，國君之「德」之所以與「禮」聯繫，乃因後者傳達主政者的價值觀念，藉此取得人民的認同，即「凡得人者，必與道也。道也者，何也？禮義辭讓忠信是也」（〈彊國〉）[68]。政治之道的內涵在倫理價值，以《左傳》的思想背景而言，即是儒學的德政觀，強調施政的主體是道德，順此纔有政治秩序的維護，此即「政者，正也」（〈顏淵〉）[69]的真理。荀子云：

> 國無禮則不正。禮之所以正國也，譬之猶衡之於輕重也，猶繩墨之於曲直也，猶規矩之於方圓也。（〈王霸〉）[70]

由此可見，「禮」是治國的方法，其規範性使得政治活動具有鞏固政治秩序的基礎原則，亦即「禮」觀念的實踐可以確保為政者不發生逾越規矩的問題，而有匡正國政的作用。易言之，「人之命在天，國之命在禮」（〈彊國〉〈天論〉）[71]。國政的主體在「禮」的維繫，「禮」是國家的絕對根本；倘不如是，則「人而無禮，胡不遄死」[72]即是無禮之君的寫照。[73]

---

68 梁啟雄據宋代台州本《荀子》校補「義辭」二字。《荀子簡釋》（臺北：木鐸出版社，1988 年），頁 213。引文章節前文曾云：「人之所好者何也？曰：禮義辭讓忠信是也」，亦可參證。

69 《論語注疏》，頁 109。

70 《荀子集解》，頁 136。

71 《荀子集解》，頁 194, 211。

72 《詩・鄘風・相鼠》第三章。《毛詩正義》，頁 123。

73 魯桓公以弒君即位，自身亦被殺而亡，詳下文第三則論述。

(二)〈桓公二年〉：

> 初，晉穆侯之夫人姜氏以條之役生大子，命之曰仇。其弟以千畝之戰生，命之曰成師。師服曰：「異哉君子之名子也！夫名以制義，義以出禮，禮以體政，政以正民，是以政成而民聽，易則生亂。嘉耦曰妃，怨耦曰仇，古之命也。今君命大子曰仇，弟曰成師，始兆亂矣，兄其替乎！」[74]

此事之記載與敘述，與東周春秋初期晉國分裂出曲沃桓叔（成師）有關。紛爭輾轉數十年，至魯莊公十六年曲沃武公攻滅晉緡侯，周僖王敕封武公為晉君而結束[75]。春秋初期晉國內部的分合固有政治與地理因素[76]，然而《左傳》的記載卻認為此事與晉穆侯的命名觀念有關[77]，他違反了「名以制義，義以出禮，禮以體政，政以正民，是以政成而民聽」的原則，故「易則生亂」，導致日後大宗與小宗的長年爭鬥。易言之，表象上是取名不當的問題，實則是「名」與「義以出禮」之「禮義」觀念的聯繫，反映

---

74 《春秋左傳正義》，頁 96-97。

75 詳參《史記・晉世家》。瀧川龜太郎《史記會注考證》（臺北：漢京文化公司，1983 年），頁 621-622。

76 〈晉世家〉：「文侯仇卒，子昭侯伯立。昭侯元年，封文侯弟成師于曲沃。曲沃邑大於翼。翼，晉君都邑也。成師封曲沃，號為桓叔。靖侯庶孫欒賓相桓叔。桓叔是時年五十八矣，好德，晉國之眾皆附焉」。《史記會注考證》，頁 621。

77 其實為子命名亦是禮節，具有一定儀式與程序，詳參《禮記・內則》「異為孺子室於宮中」章。《禮記注疏》，頁 535-537。

出政治良窳的內涵問題。張亨先生認為傳文「義以出禮」的意思是《荀子》三節文獻之本：[78]

〈王制〉：人何以能羣？曰：分。分何以能行？曰：義。[79]

〈彊國〉：夫義者，內節於人而外節於萬物者也；上安於主，而下調於民者也；內外上下節者，義之情也。[80]

〈王制〉：禮者節之準也。[81]

「義」與「禮」的聯繫來自「君子義以為質，禮以行之」（〈衛靈公〉）[82]，行禮在於彰顯「義」之實質，即引文所指出之形成節制與判斷的作用。故不僅此三則文獻，凡是《荀子》論及「分義」與「禮義」之處，皆可理解作與「義以出禮」的思想吻合[83]。再者，「王者之制名，名定而實辨，道行而志通，則慎率民

---

78 〈荀子的禮法思想試論〉，《思文之際論集——儒道思想的現代詮釋》（臺北：允晨文化公司，1997 年），頁 152。

79 《荀子集解》，頁 104。

80 《荀子集解》，頁 204。

81 《荀子集解》，頁 174。

82 《論語注疏》，頁 139。

83 「分義」與「禮義」做為荀學的核心思想，是與「禮義以分，明分以禮」觀念聯繫，從禮（義）建立倫理價值，禮義之道即是「禮義之分」，荀學以「分義」表示道德；且若依禮義之分觀念條理聖王之道，禮義之道進一步可視為實踐性道德原則的「禮義之統」。詳細請見本書第伍章論述。

而一焉」（〈正名〉）[84]。「名」之實質作用除了呈現事物本身之義涵外[85]，名實之確認亦可產生政治效果，呼應由「名」至「義」，由「義」至「禮」之「禮以體政，政以正民，是以政成而民聽」的治理效用，顯示政治活動不該僅是權力的運作，而應以彰顯禮義來做為價值主體。是以上引傳文乃由命名之事申論「名」之所以存在的義理，實可視為日後儒學道德正名之先河。

（三）〈桓公十八年〉：

> 公將有行，遂與姜氏如齊。申繻曰：「女有家，男有室，無相瀆也，謂之有禮。易此，必敗」。[86]

文獻背景之發生與魯桓公偕夫人至齊國導致被殺的事件有關[87]，申繻所說，申論而言一方面是「丈夫生而願為之有室，女子

---

84 《荀子集解》，頁 275。

85 〈桓公六年〉藉對世子行命名之禮傳達「名有五：有信，有義，有象，有假，有類。以名生為信，以德命為義，以類命為象，取於物為假，取於父為類」（《春秋左傳正義》頁 112-113）。可見《左傳》作者已有名實相符之原始概念。

86 《春秋左傳正義》，頁 130。

87 《左傳》載：「公會齊侯（齊襄公）于濼，遂及文姜如齊。齊侯通焉，公謫之，以告。夏四月丙子，享公。使公子彭生乘公，公薨于車」（《春秋左傳正義》頁 130）。而齊襄公派彭生殺魯桓公的細節則見《公羊傳．莊公元年》載：「夫人（文姜）譖公於齊侯：『公曰：同非吾子，齊侯之子也』。齊侯怒，與之飲酒，於其出焉，使公子彭生送之。於其乘焉，搚幹而殺之」。何休解詁、徐彥疏《春秋公羊傳注疏》，阮元重刻《十三經注疏》（臺北：藝文印書館發行，1989

生而願為之有家」（《孟子・滕文公下》）[88]之夫婦之道的表述，另一方面則是如荀子〈富國〉所云：「男女之合、夫婦之分、婚姻娉內送逆無禮，如是，則人有失合之憂，而有爭色之禍矣。故知者為之分也」[89]。男女之合與夫婦之分是婚禮精神的一體二面，夫婦除了是兩姓之好的結合外，亦須各有職分，恪盡責任，無有褻瀆各自職責之事。當代出土文獻郭店儒簡〈六德〉敘述六位配六德，並從六位六德的具體實踐建立六職觀念[90]，其中夫與婦之位的德性是智與信，相應職責是率人與從人。筆者曾就簡文所述夫德之智與婦德之信，為文指出《禮記・昏義》所謂「合二姓之好」的婚禮之所以是「禮之本」，除了因其象徵人間世代的繁盛外，亦由於婚禮標示著人倫之道的傳衍，擴大倫理實踐的範圍，因而夫婦即共同擔負著重要的分位與責任。如此相互結構，在家庭倫理中，一方面丈夫必須有智慧可以領導家庭與家族，表現出家長與家庭成員互動的處世能力，使家人願意跟隨他。另一方面，夫德之智在婚姻關係中是透過婦人發展出去，若無婦德之願意從人，即無法顯現丈夫的智慧，意即智德的判斷能力無法發揮，婦人難以順從與依循。是以夫婦之德的諧和運作是家庭完滿維繫的主要因素，先秦儒學對男女婚合的禮儀所提出的

年）。頁 72。

88 《孟子注疏》，頁 109。

89 《荀子集解》，頁 114。

90 其他四名位的人倫結構是父與子、君與臣，他們的德性則是聖與仁、義與忠，相應職責則為教與學、使與事。文獻詳參荊門市博物館編《郭店楚墓竹簡》（北京：文物出版社，1998 年），頁 187。簡文認為「六職既分，以裕六德」。可見倫理分位形式上是職分，內涵則必須有道德意義。

哲學詮釋，不獨是形式面的宗族延續，而且另從維繫人類羣體生活的最小單位的完滿而省察到夫婦關係的德性意涵，建立以家庭倫理為核心價值的理論[91]。由此可見，上引《左傳》所載之事，魯君夫人文姜不守婦道固是原因，然而魯桓公若能堅持夫職，以倫理智慧處理文姜欲跟隨回齊國之事，必不致發生憾事。而前引荀子文獻強調智者為之作夫婦之分，即是從倫理分位指出持守夫婦之道的意義，此乃「禮」的內涵之一，亦是呼應傳文男女有家室而無相瀆乃所謂「有禮」的表述。猶有進者，〈莊公元年〉載：

> 三月，夫人孫于齊。不稱姜氏，絕不為親，禮也。[92]

此是魯君夫人文姜私通齊君，導致魯桓公死於齊國的後續發展。「夫人孫于齊」即該年經文婉言文姜逃奔至齊，此遂由前一年（桓公十八年）的男女之別與夫婦關係，衍生出母子問題。杜預注云：

> 姜氏，齊姓。於文姜之義，宜與齊絕。而復奔齊，故於其奔去姜氏以示義。[93]

杜預注認為「絕不為親」是指文姜應該為齊襄公殺夫而與娘家斷

---

91 《郭店楚簡儒家哲學研究》（臺北：萬卷樓圖書公司，2008 年），頁 123-127。

92 《春秋左傳正義》，頁 137。

93 同上註。

絕關係，但文姜沒做到，所以經文不稱「姜氏」，以示文姜「宜與齊絕」之義，此亦兼有譴責文姜的意思。杜預另有進一步的解釋，《春秋釋例》云：

> 夫子以為姜氏罪不與弒，于莊公之義，當以母淫于齊，而絕其齊親，內全母子之道，故經不稱姜氏。傳曰絕不為親禮也，明絕之于齊也。文姜稱夫人，明母義存也。[94]

再比較竹添光鴻對上引傳文的箋注：

> 姜，齊姓。不稱姜氏，是絕齊不為親也……夫茍絕不為母子，則宜不稱夫人。今乃去姜氏稱夫人，是猶以母夫人視之，非以凡人目之，安在其為絕之哉？絕者與齊絕也。蓋不去姜氏，則宜與齊絕者不著，宜與齊絕者不著，則齊侯之害公者亦不昭。[95]

綜合杜氏竹添氏的解釋可知，「絕不為親」意指魯莊公斷絕與齊國的外戚關係，此所以經文不書文姜母姓「姜氏」。尤其經文保留「夫人」的頭銜，亦即承認文姜還是國君之母，則可見「絕不為親」不是斷絕母子的血緣親情，而是傳文解釋經文的涵義，傳達莊公斷絕與齊國親戚關係乃為合理（禮）。這是「絕不為親，禮也」的第二種理解。又，倘若加入楊伯峻先生的說法，還有第

---

94 《春秋釋例・卷五・王侯夫人出奔例》（臺北：臺灣商務印書館，1966年），頁45。

95 《左氏會箋（上）》，頁3。

三種理解：

> 絕不為親者，以文姜有殺夫之罪，莊公宜慟父之被殺而絕母子之親。[96]

此一立場實來自《公羊傳》，其文云：「其言孫于齊何？念母也。正月以存君，念母以首事」[97]，又云：「念母者，所善也。則曷為於其念母焉貶？不與念母也」[98]。易言之，感念母親是人子之情，可稱善，然而父親因母親之過而被殺，此仇不可因念母而忘卻，而應「絕不為親」，為父仇而斷母子親情纔是[99]。綜合這三種理解可知，一方面，此事就魯莊公而言固是倫理之二難，一是父仇仍在[100]，一是母子親情的維繫；另一方面，魯莊公所

---

96 《春秋左傳注（上）》（高雄：復文圖書出版社，1991 年），頁 157。

97 《春秋公羊傳注疏》，72 頁。

98 《春秋公羊傳注疏》，72-73 頁。陳柱先生認為《公羊傳》的說法是「權衡於恩與法之間」，既存念母又貶念母。陳柱著、李靜校注《公羊家哲學（外一種）》（上海：華東師範大學出版社，2014 年），頁 91。

99 何休注云：「念母則忘父，背本之道也，故絕文姜不為不孝……蓋重本尊統，使尊行於卑，上行於下。貶者，見王法所當誅。至此乃貶者，并不與念母也」（《春秋公羊傳注疏》頁 73）。此乃尊尊大於親親之解。

100 彭生弒魯桓公後，《左傳》載：「魯人告于齊曰：『寡君畏君之威，不敢寧居，來脩舊好。禮成而不反，無所歸咎，惡於諸侯，請以彭生除之』。齊人殺彭生」（《春秋左傳正義》頁 130）。齊國殺彭生僅是保住二國表面關係，主使者齊襄公未受懲罰，也未罪己。〈桓公十八年〉經書：「冬，十有二月，己丑，葬我君桓公」，《公羊傳》云：「賊未

面對的仇恨是二邊的，一是主使者母舅齊侯，另一是事件肇始者桓公夫人文姜，亦即父仇的因素伴隨著母親。然而，問題並非不可解，首先，孔子曰：「事父母幾諫。見志不從，又敬不違，勞而不怨」（〈里仁〉）[101]，對子女而言，父母親乃是一體，尤其從血緣而言，不可能單只有父或母一邊而能有子女，子女之存在來自於男女結合為夫婦後之為父母，父母對子女來說是整全的。再者，孔子「又敬不違，勞而不怨」的論述指明吾人在倫理分位上不應與父母決裂，縱使勸諫是不如意的，親子關係仍絕對存在。復次，倘若參考荀子所云：

> 孝子所不從命有三：從命則親危，不從命則親安，孝子不從命，乃衷。從命則親辱，不從命則親榮，孝子不從命，乃義。從命則禽獸，不從命則脩飾，孝子不從命，乃敬。故可以從命而不從，是不子也；未可以從而從，是不衷也；明於從不從之義，而能致恭敬，忠信、端愨以慎行之，則可謂大孝矣。傳曰：「從道不從君，從義不從父」。此之謂也。故勞苦、彫萃而能無失其敬，災禍、患難而能無失其義，則不幸不順見惡而能無失其愛，非仁人莫能行。《詩》曰：「孝子不匱」。此之謂也。（〈子

討，何以書葬？讎在外也。讎在外，則何以書葬？君子辭也」（《春秋公羊傳注疏》頁 68）。春秋筆法，未討弒君之賊，不得書葬。面對經文記葬桓公，傳文乃作政治觀點解釋，示意齊強於魯，魯國無能討伐齊襄公，僅能委曲接受齊君做法，並隱喻魯新君未報國仇。

101 《論語注疏》，頁 37。

道〉）[102]

真正的孝子不在絕對的從命，而是由至親是否榮安文理來決定從命與否[103]，亦即務使孝道發生恭敬、忠信、端愨等德行，才能使孝行實踐具有價值意義，真正的孝子仁人是必須敬、義、愛兼顧的。易言之，尊尊與親親並重，為子女者應該保持倫理位階之尊敬，又可以發揮親愛之情。若以此觀念評判《左傳》之意，則名義上，弒魯桓公之人已被處死，復仇之義已達。繼之則是，與殺父有關的母親仍在，人子敬愛之意該如何表達？而傳之解經，認為「不稱姜氏，絕不為親」之所以合禮，從情理來考量，即是魯莊公在斷絕與齊國的親戚關係下[104]，保留了對母親的孝意，仍對文姜做為國君夫人保有親情，此在上引《公羊傳》亦肯定莊公念母之善，可見一斑。進而言之，孝子之道未有斷絕至親之情事，縱使父母有不是，為人子也是經由自身的實踐來轉化不道為義。荀子提醒吾人：「請問為人子？曰：敬愛而致文」（〈君道〉）[105]，敬愛之情乃禮文之內涵，禮文非僅是文飾，亦應有價值意義來維繫儀節的存在。正所謂「文名從禮」（〈正名〉）[106]，經書「夫人」的微言大義不僅揭示國君之有母存，並隱喻

---

102 《荀子集解》，頁 347。

103 〈性惡〉云：「孝子之道，禮義之文理也」。《荀子集解》，頁 291。

104 同年又載「秋，築王姬之館于外。為外，禮也」（《春秋左傳正義》頁 137）。人倫親戚面，魯君斷絕與齊國的關係，然而政治制度面，魯國仍須為周王室嫁女於齊國而代為主婚，以符合禮制。

105 《荀子集解》，頁 153。

106 《荀子集解》，頁 274。

國君依然有念母之情。既然情感仍在，且不能不在，則斷絕母子親情關係絕非合乎義理之事，亦即「絕不為親」當非指向母子之間，而是如竹添氏所解，乃魯對齊斷絕親戚關係。

而且，往前回溯傳文，《左傳・隱公元年》解釋經書「鄭伯克段于鄢」後又載，鄭莊公因母親武姜支持共叔段政爭而與母決裂，然鄭莊公經過一番轉折後與其母和解，傳文乃同上引荀子〈子道〉引〈大雅・既醉〉「孝子不匱」來總結鄭莊公的孝行[107]。將魯莊公與鄭莊公之事兩相對照，顯示《左傳》思想脈絡一致，肯定親情的存在與維持，並傳達親親在一切實踐上的優先性，此實相合於〈子道〉「不幸不順見惡而能無失其愛」之意，若從價值行為須有形式而言，適足以「禮」概括。

《左傳・莊公》有關「禮」的敘述共 16 則，「禮」字凡 22 見，除開專在敘述禮儀、文飾與器物的記載[108]，或是單就所施

---

107 「（鄭莊公）遂寘姜氏于城潁，而誓之曰：『不及黃泉，無相見也』。既而悔之。潁考叔為潁谷封人，聞之，有獻於公。公賜之食，食舍肉，公問之，對曰：『小人有母，皆嘗小人之食矣，未嘗君之羹，請以遺之』。公曰：『爾有母遺，繄我獨無』。潁考叔曰：『敢問何謂也』。公語之故，且告之悔。對曰：『君何患焉？若闕地及泉，隧而相見，其誰曰不然』。公從之。公入而賦：『大隧之中，其樂也融融』。姜出而賦：『大隧之外，其樂也洩洩』。遂為母子如初。君子曰：『潁考叔，純孝也，愛其母，施及莊公。《詩》曰：「孝子不匱，永錫爾類」。其是之謂乎』」。《春秋左傳正義》，頁 37。

108 計有〈莊公八年〉世子之禮秩、〈莊公二十二年〉之饗禮、〈莊公三年〉之婚禮等。另外〈莊公十年〉載譚國「不禮」齊國、〈莊公十六年〉載鄭國「不禮」楚國，事涉小國對大國的態度，顯示春秋時小國事大國之不易。

用文物之行為的肯定或否定用語之外[109]，莊公時期所述「禮」有五則文獻具有儒學思想義涵，一則〈莊公元年〉已見上文引述與討論，另四則如下：

（一）〈莊公十一年〉：

> 秋，宋大水。公使弔焉，曰：「天作淫雨，害於粢盛，若之何不弔」。對曰：「孤實不敬，天降之災，又以為君憂，拜命之辱」。臧文仲曰：「宋其興乎，禹、湯罪己，其興也悖焉；桀紂罪人，其亡也忽焉。且列國有凶，稱孤，**禮**也。言懼而名**禮**，其庶乎」。既而聞之曰，公子御說之辭也。臧孫達曰：「是宜為君，有恤民之心」。[110]

宋君面對天災不怨天尤人，而是謙卑地反求諸己，反映出為國以禮的政治觀。該觀念獲得傳文的肯定，且藉魯大夫的口吻，傳達宋將有興國新君。傳文的評論脈絡可從二方面理解，一是《論語・堯曰》引《尚書》所云：

---

[109] 計有〈莊公元年〉為周王主婚、〈莊公八年〉治兵於廟、〈莊公二十七年〉告糴於齊以救魯饑等，皆以「禮也」作肯定。至於以「非禮」作批評，則有〈莊公二十三年〉魯君出國境觀社祭、〈莊公二十七年〉指出卿大夫未有君命而出國送葬，以及〈莊公三十一年〉諸侯有四夷之功而相互獻捷等。這些「禮」或「非禮」之說同〈桓公〉年間之文獻，亦多是兼括禮儀與禮文用意者。

除此之外，〈莊公二十七年〉敘述「夫禮、樂、慈、愛，戰所畜也」。此雖是教化與親愛民眾，然在傳文脈絡中僅是晉國大夫的備戰手段，非是以仁政為目的，不類儒學，而近黃老思想。

[110] 《春秋左傳正義》，頁 153。

> 予小子履，敢用玄牡，敢昭告于皇皇后帝：有罪不敢赦。帝臣不蔽，簡在帝心。朕躬有罪，無以萬方；萬方有罪，罪在朕躬。[111]

此乃《論語》作者將聖王明君證諸歷史，藉歷史人物展示政治典範為政以德的具體政治價值觀，顯示儒學將政治責任定位在主政者，強調階級政治中身處上層或最高位階者之應然擔責，此所以同章文獻亦舉周武王言「百姓有過，在予一人」，亦見孟子以「王無罪歲」勸諫戰國王者的思想脈絡[112]。儒學責任政治觀的要義在於突破階級政治中的權力關係，直指行德政者必行自覺反省，明瞭自然環境或社會環境是實現政治的外部存在，其中作用僅止於經驗事實，不內含著價值的可能性。而主政者的自身德操纔是理想政治方向的決定性因素，此即將「躬自厚而薄責於人」（〈衛靈公〉）[113]的德行義延伸為道德政治，有德者的修身德行應當可以反映在位處為政者的價值觀念中，落實於政治行為，面對政治功過成敗，纔不至因把持權力而自行豁免責任與怪罪他人，避免因不知作道德反思而禍及國家與人民。由此可見傳文末述宋國公子御說有「恤民之心」，即是預示御說之心存德性乃得

---

111 《論語注疏》，頁178。

112 〈梁惠王上〉孟子評論道：「狗彘食人食而不知檢，塗有餓莩而不知發；人死，則曰：『非我也，歲也』。是何異於刺人而殺之，曰：『非我也，兵也』。王無罪歲，斯天下之民至焉」。《孟子注疏》，頁12。孟子所論乃指出梁惠王自以為施政盡心與用心，其實是以自我政治利益為目的，僅作一時之舉，只看外在效果，不顧基層民心。

113 《論語注疏》，頁139。

即位為宋桓公後的長治久安。

猶有進者，對比傳文「天作淫雨」「天降之災」與〈堯曰〉「簡在帝心」的表述，可見文獻蘊含古典儒學天人關係的天道價值觀，傳達先秦儒者面對上古「天」「帝」信仰的思想轉化。一方面上天作雨降災可謂天人關係的原始型態，對照《詩經》記錄商周之際仍存在著「赫赫在上」、「天監在下」、「有命自天」、「上帝臨汝」（皆本自〈大明〉）[114]，乃至周人自述「天命靡常」、「永言配命」、「克配上帝」（皆本自〈文王〉）[115]，毋論人格神或意志天的觀念，皆指出古人的信念當中必然存在著天人關係。唯從「宗教人文化」[116]的觀點而言，春秋時期學者有意識的價值反省，已然反映出各種形式之天的出現固以（祭）禮待之，然人事作為纔是決定人間事務走向。是以傳文所述禮觀念在事件中固是外交場合的辭令，然而有禮底表現乃是反映出主政者的政治價值觀，以罪己恤民的心意面對天命的降臨，勇於承擔事件的結果以為期待正面的政治發展。故在「簡在帝心」方面，此文已不僅是所述歷史年代久遠更甚於春秋時期，而是儒者藉聖王成湯弔民伐罪的歷史背景來闡釋人為行德之能自許於客觀主宰，顯示人德天命之間的價值聯繫與道德關係，指引「天人合德」[117]的儒學發展。

---

114 《毛詩正義》，頁 540, 541, 542, 544。

115 《毛詩正義》，頁 536, 537。

116 徐復觀先生認為春秋時代不僅是「禮」的世紀，亦是宗教人文化的時代，「宗教性的天，在人文精神激盪下，演變而成為道德法則的天」。《中國人性論史（先秦篇）》，頁 51。

117 張亨先生概括古代天人關係的發展，從孔孟、易庸至陽明，歸納儒家天

（二）〈莊公十八年〉：

> 十八年春，虢公、晉侯朝王。王饗醴，命之宥。皆賜玉五瑴，馬三匹，非**禮**也。王命諸侯，名位不同，**禮**亦異數，不以**禮**假人。[118]

虢公是周惠王三公之一，爵位高於晉獻公，周王卻賜禮相同，此舉乃逢迎晉獻公，而與禮制不合。「名位不同，禮亦異數」雖是政治階級的分別，然而主政者行事是否遵守名分，實是心存君君臣臣的表現，亦即藉由禮數之別異來嚴守分位，此是由禮制位階來表現倫理責任。〈成公二年〉發生衛君賞賜大夫以諸侯服器之事，亦是名位不同卻禮數無異的非禮之事，《左傳》即記載日後孔子聽聞此事而議論曰：

> 惜也，不如多與之邑。唯器與名，不可以假人，君之所司也。名以出信，信以守器，器以藏**禮**，**禮**以行義，義以生利，利以平民，政之大節也。若以假人，與人政也。政亡，則國家從之，弗可止也已。[119]

人合一的模式為天人合德型，人的內在德性的證成可以參與和體證宇宙萬物的究竟意義。詳見〈「天人合一」的原始及其轉化〉，《思文之際論集——儒道思想的現代詮釋》（臺北：允晨文化公司，1997 年），頁 258-266, 280。

118 《春秋左傳正義》，頁 158-159。

119 《春秋左傳正義》，頁 422。

此乃指出主政者在實踐上維繫禮數名義的重要性。因為假借禮器與人，實是貌合神離的行為，失去施用禮儀器物的內涵，禮器成為政治目的的工作，使禮器所代表的名義成為表象，而無支持其存在的信義價值。禮器有名無義，遂造成價值對象的混淆，即主政者不能堅持名器所象徵的禮數分位，導致紛亂。此可將孔子的評語與荀子觀念比較，〈王制〉云：

> 分均則不偏，埶齊則不壹，眾齊則不使。有天有地，而上下有差。明王始立，而處國有制。夫兩貴之不能相事，兩賤之不能相使，是天數也。埶位齊，而欲惡同，物不能澹則必爭；爭則必亂，亂則窮矣。先王惡其亂也，故制禮義以分之，使有貧富貴賤之等，足以相兼臨者，是養天下之本也。[120]

合理的政治行為乃毋使人事物皆齊同，因為在主觀的欲惡下，若身份與勢位相同，則必因資源分配而造成爭亂[121]，故須主政者來建立制度，使不同事物有異數，此即〈王制〉所謂「王者之制」之「衣服有制，宮室有度，人徒有數，喪祭械用皆有等宜」[122]，經由「制禮義以分」而有禮數。進而言之，禮義以分非是

---

[120] 《荀子集解》，頁 96。

[121] 〈榮辱〉云：「夫貴為天子，富有天下，是人情之所同欲也；然則從人之欲，則埶不能容，物不能贍也」（《荀子集解》頁 44）。同理可推論，所惡皆同，而若分位同，則必造成人人爭相免除責任，無人願意出面承擔。

[122] 《荀子集解》，頁 101。

用來劃分政治權利與分配社羣利益[123]，禮義所規劃出禮數之異，其存在乃是相應倫理分位的不同而建構，此即「禮者，貴賤有等，長幼有差，貧富輕重皆有稱者也」（〈富國〉）[124]。這是將倫理位階的差異合理地相稱於各自的禮數之分，此所以「分」是「義」的表現，而分義觀念的具體形式化即是禮數與禮器，且應在盡倫理（道德）本分（責任）中完成。是以《左傳》寫出周惠王在名位不同的情況下做出禮無異數之事，實是傳達周王未能持守政治責任，為日後周王室內亂張本。[125]

（三）〈莊公二十四年〉：

> 二十四年春，（魯君）刻（桓宮）其桷，皆非**禮**也。御孫諫曰：「臣聞之：『儉，德之共也。侈，惡之大也』。先君有共德，而君納諸大惡，無乃不可乎」。[126]

此事涉魯莊公迎娶齊女哀姜前之修飾宗廟的作為，傳文「皆」字乃聯繫前一年末載「秋，丹桓宮之楹」，即將刻桷連同丹楹而批

---

123 〈榮辱〉云：「故先王案為之制禮義以分之，使有貴賤之等，長幼之差，知愚能不能之分，皆使人載其事，而各得其宜。然後使慤祿多少厚薄之稱，是夫羣居和一之道也」（《荀子集解》頁 44）。依荀學而言，倘如政治活動中必須有權利劃分與經濟的分殊，反而應該隨著倫理的等差來建制纔是，此方是真正創造合理的價值，且有合宜的利祿以維繫社會秩序。

124 《荀子集解》，頁 115。

125 詳見〈莊公十九、二十年〉，《春秋左傳正義》，頁 160, 161。

126 《春秋左傳正義》，頁 172。

評其事之非禮。丹楹與刻桷之非禮於形式面是制度問題[127]，然而《左傳》作者藉由魯臣之諫言，直陳修飾宗廟之不合禮制益由於倫理面之違背儉德。丹楹與刻桷之誇飾乃對反於〈八佾〉云：「禮與其奢也，寧儉」之儉德思想，亦即「奢則不孫，儉則固。與其不孫也，寧固」（〈述而〉）[128]，禮制之作為德行，面對過度與有而未達的抉擇，孔子思想的判斷是守住簡樸，因為誇奢的意念會帶來驕慢淫逸之心，有違謙謙君子的理念，此所以《禮記・經解》解釋「恭儉莊敬，《禮》也……恭儉莊敬而不煩，則深於禮者也」[129]。恭儉作為行禮的工夫面向[130]，除了相應禮儀規範而必須節儉地來施行禮文外，更由於儉德可以反映出實踐者的心思取向，顯示行禮者願意心存恭敬莊儉而來持守住禮儀。而且，倘若回顧魯莊公與齊國本有仇讎關係，則魯君娶齊女甚為不當，莊公又藉娶夫人而違禮修魯桓公廟以為張揚，是乃人情禮節兩相不義，故為史家嚴厲批評[131]。對照孟子提醒「恭儉豈可以

---

127 《穀梁傳》於經「秋，丹桓宮楹」解釋：「禮，天子、諸侯黝堊，大夫倉，士黈，丹楹，非禮也」。於經「二十有四年，春，王三月，刻桓宮桷」則解云：「禮，天子之桷，斫之礱之，加密石焉。諸侯之桷，斫之礱之。大夫斲之。士斲本。刻桷，非正也」。《穀梁傳注疏》，皆頁59。

128 《論語注疏》，頁65。

129 《禮記注疏》，頁845。

130 儉德的恭敬義在〈成公十二年〉即表述為：「享以訓共儉……共儉以行禮」。杜注云：「享有體薦，設几而不倚，爵盈而不飲，肴乾而不食，所以訓共儉」（《春秋左傳正義》頁458-459）。此固由於享禮的祭祀過程與作法在薦而不享，規範實踐者必以恭儉形貌來行禮，然若無行禮者意願恭儉，則享禮的祭典即無由顯現該禮文的內涵與意義。

131 《穀梁傳》云：「夫人，所以崇宗廟也，取非禮與非正而加之於宗廟，

聲音笑貌為哉」（〈離婁上〉）[132]，在孟學心性論體系，「禮」作為德性且應是人性內涵的基本是恭敬之心，道德心靈的呈現乃使生命活動的內外合一，禮的行為即是有德者使生活舉措融入應然之理，依禮對外表現出價值方向，如此的生命才是合理的道德存在。是以禮貌不僅是外貌與行為，亦是反映出行為活動者之德性生命由內至外的直接表現，儒學對於禮貌禮文的要求，即非僅是看重外表儀式的執行，而是本於道德心靈的發用，使得禮的實踐者亦成為義理的證成者。觀察丹楹與刻桷事件的評價固可以當時貴族階級之制式規範來理解，然倘若從詮釋的角度而言，作傳者傳達人事物表現歷程的思想義蘊，纔是歷史事件承載禮意與以禮評論之理論價值所在。是以魯莊公在婚禮前後的表現，乃為史筆所關注，此又可見於下則連續性事件的記載。

（四）〈莊公二十四年〉：

> 秋，哀姜至，公使宗婦覿，用幣，非禮也。御孫曰：「男贄，大者玉帛，小者禽鳥，以章物也。女贄，不過榛、栗、棗、脩，以告虔也。今男女同贄，是無別也。男女之別，國之大節也；而由夫人亂之，無乃不可乎」。[133]

文獻是繼丹楹與刻桷之事而敘述。魯莊公炫耀個人大婚的心態已

以飾夫人，非正也。刻桓宮桷，丹桓宮楹，斥言桓宮，以惡莊也」。《穀梁傳注疏》，頁 59。

[132] 《孟子注疏》，頁 134。

[133] 《春秋左傳正義》，頁 172-173。

見上則，在此事件則因新婚而使同宗大夫之妻執贄以晉見國君夫人，唯贄禮物男女有分，莊公為了彰顯夫人地位而男女無別，其做法乃使贄禮亂了性別之分。據考證，贄見禮源自原始社會的風俗習慣，發展至西周，已建立嚴明的禮物品級與授受儀式，藉以反映賓主雙方的身份與任務[134]。莊公的行為看似人情之無可厚非，且禮品之分作法上僅是性別差異，然而，人倫行為若男女無分，其在羣體生活中即意味著失去了人類所特有的意識與價值判斷。〈非相〉云：

> 人之所以為人者，非特以其二足而無毛也，以其有辨也。夫禽獸有父子而無父子之親，有牝牡而無男女之別。故人道莫不有辨。辨莫大於分，分莫大於禮。[135]

引文所謂辨別，非僅是感官分辨活動與知識判斷，而是指吾人之異於其它生物的道德辨識能力[136]，其乃使人生命表現為具道德意義的存在。「禮」的建制即是確保如此道德能力可以在相應的規範下，如理地呈現因身份與性別不同而應有的事務（事

---

134 楊寬《西周史》（臺北：臺灣商務印書館，1999 年），頁 758-770。

135 《荀子集解》，頁 50。

136 〈王制〉云：「水火有氣而無生，草木有生而無知，禽獸有知而無義，人有氣、有生、有知，亦且有義，故最為天下貴也」（《荀子集解》頁104）。「有知亦且有義」即是〈解蔽〉所謂「心知道」，亦是〈性惡〉所肯定人人「皆有可以知仁義法正之質」。唯此「知」非是道德意識，而是以道德為對象的純粹心知活動。有關「心知道」的理論意義，請詳見本書第肆章的論析。

物）[137]，從上引贄見禮而言，即是由禮儀器物區分性別，建立人倫與社會的實際樣貌，亦所以使男女在人際關係中做為倫理分別的存在的意義。且對照上引荀子所謂「國之命在禮」，為國不以禮即意味著統治者不以合乎倫理道德的方式主導眾人，相對地也就呈現為公開社會中的領導者不積極致力於成為價值實踐的典範，如魯莊公於贄禮輕忽男女之倫，其價值觀念的偏差，可謂是《左傳》為莊公晚年因立嗣君而造成的政治秩序動盪作伏筆。

《左傳・閔公》有關「禮」的敘述共 2 則，「禮」字凡 5 見。其中〈閔公二年〉的「禮孔」是人名，無義，可論者乃集中在〈閔公元年〉：

> （齊桓）公曰：「魯可取乎？」（仲孫湫）對曰：「不可。猶秉周**禮**。周**禮**，所以本也。臣聞之：『國將亡，本必先顛，而後枝葉從之』。魯不棄周**禮**，未可動也，君其務寧魯難而親之。親有**禮**，因重固，間攜貳，覆昏亂，霸王之器也。」[138]

文中對話的背景發生在魯莊公薨後魯國經歷共仲（慶父）弒嗣君而另立新君（閔公）之亂[139]。齊國君臣對話固隱含政治考量，

137 依《荀子・禮論》「禮之理誠深矣」的觀點，「禮」做為「理」亦指謂「禮」的原則義，行為活動合乎「禮」即意謂具有實踐原則。

138 《春秋左傳正義》，頁 187-188。

139 〈莊公三十二年〉：「八月癸亥，公薨于路寢。子般即位，次于黨氏。冬十月己未，共仲使圉人犖賊子般于黨氏。成季奔陳。立閔公」。《春

然依其視「周禮」為本且仍存「親有禮」的觀念，則縱使「禮」做為治術思維的根據，「禮」的形式意義仍為傳文所保留，而藉此傳達齊魯政治實亦有可留存者。再者，上引文固如張亨先生所言，可導出荀子「禮者，治辨之極也，強固之本也」（〈議兵〉）的觀點[140]，然猶有進者，「禮」之能應用於政治實踐，實亦本於「禮治」原則，此在荀子禮學乃是著墨於政治道德義的申論。「國家無禮則不寧」（〈修身〉）[141]，「禮」可謂治國之本體，或治或亂依乎「禮」的存在，政治穩定與否，即在是否實現「禮」之治。〈不苟〉云：

> 君子治治，非治亂也。曷謂邪？曰：禮義之謂治，非禮義之謂亂也。故君子者，治禮義者也，非治非禮義者也。[142]

〈王制〉認為「禮義者，治之始也」[143]。此是荀子將禮義之道的道德分判作用，建立為政治活動與體制的主要結構，以此避免天下國家因缺乏規範原則而導致動亂。而實踐禮義之所以能發揮治理功用，則本於禮義之道內涵「統類」的性質，可客觀地維繫倫理位階與政治秩序，使羣體生活顯現道德意義，並顯示人類族羣的合理性[144]。以此回顧魯閔公年間的動盪，元年所述「禮」

秋左傳正義》，頁 182。

140 《思文之際論集》，頁 153。

141 《荀子集解》，頁 14。

142 《荀子集解》，頁 27。

143 《荀子集解》，頁 103。

144 有關荀學禮義之治的理論意義，請詳參本書第伍章。

的觀點，即反映在傳文記載慶父隔年再次弒君之非禮義後，終招致出奔與自縊[145]，而齊國亦介入，幫助魯國立新君（僖公），穩定公室。一亂一治之間，傳文傳達禮儀之邦終能恢復政局，並且顯示齊桓公主政的齊國之所以能夠在春秋前期的強盛，乃因其「正而不譎」（〈憲問〉）的政治道義，不啻堅持禮義之道的回應。

三、結論：《左傳》禮觀念所揭示的儒學歷史意識

本文耙梳《左傳・隱公》至〈閔公〉共十五則文獻，董理其中所述禮觀念之涵義，展示以儒學理解《左傳》禮思想的脈絡，察識《左傳》的史文非僅有一般故事敘述，在傳達歷史記錄的過程中，傳文所述禮觀念蘊含價值義理，實亦富涵人文精神之關懷。回顧孔子曾表示：「夏禮吾能言之，杞不足徵也。殷禮吾能言之，宋不足徵也。文獻不足故也」（〈八佾〉）[146]，對夏商周代代相傳的禮文沿革，孔子亦肯定「周監於二代，鬱鬱乎文哉，吾從周」（〈八佾〉）[147]。很明顯地，孔子的文化觀念內含歷史意識，總結歷史的發展與成果，確認周代的禮樂文明是吾人效法的典範。此不僅是孔子表達其思想的歷史文化淵源，亦可視為自古以來，《春秋》經文與孔子修作之聯繫的思想證明。而

---

145 〈閔公元年〉仲孫湫即已預言共仲「將自斃」。竹添箋注「親有禮」等句下表示魯人中仍多數是秉禮之士，故有仲孫湫的評語。〈閔公二年〉共仲出奔，竹添即注解「魯秉周禮，守禮大臣，協謀討賊，聲聞於國」。《左氏會箋（上）》，頁 4, 13。

146 《論語注疏》，頁 27。

147 《論語注疏》，頁 28。

且，「禮由史掌，而史出於禮」[148]，《左傳》的史書性質，固使得禮的文字記錄在典章制度與器物服制之餘，更多地顯現出政治歷史的表象。然而，「（《春秋》）其文則史，孔子曰：其義則丘竊取之」（〈離婁下〉）[149]。《春秋》從史文轉為義理，即是孔子將客觀史實昇華為歷史的詮釋和對人物的褒貶，呈現人文關懷與人道省察。而《左傳》之所以千古傳頌，亦是繼承了孔子的義理精神，發揮歷史批判的方法，使得歷史存在及其活動表現出應有之意義。依據上文的析論，在《左傳》有關禮的敘事中，文脈不僅表示天下政治秩序的維繫與保存，而且傳達《左傳》作者肯定人物的道德實踐，或是批判事件中的倫理失序。此一方面反映古代歷史中「宗教人文化」[150]的過程，春秋時代尚存政治價值的可能性，為史者亟欲振衰起敝；另一方面，「禮」或「非禮」的評判顯示歷史作者或史家的「價值判斷」[151]，將

---

[148] 柳詒徵《國史要義》歸納五史官職務之語。《國史要義》（臺北：臺灣中華書局，1959年），頁5。

[149] 《孟子注疏》，頁146。

[150] 徐復觀先生論證「宗教人文化」乃是從宗教天命中轉化出人文精神的理性自覺。詳見《中國人性論史（先秦篇）》之〈第二章 周初宗教中人文精神的躍動〉，以及〈第三章 以禮為中心的人文世紀之出現及宗教之人文化——春秋時代〉。

[151] 當代法國現象學詮釋學家 Paul Ricoeur 論述做為歷史學家之職責的歷史客觀性其實來自史家的主觀性，然此主觀性非是任意的，而是有意向的價值判斷（解釋）。姜志輝譯《歷史與真理・第一部分 歷史認識中的真理》（上海：上海譯文出版社，2004 年），頁 4-6, 8-11。猶有進者，Ricoeur 認為哲學活動參與歷史學家的主觀性之歷史客觀性，乃是「揭示了做為意識和作為主觀性的人；這種活動對歷史學傢俱有提醒的價值，……它提醒歷史學家注意，他所要解釋的是人，是他在人類文明

歷史歷程視為生命實踐的過程，所有出現其中的人與事，無非開顯「禮」之價值意義的生活世界。有關「禮」的故事固有歷史中的獨立性與客觀性，然而若無人文精神的參與，歷史即是沒有生命的陳跡，「禮」也就僅是做為孤立的知識型態，成為如清廟茅屋、大路越席、大羹不致、納幣、朝覲、建軍、飲至、贄見等形式描述與記錄的冊府，遂如學海無涯，卻無人願意徜徉其中。而且，禮制一旦隨時代更弦易轍乃至撤銷，不在生活中實施，沒有生命體驗，也就無怪乎會出現因缺乏歷史意識，以為古禮不合於現實的迷思，此實是因遺忘歷史而使得「禮」的基本精神也隨之沈淪的思想困境。[152]

察〈隱公〉至〈閔公〉所述禮之義理，可知《左傳》是學者從歷史觀點來探究先秦儒學禮思想的視域。藉由文獻有關禮的敘述來對比儒學思想，此一方面是吾人理解傳文禮觀念的途徑，讀出《左傳》禮文獻的思想涵義；另一方面，據傳文禮觀念所涵儒學禮思想的指引，吾人可推論孔孟荀思想內含著從歷史意識來省察禮的存在意義。毋論是孔子對禮之傳衍必「十世百世可知」[153]，或孟子解釋至親喪禮來自上古[154]，乃至荀子肯定「先王之

中發現或界定的人和價值」。而且，哲學反省的任務向我們保證，「歷史的客體就是作為主體的人本身」。《歷史與真理》頁 24, 25。

152 《孟子》即記載滕文公欲為三年之喪，而父兄百官以魯滕同宗卻早已不實施三年之喪為由反對。然而，經由孟子提示喪禮的精神在不可他求的哀戚之心下，滕文公對喪禮「顏色之戚，哭泣之哀」的堅持，旋即獲得國內外的肯定。由此可見，遺忘歷史乃是相當嚴肅的思想問題，卻也可經由親身體證而尋獲。文獻詳見〈滕文公上〉，《孟子注疏》，頁 89。

153 〈為政〉載：「子張問：『十世可知也』。子曰：『殷因於夏禮，所損

道」存在著禮義[155]，歷史中的禮皆是以真理的啟示而為有歷史感的學者所領納，歷史對於禮的實踐者非是固定不變動，而是動態地以價值省察為後世學者所不斷引述與承擔。牟宗三先生曾反省「歷史精神」的內涵乃文化意識與道德的心[156]，意即歷史的發展應在彰著道德實在與精神實體。倘如是，則孔孟荀對歷史的觀察與判斷，乃以歷史為線索來形成道德文化與價值理論，歷史是儒學思想的客觀根源。此誠是「歷史判斷」與「道德判斷」的綜合，歷史成為道德精神的表現[157]。故面對《左傳》所承載之史文，禮的敘述即呈現為歷史意識中的價值判斷與觀念，此是以史為鑑以視察禮的意義，其中非僅是徵求事實與知識，而是「以道觀盡，古今一度也」（〈非相〉）[158]，「禮」所內涵的道義，乃通貫古今時空的真理[159]，亦是吾人探討儒學發生與發展

益，可知也；周因於殷禮，所損益，可知也；其或繼周者，雖百世可知也』」，《論語注疏》，頁 19。

154 詳見〈滕文公上〉末章載孟子與墨者夷之的辯論。《孟子注疏》，頁 101-102。

155 〈儒效〉：「儒者法先王，隆禮義」；〈非相〉：「凡言不合先王，不順禮義，謂之姦言」；〈富國〉：「先王明禮義以壹之」；〈君道〉：「古者先王審禮以方皇周浹於天下」。《荀子集解》，頁 75, 53, 124, 153。

156 《歷史哲學》（臺北：臺灣學生書局，1988 年），頁 1-2。

157 牟宗三《政道與治道》（臺北：臺灣學生書局，1984 年），頁 223。

158 《荀子集解》，頁 52。

159 唐君毅先生據〈樂記〉後文申論古今新舊樂之變，而認為「此通古今歷史以觀樂之變，亦正同禮運之透過古今歷史，以觀禮之運，而表現同一之重禮樂之道，為一貫于古今之道者也」。《中國哲學原論（原道篇卷二）》，《唐君毅全集（卷十五）》（臺北：臺灣學生書局，1986

的重要線索。職是，本文研究乃確認《左傳》所述禮的儒學義涵，無疑是禮意與禮義的天府，其做為會通先秦儒學的無盡藏，使吾人通過思想的歷史性得以聯繫儒學與禮觀念，而且對傳文所保存之禮觀念作思想的考察，亦指示禮思想為研究儒學的重要進路。

年），頁 126。由此可見，禮（樂）的內涵不僅是道德精神，亦是歷史精神。

參考書目[1]

一、古典文獻

〔西漢〕孔安國傳、〔唐〕孔穎達正義《尚書正義》，阮元重刻《十三經注疏》，臺北：藝文印書館，1989 年。

〔西漢〕毛公傳、〔東漢〕鄭玄箋、〔唐〕孔穎達正義《毛詩正義》，阮元重刻《十三經注疏》，臺北：藝文印書館，1989 年。

〔西漢〕劉　向《戰國策》，臺北：里仁書局，1990 年。

〔東漢〕班固撰、〔唐〕顏師古注、〔清〕王先謙補注《漢書補注》，臺北：新文豐出版公司，1988 年。

〔東漢〕趙　岐注、〔北宋〕孫奭疏《孟子注疏》，阮元重刻《十三經注疏》，臺北：藝文印書館，1989 年。

〔東漢〕許　慎撰、〔清〕段玉裁注《說文解字注》，臺北：天工書局，1987 年。

〔東漢〕鄭　玄注，〔唐〕孔穎達正義《禮記注疏》，阮元重刻《十三經注疏》，臺北：藝文印書館，1989 年。

〔東漢〕鄭　玄注，〔唐〕賈公彥疏《周禮注疏》，阮元重刻《十三經注疏》，臺北：藝文印書館，1989 年。

〔東漢〕鄭　玄注，〔唐〕賈公彥疏《儀禮注疏》，阮元重刻《十三經注疏》，臺北：藝文印書館，1989 年。

1　本著作各章主題因涉及多種文本，故除古典文獻外，另依篇章順序分列資料，以示研究範疇。以下現代研究資料皆先專書後期刊與專書論文，最後二類則是綜合參考書目。

〔東漢〕何　休解詁、〔唐〕徐彥疏《春秋公羊傳注疏》，阮元重刻《十三經注疏》，臺北：藝文印書館，1989年。
〔吳〕韋　昭《國語韋氏解》，臺北：世界書局，1975年。
〔曹魏〕何　晏注、〔北宋〕邢昺疏《論語注疏》，阮元重刻《十三經注疏》，臺北：藝文印書館，1989年。
〔曹魏〕王　弼《老子道德經注》，本自樓宇烈《王弼集校釋》，臺北：華正書局，1992年。
〔曹魏〕王　弼、〔西晉〕韓康伯注，〔唐〕孔穎達正義《周易正義》，阮元重刻《十三經注疏》，臺北：藝文印書館，1989年。
〔西晉〕杜　預注、〔唐〕孔穎達正義《春秋左傳正義》，阮元重刻《十三經注疏》，臺北：藝文印書館，1989年。
〔西晉〕杜　預《春秋釋例》，臺北：臺灣商務印書館，1966年。
〔東晉〕范　寧集解、〔唐〕楊士勛疏《春秋穀梁傳注疏》，阮元重刻《十三經注疏》，臺北：藝文印書館，1989年。
〔北宋〕張　載《張載集》，臺北：漢京文化公司，2004年。
〔北宋〕程顥、程頤《二程集》，臺北：漢京文化公司，1983年。
〔南宋〕朱　熹《四書章句集註》，朱傑人、嚴佐之、劉永翔主編，王貽樑校點《朱子全書（第陸冊）》，上海：上海古籍出版社、合肥：安徽教育出版社，2002年。
〔南宋〕朱　熹《朱子語類》，朱傑人、嚴佐之、劉永翔主編《朱子全書（第拾肆－拾捌冊）》，上海：上海古籍出版社、合肥：安徽教育出版社，2002年。
〔南宋〕朱　熹《儀禮經傳通解》，朱傑人、嚴佐之、劉永翔主編，王貽樑校點《朱子全書（第貳－參冊）》，上海：上海古籍出版社，合肥：安徽教育出版社，2002年。
〔南宋〕朱　熹《晦庵先生朱文公文集》，朱傑人、嚴佐之、劉永翔主編《朱子全書（第貳拾－貳拾伍冊）》，上海：上海古籍出版社、合肥：安徽教育出版社，2002年。
〔南宋〕趙順孫《四書纂疏》，臺北：文史哲出版社，1986年。

〔元〕陳　澔《禮記集說》，臺北：臺灣啟明書局，1953 年（粹芬閣景本）。
〔明〕劉宗周《論語學案》，戴璉璋、吳光主編，蔣秋華編審《劉宗周全集（第一冊）》，臺北：中研院文哲所籌備處，1996 年。
〔明〕劉宗周《語類九》，戴璉璋、吳光主編，鍾彩鈞編審《劉宗周全集（第二冊）》，臺北：中研院文哲所籌備處，1996 年。
〔清〕黃宗羲撰、〔清〕黃百家纂輯、〔清〕全祖望修訂《宋元學案》，臺北：廣文書局，1979 年。
〔清〕黃宗羲《明儒學案》，沈善洪、吳光主編《黃宗羲全集（第七、八冊）》，杭州：浙江古籍出版社，2005 年（增訂版）。
〔清〕張爾岐《儀禮鄭注句讀》，臺北：學海出版社，1978 年。
〔清〕王夫之《周易外傳》，船山全書編輯委員會編校《船山全書（第一冊）》，長沙：嶽麓書社，1991 年。
〔清〕王夫之《周易內傳》，船山全書編輯委員會編校《船山全書（第一冊）》，長沙：嶽麓書社，1991 年。
〔清〕王夫之《詩廣傳》，船山全書編輯委員會編校《船山全書（第三冊）》，長沙：嶽麓書社，1991 年。
〔清〕王夫之《禮記章句》，船山全書編輯委員會編校《船山全書（第四冊）》，長沙：嶽麓書社，1991 年。
〔清〕王夫之《讀四書大全說》，船山全書編輯委員會編校《船山全書（第六冊）》，長沙：嶽麓書社，1991 年。
〔清〕王夫之《四書訓義》，船山全書編輯委員會編校《船山全書（第七冊）》，長沙：嶽麓書社，1991 年。
〔清〕王夫之《思問錄》，船山全書編輯委員會編校《船山全書（第十二冊）》，長沙：嶽麓書社，1991 年。
〔清〕王夫之《張子正蒙注》，船山全書編輯委員會編校《船山全書（第十二冊）》，長沙：嶽麓書社，1991 年。

〔清〕朱彝尊《經義考》，臺北：臺灣中華書局，1970 年（《四部備要》版）。
〔清〕秦蕙田《五禮通考》，《文淵閣四庫全書・經部一三三・禮類》，臺北：臺灣商務印書館，1983 年（景本）。
〔清〕戴　震《孟子字義疏證》，臺北：河洛出版社，1975 年。
〔清〕程瑤田《宗法小記》，收入阮元輯《皇清經解》，臺北：漢京文化公司，1990 年。
〔清〕孫希旦《禮記集解》，臺北：文史哲出版社，1990 年。
〔清〕章學誠《文史通義》，葉瑛《文史通義校注》，臺北：漢京文化公司，1986 年。
〔清〕崔　述《洙泗考信錄》，臺北：河洛出版社，1975 年。
〔清〕王念孫《廣雅疏證》，北京：中華書局，2004 年。
〔清〕孔廣森《禮學卮言》，收入阮元輯《皇清經解》，臺北：漢京文化公司，1990 年。
〔清〕汪　中《述學》，臺北：世界書局，1972 年。
〔清〕朱　彬《禮記訓纂》，北京：中華書局，1996 年。
〔清〕焦　循《孟子正義》，臺北：文津出版社，1988 年。
〔清〕阮　元《性命古訓》，《揅經室一集・卷十》，《文選樓叢書》，臺北：藝文印書館，1967 年（景本）。
〔清〕胡培翬《儀禮正義》，臺北：臺灣商務印書館，1965 年。
〔清〕王聘珍《大戴禮記解詁》，臺北：文史哲出版社，1986 年。
〔清〕朱右曾《逸周書集訓校釋》，臺北：世界書局，1980 年。
〔清〕陳　立《白虎通疏證》，臺北：藝文印書館，1986 年。
〔清〕陳　澧《東塾讀書記》，臺北：臺灣中華書局，1965 年。
〔清〕黃以周《禮書通故》，臺北：華世出版社，1976 年。
〔清・日人〕竹添光鴻《左氏會箋》，日本慧豐學會編《漢文大系（十）》，臺北：新文豐出版公司，1978 年（影本）。
〔清〕孫詒讓《周禮正義》，臺北：臺灣商務印書館，1968 年。
〔清・日人〕瀧川龜太郎《史記會注考證》臺北：漢京文化公司，1983 年。

〔清〕郭慶藩《莊子集釋》，臺北：華正書局，1994 年。
〔清〕王先謙《荀子集解》，臺北：華正書局，1988 年。
〔清〕王先慎《韓非子集解》臺北：世界書局，1988 年。

二、性自命出

丁原植《楚簡儒家性情說研究》，臺北：萬卷樓圖書公司，2002 年。
丁原植《郭店楚簡儒家佚籍四種釋析》，臺北：台灣古籍出版公司，2000 年。
李天虹《郭店竹簡《性自命出》研究》，武漢：湖北教育出版社，2003 年。
丁為祥〈從〈性自命出〉看儒家性善論的形成理路〉，《孔子研究》，2001 年第 3 期。
丁原明〈郭店儒簡「性」、「情」說探微〉，《齊魯學刊》，2002 年第 1 期。
丁原植〈郭店儒簡〈性自命出〉的性情觀念〉，臺灣大學哲學系主辦「先秦儒家思想學術研討會」，2001 年 4 月 21 日。
丁原植〈楚簡儒家佚籍的性情說〉，陳福濱主編《新出楚簡與儒家思想論文集》，臺北：輔仁大學文學院，2002 年。
中嶋隆藏〈郭店楚簡所謂「性自命出」篇小考〉，《東洋古典學研究》第 23 集，2007 年 5 月。
牛鴻恩〈《論語》的釋名現在可以論定了——《郭店竹簡・性自命出》的「侖會」即《論語》之「論」的含義〉，《長江學術》，2007 年第 1 期。
王　洋〈郭店楚簡《性自命出》篇「有為言之」的文學解讀〉，《社會科學戰線》，2017 年第 5 期。
王　博、蘭孟晗〈簡書《性自命出》所論之「道」〉，《學術探索》，2015 年第 1 期。
王志楣〈論戰國時期「情」概念的發展——以《孟子》、《莊子》、〈性自命出〉、《荀子》為範圍的考察〉，《先秦兩漢學術》第 16 期，2011 年 9 月。

王幸平〈《性自命出》對孔子人性論的發展〉，《江漢大學學報（人文科學版）》，2004 年第 3 期。

王振復、陳立群〈郭店楚簡《性自命出》的美學意義〉，《復旦學報（社會科學版）》，2003 年第 1 期。

王慶光〈從《郭店簡・性自命出》對比印證荀子禮樂教化思想〉，《管子學刊》，2017 年第 4 期。

末永高康〈「性」即「気」——郭店楚簡『性自命出』の性説〉，《鹿児島大学教育学部研究紀要（人文・社会科学編）》第 51 卷，2000 年 3 月。

末永高康〈楚簡中所見性說——以《性自命出》為中心〉，政治大學中國文學系主辦「出土簡帛文獻與古代學術國際研討會」，2005 年 12 月 3 日。

任仕陽〈郭店楚簡《性自命出》篇倫理思想探析〉，《燕山大學學報（哲學社會科學版）》，2016 年第 4 期。

匡　釗〈簡書《性自命出》中「道四術」探析〉，《江漢論壇》，2012 年第 7 期。

朱湘鈺〈告子性論定位之省思——從〈性自命出〉與告子性論之比較談起〉，《師大學報：人文與社會學類》第 52 期，2007 年 10 月。

池田知久〈郭店楚簡《眚自命出》篇中的「道之四術」〉，長沙市文物考古研究所編《長沙三國吳簡暨百年來簡帛發現與研究國際學術研討會論文集》，北京：中華書局，2005 年。[2]

竹田健二〈〈性自命出〉與〈性情論〉的比較〉，國科會人文學研究中心、臺灣大學哲學系、東吳大學中國哲學（外文系列）資料中心、簡帛道家資料暨新出土文獻研讀會、日本戰國楚簡研究會等主辦「日本漢學的中國哲學研究與郭店、上海竹

---

[2] 該會議於 2001 年 8 月 16-19 日在湖南長沙舉行。又該文亦收入《池田知久簡帛研究論集》，北京：中華書局，2006 年。

簡資料國際交流會議」，2003 年 12 月 28 日。
竹田健二〈郭店楚簡『性自命出』・上博楚簡『性情論』の性說〉，《国語教育論叢》第 14 号，2005 年 3 月。
竹田健二〈郭店楚簡『性自命出』と上海博物館藏『性情論』との關係〉，《日本中国学会報》第 55 集，2003 年。[3]
艾春明〈《韓詩外傳》情性論與《性自命出》的淵源〉，《東北師大學報》（哲學社會科學版）2006 年第 4 期（總第 222 期）。
何春玲〈《郭店・性自命出》篇「剛之梪（樹）也」之「梪」字釋讀探析〉，《語文學刊（外語教育教學）》，2016 年第 7 期。
余開亮〈《性自命出》的心性論和樂教美學〉，《孔子研究》，2010 年第 1 期。
吳建偉〈《性情論》與《性自命出》中的不同用字簡析〉，《中國文字研究》，2007 年第 1 輯（總第 8 輯）。
吳禮明〈從《性自命出》看郭店儒簡的教育思想〉，《華北水利水電學院學報（社會科學版）》，2010 年第 1 期。
呂學遠〈郭店楚簡《性自命出》性情觀與《荀子》心性觀比較初探〉，《問學集》第 16 期，2009 年 2 月。
李　銳〈郭店簡《性自命出》「實性」說〉，武漢大學等單位主辦「新出楚簡國際學術研討會」，2006 年 6 月 26-28 日。[4]
李天虹〈〈性自命出〉的編聯及分篇〉，李學勤、謝桂華主編《簡帛研究二〇〇一》（上冊），廣西師範大學出版社，2001 年 9 月。
李天虹〈〈性自命出〉與傳世先秦文獻「情」字解詁〉，《中國哲

3　又收入淺野裕一編《古代思想史と郭店楚簡》，東京：汲古書院，2005 年。

4　又收入丁四新編《楚地簡帛思想研究（三）》，武漢：湖北教育出版社，2007 年。

學史》2001 年第 3 期，2001 年 8 月。

李天虹〈從〈性自命出〉談孔子與詩書禮樂〉，《中國哲學史》，2000 年第 4 期。

李加武、吳婧婧〈《性自命出》「情」義初探〉，《阜陽師範學院學報（社會科學版）》，2014 年第 1 期。

李有兵、盧春紅、方哲〈心性本不二——從《郭店竹簡・性自命出》篇論儒家「性」論之特徵〉，《復旦學報（社會科學版）》，2002 年第 4 期。

李承律〈郭店楚簡《性自命出》的性情說和「禮樂」——禮樂之根源問題在思想史上的展開〉，《中國文字》新 32 期，2006 年 12 月。

李長春〈性與天道　可得與聞——從《性自命出》看先秦儒學『性與天道』思想的展開〉，《社會科學研究》2009 年第 3 期，2009 年 5 月。

李紅麗〈《性自命出》情感哲學研究〉，《孔子研究》，2016 年第 6 期。

李美燕〈《荀子・樂論》與《禮記・樂記》中「情」說之辨析——兼與郭店竹簡《性自命出》樂論之「情」說作比較〉，《諸子學刊》，2009 年第 1 期。

李貴榮〈試論郭店楚簡〈性自命出〉中的兩個重要命題：性與命〉，《孔孟月刊》第 56 卷第 1-2 期（總號 661-662 期），2017 年 10 月。

沈　培〈試說郭店楚簡〈性自命出〉關於賚、武、韶、夏之樂一段文字中的幾個字詞〉，張光裕主編《第四屆國際中國古文字學研討會論文集——新世紀的古文字學與經典詮釋》，香港：香港中文大學中國語言及文學系，2003 年。

邢起龍、高新民〈《性自命出》：中國古代心靈哲學的傑作〉，《甘肅社會科學》，2014 年第 5 期。

周雅清〈郭店楚簡「性自命出」的「性」論〉，《孔孟月刊》第 501 期，2004 年 5 月。

周鳳五〈郭店〈性自命出〉「怒欲盈而毋暴」說〉，《朋齋學術文集（戰國竹書卷）》，臺北：國立臺灣大學出版中心，2017年。

孟修祥〈郭店竹簡《性自命出》之音樂美學論〉，《管子學刊》，2006年第3期。

於淑娟〈從《子道餓》《性自命出》看子遊與子思的師承關係〉，《鄂州大學學報》，2016年第4期。

東方朔〈《性自命出》篇的心性觀念初探〉，武漢大學中國文化學院編《郭店楚簡國際學術研討會論文集》，武漢：湖北人民出版社，2000年。

林素英〈從「禮樂」的分合與特性論〈性自命出〉「道」四術或三術的迷思——兼論相關學者的研究方法〉，《文與哲》第25期，2014年12月。

金谷治〈楚簡「性自命出」篇の考察〉，《日本學士院紀要》第59卷第1号，2004年9月。

姚永輝〈「以故興物」考辨與發微：以郭店楚簡《性自命出》篇為參照〉，《中國哲學史》，2014年第3期。

范　贇〈《性自命出》的思想及其對先秦儒家心性學說的推進〉，《社會科學論壇》，2010年卷第17期，2010年9月。

范麗梅〈節節蹇蹇、永思喟如——郭店〈性自命出〉亟治德的身心氣書寫〉，《清華學報》第43卷第1期，2013年3月。

孫邦金〈郭店楚簡《性自命出》的天命觀與心性論〉，《長江大學學報（社會科學版）》，2004年第1期。

徐　浩〈從《性自命出》到《文心雕龍》：「文起於情」的文源說〉，《求是學刊》，2012年第6期。

殷正淯〈〈性自命出〉中「天」、「命」、「性」關係〉，《靜宜中文學報》第7期，2015年6月。

袁建軍〈樂與情通：《樂記》之「情」範疇解讀——兼談《性自命出》之「情」〉，《交響：西安音樂學院學報》，2015年第1期。

郝樂為〈從《五行篇》的角度探討《性自命出》的修行〉，《臺灣東亞文明研究學刊》第 6 卷第 1 期（總第 11 期），2009 年 6 月。
高華平〈環淵新考——兼論郭店楚墓竹簡《性自命出》及該墓墓主的身份〉，《文學遺產》，2012 年第 5 期。
張俊傑〈「寓教於樂」——從《性自命出》和《樂記》看先秦時期儒家的樂教思想〉，《華夏文化》，2013 年第 3 期。
張茂澤〈〈性自命出〉篇心性論大不同於〈中庸〉說〉，《人文雜誌》，2000 年第 3 期。
張培高〈《中庸》的「性」是「善」的嗎？——與《性自命出》對比研究〉，《蘭州學刊》，2013 年第 4 期。
張曉芬〈試論郭店楚簡〈性自命出〉中的反善之道〉，《輔大中研所學刊》15 期，2005 年 10 月。
梁　濤〈《性自命出》與早期儒家心性論〉，龐樸等著《古墓新知》，臺北：台灣古籍出版公司，2002 年。
梁　濤〈竹簡《性自命出》與《孟子》「天下之言性」章〉，《中國哲學史》，2004 年第 4 期。[5]
梁立勇〈《郭店楚墓竹簡《性自命出》篇研究》內容摘要〉，《清華簡帛研究》第 1 輯，2000 年 8 月。
梁韋弦〈《中庸》與郭店簡《性自命出》篇的人性論〉，《聊城大學學報（社會科學版）》，2006 年第 2 期。
梁惠敏〈郭店竹簡《性自命出》與《樂記》樂論比較談〉，《長江大學學報（社會科學版）》，2006 年第 6 期。
梅道芬〈「情」的秩序——郭店〈性自命出〉、〈語叢二〉以及相

5 原名〈《性情論》與《孟子》「天下之言性」章〉，發表於清華大學思想文化研究所與輔仁大學文學院聯合主辦「新出楚簡與儒學思想國際學術研討會」，2002 年 3 月 31 日-4 月 2 日。期刊為修改稿，後又收入氏著《郭店竹簡與思孟學派》（北京：中國人民大學出版社，2008 年）。

關先秦文獻中的語言與性情考〉，《饒宗頤國學院院刊》第1期，2014年4月。

渋谷由紀〈「性」と「心」——《性自命出》の分析を通じて〉，《中国出土資料研究》第13号，2004年3月。

連劭名〈郭店楚簡《性自命出》考述〉，北京大學考古文博學院編《慶祝高明先生八十壽辰暨從事考古研究五十年論文集》（《考古學研究》第6期），北京：科學出版社，2006年12月。

連劭名〈論郭店楚簡〈性自命出〉中的「道」〉，《中國哲學史》，2000年第4期。

郭　沂〈《性自命出》校釋（續）〉，《管子學刊》，2015年第1期。

郭　沂〈《性自命出》校釋〉，《管子學刊》，2014年第4期。

郭振香〈《性自命出》性情論辨析——兼論其學派歸屬問題〉，《孔子研究》，2005年2期。

郭常斐〈《性自命出》：以思孟為主流的綜合學說〉，《江漢大學學報（人文科學版）》第26卷第6期，2007年12月。

郭齊勇〈郭店楚簡《性自命出》的心術觀〉，《安徽大學學報（哲學社會科學版）》，2000年第5期。

郭齊勇〈郭店楚簡身心觀發微〉，武漢大學中國文化學院編《郭店楚簡國際學術研討會論文集》，武漢：湖北人民出版社，2000年。

陳　來〈〈性自命出〉：沈睡了兩千餘年的文獻〉，《文史知識》，1999年第9期。

陳　來〈荊門竹簡之《性自命出》篇初探〉，姜廣輝主編《郭店楚簡研究》（《中國哲學》第20輯），瀋陽：遼寧教育出版社，1999年。

陳　來〈郭店楚簡《性自命出》與上博藏簡《性情篇》〉，《孔子研究》，2002年第2期（總第70期）。

陳　來〈郭店楚簡《性自命出》與儒學人性論〉，陳來《竹帛《五行》與簡帛研究》，北京：三聯書店，2009 年。[6]
陳　偉〈郭店簡書〈人雖有性〉校釋〉，《中國哲學史》，2000 年第 4 期。
陳　群〈教而生德於心——以「教」為中心的《性自命出》研究〉，《人文雜誌》，2015 年第 6 期。
陳代波〈郭店楚簡〈性自命出〉篇的人性論簡析〉，《東疆學刊》第 17 卷第 4 期，2000 年 10 月。
陳昭瑛〈性情中人：試從楚文化論《郭店楚簡・性情篇》〉，武漢大學中國文化學院編《郭店楚簡國際學術研討會論文集》，武漢：湖北人民出版社，2000 年。[7]
陳霖慶〈郭店〈性自命出〉——「凡物無不異也者」段解〉，銘傳大學主辦「掌握學術新趨勢接軌國際化教育國際學術研討會」（應用語文組），2003 年 3 月 15 日。
陳麗桂〈郭店儒簡〈性自命出〉所顯現的思想傾向〉，《中國學術年刊》第 20 期，1999 年 3 月。
鹿建柱〈論《性自命出》的樂教內涵〉，《西南民族大學學報（人文社會科學版）》，2012 年第 7 期。
曾春海〈朱熹人性論與楚簡儒家佚籍「性情說」之比較〉，《哲學與文化》34 卷 10 期，2007 年 10 月。
湯一介〈「道始於情」的哲學詮釋〉，《學術月刊》，2001 年第 7 期。
黃君良〈看郭店楚簡「性自命出」篇〉，《樹仁學報》，2001 年 12 月。
黃武智〈論郭店楚簡〈性自命出〉與上博楚簡〈性情論〉所屬學派及其思想之產生時間〉，《慈惠通識學術專業期刊》第 3

6 原名〈郭店楚簡與儒學的人性論〉，載於龐樸主編《儒林》第 1 輯（濟南：山東大學出版社，2005 年）。

7 又收入陳昭瑛《儒家美學與經典詮釋》（臺北：國立臺灣大學出版中心，2005 年）

期，2013 年 6 月。

楊寶山〈從郭店楚簡《性自命出》看《樂記》的成書年代〉，《國際儒學研究》第 11 輯，2001 年 3 月。

裘錫圭〈由郭店簡〈性自命出〉的「室性者故也」說到《孟子》的「天下之言性也」章〉，《中國出土古文獻十講》，上海：復旦大學出版社，2004 年。[8]

賈　兵〈新出戰國竹簡與宋儒對思孟學派的發揮——以《性自命出》為例〉，《儒藏論壇》，2017 年第 1 期。

廖名春〈郭店楚簡〈性自命出〉篇校釋〉，《清華簡帛研究》第 1 輯，2000 年 8 月。

廖名春〈郭店簡〈性自命出〉的編連和分合問題〉，《新出楚簡試論》，臺北：台灣古籍出版公司，2001 年。

廖名春〈郭店簡《性自命出》篇校釋劄記〉，《新出楚簡試論》，臺北：萬卷樓圖書公司，2001 年。

蒙培元〈《性自命出》的思想特徵及其與思孟學派的關係〉，《甘肅社會科學》2008 年第 2 期，2008 年 3 月。

趙中偉〈性自命出，命自天降——上海戰國竹簡〈性情論〉與郭店竹簡〈性自命出〉之人性論剖析〉，《輔仁學誌：人文藝術之部》第 29 期，2002 年 7 月。

趙法生〈心術還是心性？——《性自命出》心術觀辯證〉，《哲學研究》，2017 年第 11 期。

趙建偉〈郭店竹簡〈忠信之道〉、〈性自命出〉校釋〉，《中國哲學史》，1999 年第 2 期。

劉　偉〈小議郭店儒簡《性自命出》篇中「命」字的含義〉，《通化師範學院學報》，2010 年第 3 期。

劉光勝〈《性自命出》「兩重境界」說〉，《甘肅社會科學》2015

---

8 原收入張光裕主編《第四屆國際中國古文字學研討會論文集——新世紀的古文字學與經典詮釋》（香港：香港中文大學中國語言及文學系，2003 年）。

年第3期，2015年3月。

劉光勝〈由《曾子》十篇看《性自命出》的成書及理路——兼談宋儒對先秦儒學的誤讀〉，《史林》，2009年第2期。

劉昕嵐〈郭店楚簡〈性自命出〉篇箋釋（上）〉，《北京大學研究生學誌》，1999年第1期。

劉昕嵐〈郭店楚簡《性自命出》篇箋釋〉，武漢大學中國文化學院編《郭店楚簡國際學術研討會論文集》，武漢：湖北人民出版社，2000年。

劉洪濤〈郭店竹簡《性自命出》句讀辨正一則〉，「簡帛網」網站，2009年10月24日。

劉滄龍〈〈性自命出〉的情性論與禮樂觀〉，《鵝湖月刊》第36卷第9期（總號第429），2011年3月。

劉樂賢〈〈性自命出〉與《淮南子・謬稱》論「情」〉，《中國哲學史》，2000年第4期。

歐陽禎人〈在摩蕩中弘揚主體——郭店楚簡《性自命出》認識論簡析〉，武漢大學中國文化學院編《郭店楚簡國際學術研討會論文集》，武漢：湖北人民出版社，2000年。

歐陽禎人〈試論《性自命出》的美學思想〉，《湖北師範學院學報（哲學社會科學版）》，2001年第2期。

歐陽禎人〈論〈性自命出〉對儒家人學思想的轉進〉，《孔子研究》，2000年第3期。

潘小慧〈上博簡與郭店簡《性自命出》篇中「情」的意義與價值〉，《輔仁學誌：人文藝術之部》第29期，2002年7月。

諸葛俊元〈談「郭店楚簡・性自命出」中「心」與「性」〉，《鵝湖》26卷第10期（總號310），2001年4月。

魯瑞菁〈《郭店竹簡・性自命出》的思想特色〉，《靜宜人文學報》第14期，2001年8月。

錢　遜〈〈性自命出〉（前半部分）札記〉，《清華簡帛研究》第1輯，2000年8月。

謝如柏〈郭店竹書〈性自命出〉心性論探討〉，中研院史語所出土文獻研究室主辦「第一屆出土文獻學術研討會」，2000 年 6 月 8 日。

顏炳罡〈郭店楚簡《性自命出》與荀子的情性哲學〉，《中國哲學史》，2009 年第 1 期。

譚玉龍〈郭店楚簡《性自命出》美學思想再探〉，《內江師範學院學報》，2012 年第 7 期。

魯樂漢〈顧炎武如何解讀性自命出〉（What Would Gu Yanwu Think? Heart-Mind and Human Nature in the Xing zi ming chu），臺灣大學哲學研究所研究生學會、簡帛資料文哲研讀會主辦「國際青年學者學術研討會——先秦思想暨出土文獻」，會議日期 2005 年 3 月 27-28 日。

橋本昭典〈郭店楚簡「性自命出」における「情」について〉，大阪大学中国学研究室編輯《戦国楚簡と中国思想史研究》（《中国研究集刊》〔騰号〕第 36 号），2004 年 12 月。

Attilio Andreini ‘The meaning of qing in the Confucian texts from Guodian Tomb no.1’，發表於義大利那普勒斯東方研究大學亞洲系主辦，史華羅教授（Prof. Paolo Santangelo）策劃，義大利非洲和東方研究院，蔣經國基金會協辦的「中國情感與史料分析」（Emotions and the Analysis of Historical Sources in China）國際研討會，2001 年 11 月 5 日至 9 日。

三、郭店楚簡研究專書與學術會議論文集

丁四新《郭店楚墓竹簡思想研究》，北京：東方出版社，2000 年。

丁原植《郭店楚簡儒家佚籍四種釋析》，臺北：臺灣古籍出版社，2000 年。

大阪大学中国学研究室編輯《戦国楚簡と中国思想史研究》（《中国研究集刊》〔騰号〕第 36 号），2004 年 12 月。

大阪大学中国学研究室編輯《戦国楚簡研究 2006》（『中国研究集刊』〔別冊特集号〕第 41 号），2006 年 12 月。

大阪大学中国学研究室編輯《新出土資料と中国思想史》（《中国研究集刊》〔別冊特集号〕第 33 号），2003 年 6 月。

中國哲學編輯部、國際儒聯學術委員會合編《郭店簡與儒學研究》（《中國哲學》第 21 輯），瀋陽：遼寧教育出版社，2000 年。

西信康《郭店楚簡「五行」と伝世文献》，札幌：北海道大学出版会，2014 年。

朱心怡《天之道與人之道：郭店楚簡儒道思想研究》，臺北：文津出版社，2004 年。

池田知久《郭店楚簡儒教研究》，東京：汲古書院，2003 年。

李　銳《孔孟之間「性」論研究——以郭店、上博簡為基礎》，清華大學專門史博士論文，2005 年。

李　零《郭店楚簡校讀記（增訂本）》，北京：北京大學出版社，2002 年。

李承律《郭店楚墓竹簡儒家思想研究〉，東京大學大學院人文社會系研究科亞洲文化研究專業東亞思想文化領域博士論文，2001 年。

林素英《從《郭店簡》探究其倫常觀念》，臺北：萬卷樓圖書公司，2003 年。

林勝彩《郭店楚簡與先秦學派問題》，國立中山大學中國文學系博士論文，2005 年。

武漢大學中國文化學院編《郭店楚簡國際學術研討會論文集》，武漢：湖北人民出版社，2000 年。

姜廣輝主編《郭店楚簡研究》（《中國哲學》第 20 輯），瀋陽：遼寧教育出版社，1999 年。

涂宗流、劉祖信《郭店楚簡先秦儒家佚書校釋》，臺北：萬卷樓圖書公司，2001 年。

荊門市博物館編《郭店楚墓竹簡》，北京：文物出版社，1998 年。

范麗梅《言者身之文：郭店寫本關鍵字與身心思想》，臺北：臺大出版中心，2017 年。

張　羽《郭店儒家簡心性思想研究》，吉林大學古籍研究所博士論文，2003 年。

梁　濤《郭店竹簡與思孟學派》，北京：中國人民大學出版社，2008 年。

淺野裕一編《古代思想史と郭店楚簡》，東京：汲古書院，2005 年。

郭　沂《郭店竹簡與先秦學術思想》，上海：上海教育出版社，2001 年。

陳鼓應主編《道家文化研究》第 17 輯（「郭店楚簡」專號），北京：三聯書店，1999 年。

虞萬里《上博館藏楚竹書《緇衣》綜合研究》，武漢：武漢大學出版社，2009 年。

劉　釗《郭店楚簡校釋》，福州：福建人民出版社，2005 年。

劉祖信、龍永芳《郭店楚簡綜覽》，臺北：萬卷樓圖書公司，2005 年。

歐陽禎人《郭店儒簡論略》，臺北：台灣古籍出版公司，2003 年。

謝君直《郭店楚簡的天道思想》，中國文化大學哲學系博士論文，2004 年。

謝君直《郭店楚簡儒家哲學研究》，臺北：萬卷樓圖書公司，2008 年。

龐　樸等著《古墓新知》，臺北：台灣古籍出版公司，2002 年。

龐　樸等著《郭店楚簡與早期儒學》，臺北：台灣古籍出版公司，2002 年。

四、郭店儒簡研究相關期刊與專書論文

末永高康〈もう一つの「天人の分」——郭店楚簡初探〉，《鹿児島大学教育学部研究紀要》第 50 卷別冊（人文・社会科学編），1999 年 3 月。

朱榮貴〈郭店楚簡的孝道思想〉，林慶彰主編《經學研究論叢》第 6 輯，臺北：臺灣學生書局，1999 年。

吳　光〈探討性與天道——《郭店儒簡》的作者歸屬及其思想辨析〉，《湖南大學學報（社會科學版）》第 27 卷第 3 期，2013 年 8 月。
李　銳〈郭店簡與《孟子》「天下之言性」章的「故」字〉，《北京師範大學學報（社會科學版）》，2009 年第 3 期。
李學勤〈荊門郭店楚簡中的《子思子》〉，姜廣輝主編《郭店楚簡研究》（《中國哲學》第二十輯），1999 年。
李學勤〈郭店簡與《禮記》〉，《中國哲學史》，1998 年第 4 期。
李澤厚〈初讀郭店竹簡印象記要〉，中國哲學編輯部、國際儒聯學術委員會合編《郭店簡與儒學研究》（《中國哲學》第 21 輯），瀋陽：遼寧教育出版社，2000 年。
杜維明〈郭店楚簡與先秦儒道思想的重新定位〉，武漢大學中國文化學院編《郭店楚簡國際學術研討會論文集》，武漢：湖北人民出版社，2000 年。
林素英〈從郭店儒簡檢視文王之人君典型〉，《文與哲》第 7 期，2005 年 12 月。
林素英〈郭店簡「為父絕君」在服制中的文化意義〉，《中國學術年刊》第 23 期，2002 年 6 月。
金安平〈理解「言公」的兩種方式：《荀子》與郭店楚簡的啟示〉，臺灣大學哲學系、中研院文哲所、輔仁大學文學院、東吳大學哲學系合辦「新出土文獻與先秦思想重構」國際學術研討會，2005 年 3 月 25-26 日。
郭梨華〈早期儒學的道德倫理哲學探析——以郭店儒簡為中心的討論〉，《政大中文學報》第 17 期，2012 年 6 月。[9]
郭梨華〈曾子與郭店儒簡的身體哲學探究〉，《政大中文學報》第 3 期，2005 年 6 月。

[9] 原發表在「2010 簡帛資料文哲研讀會成果發表暨全國簡帛資料研討會」，國立臺灣師範大學國文學系與簡帛資料文哲研讀會主辦，2010 年 12 月 4 日。

郭梨華〈儒家佚籍、《孟子》及《管子》四篇心性學之系譜〉，《哲學與文化》34 卷 3 期，2007 年 3 月。

郭齊勇〈郭店儒家簡與孟子心性論〉，《武漢大學學報（哲學社會科學版）》，1999 年第 5 期。

陳　偉〈郭店楚簡〈六德〉諸篇零釋〉，《武漢大學學報（哲學社會科學版）》，1999 年第 5 期。

陳麗桂〈從郭店儒簡看孔、孟間禮、義之因承與轉變〉，臺灣大學中文系、武漢大學簡帛研究中心、芝加哥大學顧立雅中國古文字學合辦「2007 中國簡帛學論壇」會議，2007 年 11 月 10-11 日。

陳麗桂〈從傳世儒典與郭店儒簡看先秦儒學的忠信之德〉，《國文學報》第 47 期，2010 年 6 月。

陳麗桂〈郭店儒簡「〈性自命出〉所顯現的思想傾向〉，《中國學術年刊》第 20 期，1999 年 3 月。

陳麗桂〈郭店儒簡的外王思想〉，《臺大文史哲學報》第 55 期，2001 年 11 月。

曾春海〈朱熹人性論與楚簡儒家佚籍「性情說」之比較〉，《哲學與文化》34 卷 10 期，2007 年 10 月。

楊儒賓〈子思學派試探〉，武漢大學中國文化學院編《郭店楚簡國際學術研討會論文集》，武漢：湖北人民出版社，2000 年。

葉國良〈郭店儒家著作的學術譜系問題〉，《臺大中文學報》第 13 期，2000 年 12 月。

裘錫圭，〈談談上博簡和郭店簡的錯別字〉，《中國出土古文獻十講》，上海：復旦大學出版社，2004。

劉　釗〈讀郭店楚簡字詞札記〉，武漢大學中國文化學院編《郭店楚簡國際學術研討會論文集》，武漢：湖北人民出版社，2000 年。

歐陽禎人〈郭店儒簡的宗教詮釋〉，《中國哲學史》，2001 年第 3 期。

譚忠誠〈郭店儒簡的重「情」論〉，《北京大學學報（哲學社會科學版）》，2011 年第 5 期。
龐 樸〈三重道德論〉，《歷史研究》，2000 年第 5 期。
龐 樸〈孔孟之間——郭店楚簡中的儒家心性說〉，姜廣輝主編《郭店楚簡研究》（《中國哲學》第二十輯），1999 年。
龐 樸〈郢燕書說——郭店楚簡中山三器心旁文字試說〉，武漢大學中國文化學院編《郭店楚簡國際學術研討會論文集》，武漢：湖北人民出版社，2000 年。

五、孟子

王邦雄、曾昭旭、楊祖漢編著《孟子義理疏解》，臺中：臺灣省政府教育廳，1982 年。
李明輝主編《孟子思想的哲學探討》，臺北：中研院文哲所籌備處，1995 年。
陳大齊《孟子待解錄》，臺北：臺灣商務印書館，1991 年。
袁保新《孟子三辨之學的歷史省察與現代詮釋》，臺北：文津出版社，1992 年。
高柏園《孟子哲學與先秦思想》，臺北：文津出版社，1996 年。
黃俊傑《孟子》，臺北：東大圖書公司，1993 年。
黃俊傑《孟學思想史論（卷一）》，臺北：東大圖書公司，1991 年。
黃俊傑《孟學思想史論（卷二）》，臺北：中研院文哲所籌備處，1997 年。
黃俊傑主編《孟子思想的歷史發展》，臺北：中研院文哲所籌備處，1995 年。
楊伯峻《孟子譯注》，臺北：華正書局，1990 年。
李世平《孟子良心思想研究》，復旦大學中國哲學博士，2012 年。
蘇子敬《唐君毅先生詮釋孟子學之系統研究》，中國文化大學哲學系博士論文，1998 年。
戴兆國《孟子德性倫理思想研究》，華東師範大學中國哲學博士，2002 年。

袁保新〈天道、心性與歷史——孟子人性論的再詮釋〉，《哲學與文化》22 卷第 11 期，1995 年 11 月。
袁保新〈「什麼是人？」：孟子心性論與海德格存有思維的對比研究——兼論當代孟子心性論詮釋的困境及其超克〉，《東海哲學研究集刊》第 7 輯，2000 年 6 月。
袁保新〈盡心與立命——從海德格基本存有論重塑孟子心性論的一項嘗試〉，李明輝主編《孟子思想的哲學探討》，臺北：中研院文哲所籌備處，1995 年。
楊澤波〈孟子氣論難點辨疑〉，《中國哲學史》，2001 年第 1 期。
黃俊傑〈當代儒家對孟子學的解釋——以唐君毅、徐復觀、牟宗三為中心〉，周博裕主編、狄百瑞等著《傳統儒學的現代詮釋》，臺北：文津出版社，1994 年。

六、荀子

牟宗三《名家與荀子》，臺北：臺灣學生書局，1979。
佐藤將之《荀子禮治思想的淵源與戰國諸子之研究》，臺北：國立臺灣大學出版中心，2013 年。
李哲賢《荀子之核心思想——「禮義之統」及其時代意義》，臺北：文津出版社，1994 年。
李滌生《荀子集釋》，臺北：臺灣學生書局，1979 年。
周群振《荀子思想研究》，臺北：文津出版社，1987。
姜尚賢《荀子思想體系》，高雄：復文圖書出版社，1990 年。
梁啟雄《荀子簡釋》，臺北：木鐸出版社，1988 年。
陳大齊《荀子學說》，臺北：中國文化大學出版部，1989 年。
廖名春《荀子新探》，臺北：文津出版社，1994 年。
熊公哲《荀子今註今譯》，臺北：臺灣商務印書館，1975 年。
鮑國順《荀子學說析論》，臺北：華正書局，1984 年。
龍宇純《荀子論集》，臺北：臺灣學生書局，1987 年。
柯雄文著、賴顯邦譯《倫理論辯：荀子道德認識論之研究》，臺北：黎明文化事業公司，1990 年。From Antonio S. Cua,

Ethical Argumentation: A study in Hsun Tzu's Moral Epistemology, Honolulu: University of Hawaii, 1985。

王慶光《《荀子》禮樂教化論研究》，東海大學哲學系博士論文，2009年。

方　達《「禮義之謂治」——荀子思想中「禮」與「人」關係重探》，華東師範大學中國哲學博士，2017年。

李桂民《荀子思想與戰國時期的禮學思潮》，西北大學專門史博士，2006年。

王靈康〈英語世界的荀子研究〉，《國立政治大學哲學學報》第11期，2003年12月。

包愛軍〈荀況論聲樂與禮義、天道的關係〉，《廈門大學學報（哲學社會科學版）》，1997年第1期。

佐藤將之〈二十世紀日本荀子研究之回顧〉，《國立政治大學哲學學報》第11期，2003年12月。

佐藤將之〈漢學與哲學之邂逅：明治時期日本學者之《荀子》研究〉，《漢學研究集刊》第3期，2006年12月。

赤塚忠著，佐藤將之譯〈荀子研究的若干問題〉，《國立政治大學哲學學報》第11期，2003年12月。

俞志慧〈《荀子・大略》為荀子讀書筆記說〉，《文學遺產》，2012年第1期。

張　亨〈荀子的禮法思想試論〉，《思文之際論集——儒道思想的現代詮釋》，臺北：允晨文化公司，1997年。

張　亨〈荀子對人的認知及其問題〉，《臺灣大學文史哲學報》第20期，1971年6月。

陳福濱〈荀子的禮論思想及其價值〉，《哲學與文化》第35卷第10期，2008年10月。

曾春海〈荀學儒、法歸屬問題之探討〉，《哲學與文化》第16卷第6期，1989年6月。

潘小慧〈荀子的「解蔽心」——荀學作為道德實踐論的人之哲學理解〉，《哲學與文化》第25卷第6期，1998年6月。

潘小慧〈禮義、禮情及禮文——荀子禮論哲學的特點〉，《哲學與文化》第 35 卷第 10 期，2008 年 10 月。

鄭宰相著，石立善、閻淑珍譯〈韓國荀子研究評述〉，《漢學研究集刊》第 3 期，2006 年 12 月。

韓德民〈論荀子的天人觀〉，《孔子研究》，1999 年第 4 期。

羅根澤〈荀子論禮通釋〉，《女師大學術季刊》第 2 卷第 2 期，1931 年 4 月。

柯雄文著、王靈康譯〈就荀子論早期儒家之歷史訴求在倫理學的應用〉（'Ethical uses of the past in early Confucianism: The Case of Hsun Tzu'），《哲學與文化》第 15 卷第 4 期，1988 年 4 月。

七、禮記、禮學與經學（含期刊與專書論文）

人民音樂出版社編輯部編《《樂記》論辯》，北京：人民音樂出版社，1983 年。

王　禕《《禮記・樂記》研究論稿》，上海：上海人民出版社，2011 年。

王　鍔《《禮記》成書考》，北京：中華書局，2007 年。

王啟發《禮學思想體系探源》，鄭州：中州古籍出版社，2005 年。

王夢鷗《禮記今註今譯》，臺北：臺灣商務印書館 1995 年。

王夢鷗《禮記校證》，臺北：藝文印書館，1976 年。

田世民《近世日本儒禮實踐的研究：以儒家知識人對《朱子家禮》的思想實踐為中心》，臺北：國立臺灣大學出版中心，2012 年。

皮錫瑞《經學歷史》，臺北：世界書局，1962 年。

朱筱新《中國古代禮儀制度》，臺北：臺灣商務印書館 1995 年。

李曰剛等著《三禮研究論集》，臺北：黎明文化事業公司，1981 年。

沈其麗《儀禮士喪禮器物研究》，臺北：臺灣中華書局，1971 年。

周　何《禮學概論》，臺北：三民書局，1998 年。

周世輔、周文湘《周禮的政治思想》，臺北：東大圖書公司，1981年。
周林根《中國古代禮教史》，臺北：臺灣商務印書館，1966年。
屈萬里《尚書釋義》，臺北：中國文化大學出版部，1980年。
林　尹《周禮今注今譯》，臺北：臺灣商務印書館，1997年。
林素英《古代生命禮儀中的生死觀》，臺北：文津出版社，1997年。
林素英《古代祭禮中之政教觀——以禮記成書前為論》，臺北：文津出版社，1997年。
林素英《禮學思想與應用》，臺北：萬卷樓圖書公司，2003年。
金春峰《周官之成書及其反映的文化與時代新考》，臺北：東大圖書公司，1993年。
侯家駒《周禮研究》，臺北：聯經出版公司，1987年。
高　明《大戴禮記今註今譯》，臺北：臺灣商務印書館，1981年。
高　明《禮學新探》，臺北：臺灣學生書局，1977年。
高明士《中國中古的教育與學禮》，臺北：國立臺灣大學出版中心，2005年。
常金倉《周代禮俗研究》，臺北：文津出版社，1993年。
張光裕《儀禮士昏禮儀節研究》，臺北：臺灣中華書局，1971年。
張其淦《左傳禮說》，林慶彰主編《民國時期經學叢書（第一輯43）》，臺中：文听閣圖書公司，2008年。
張壽安《十八世紀禮學考證的思想活力：禮教論爭與禮秩重省》，臺北：中央研究院近代史研究所，2010年。
陳　柱著、李靜校注《公羊家哲學（外一種）》，上海：華東師範大學出版社，2014年。
陳飛龍《孔孟荀禮學之研究》，臺北：文史哲出版社，1982年。
陸建華《先秦諸子禮學研究》，北京：人民出版社，2008年。
彭　林《周禮主體思想與成書年代研究（增訂版）》，北京：中國人民大學出版社，2009年。
彭　林《儒家禮樂文明講演錄著》，桂林：廣西師範大學出版社，

2008 年。
曾永義《儀禮樂器考》，臺北：臺灣中華書局，1986 年。
楊　華《新出簡帛與禮制研究》，臺北：臺灣書房，2007 年。
楊伯峻《春秋左傳注（上）》，高雄：復文圖書出版社，1991 年。
葉國良《古代禮制與風俗》，臺北：臺灣書店，1997 年。
葉國良《禮學研究的諸面向》，新竹：國立清華大學出版社，2010 年。
鄒昌林《中國古禮研究》，臺北：文津出版社，1992 年。
劉師培《羣經大義相通論》，臺北：國民出版社，1959 年。
鄭良樹《儀禮士喪禮墓葬研究》，臺北：臺灣中華書局，1971 年。
鄭定國《周禮夏官的軍禮思想》，臺北：文史哲出版社，1995 年。
盧仁淑《朱子家禮與韓國之禮學》，北京：人民文學出版社，2000 年。
錢　玄、錢興奇《三禮辭典》，南京：江蘇古籍出版社，1998 年。
錢　玄《三禮通論》，南京：南京師範大學出版社，1996 年。
王　菡《《禮記・樂記》之道德形上學研究》，中國文化大學哲學系博士論文，2001 年。
白　華《儒家禮學價值觀研究》，鄭州大學中國古代史博士，2004 年。
李尚軒《戰國儒家禮學思想之研究》，輔仁大學中國文學系博士論文，2017 年。
林文琪《《禮記》中的人觀》，中國文化大學哲學系博士論文，1998 年。
蔡翔任《從心學到禮學》，國立中山大學中國文學系博士論文，2009 年。
王國維〈殷周制度論〉，《觀堂集林（卷七）》，北京：中華書局，1959 年。
王國維〈釋禮〉，《觀堂集林（卷六）》，北京：中華書局，1959 年。
田倩君〈釋禮〉，《中國文字》第 17 冊，1965 年 9 月。

車行健〈論鄭玄對「禮記・月令」的考辨〉，《東華人文學報》第1期，1999年7月。
林美玲〈凶事禮哭〉，《成大學中文學報》第39期，2012年12月。
林素英〈先秦儒家的喪葬觀〉，《漢學研究》第39期，2001年12月。
林朝成〈〈樂記〉與〈樂論〉審美理想對比研究〉，《成功大學中文學報》第1期，1992年11月。
邱德修〈《禮記・學記》「撞鐘」考〉，《孔孟學報》第63期，1992年3月。
紀志昌〈「誠」與「齋戒」——從祭禮到哲學的轉化〉，《哲學與文化》第27卷第11期，2000年11月。
張以仁〈孔子與春秋的關係〉，《春秋史論集》，臺北：聯經出版公司，1990年。
張永儁〈儒家禮樂教化之宗教精神與人文理想——歷史之回顧與展望〉，《東吳哲學傳習錄》第3期，1994年5月。
張崑將〈從「禮記」「學記」篇看古代教育的「教」與「學」關係〉，《史原》第20期，1997年5月。
張銀樹〈「禮記・樂記」音樂教育思想之探析與評論〉，《輔仁學誌》第26期，1997年6月。
張錦青〈「禮記・禮運」與儒家〉，《鵝湖學誌》第19期，1997年12月。
郭沫若〈公孫尼子與其音樂理論〉，《青銅時代》，北京：科學出版社，1958年。
陳忠源〈「禮記・曲禮」之語言觀試詮〉，《孔孟月刊》第439期，1999年3月。
陳章錫〈《禮記》思想系統之探究〉，《興大中文學報》第25期，2009年6月。
程元敏〈〈禮記・中庸、坊記、緇衣〉非出於〈子思子〉考〉，《張以仁先生七秩壽慶論文集》，臺北：臺灣學生書局，

1999 年。
黃信二〈《禮記・學記篇》之教育哲學思想〉，《哲學與文化》第 26 卷第 1 期，1999 年 1 月。
黃信二〈反思「禮」觀念：論儒家之「禮」從「樂中禮」向「法中禮」轉變之意義〉，《哲學與文化》第 35 卷第 10 期，2008 年 10 月。
黃信二〈論儒家「禮」之形式意義與功能〉，《當代儒學研究》第 3 期，2008 年 1 月。
葉國良〈二戴禮記與儀禮的關係〉，《錢穆先生紀念館館刊》第 6 期，1998 年 12 月。
熊開發〈論儒家禮教思想中的天人觀〉，《新東方》第 10 卷第 3 期，2001 年 5 月。
劉長林〈早期儒家禮學的權利義務觀〉，《中國文化月刊》第 202 期，1997 年 1 月。
蔡仲德〈〈樂記〉音樂思想評述〉，人民音樂出版社編輯部編《〈樂記〉論辯》，北京：人民音樂出版社，1983 年。
戴君仁〈朱子儀禮經傳通解與修門人及修書年歲考〉，《梅園論學集》，臺北：臺灣開明書店，1970 年。
戴君仁〈書朱子儀禮經傳通解後〉，《梅園論學集》，臺北：臺灣開明書店，1970 年。
戴璉璋〈從《樂記》探討儒家樂論〉，《中國文哲研究通訊》第 14 卷第 4 期，2004 年 12 月。
魏　濤〈張載著作新發現——張載佚書《禮記說》考論〉，《河北師範大學學報（哲學社會科學版）》第 37 卷第 6 期，2017 年 11 月。
鐘丁茂〈禮記「學記」的教育思想〉，《國立臺灣體專學報》第 1 期，1992 年 6 月。

八、現代專書

丁原明《黃老學論綱》，濟南：山東大學出版社，1997 年。

方東美《中國哲學之精神及其發展》，臺北：成均出版社，1984年。
方東美《原始儒家道家哲學》，臺北：黎明文化事業公司，1983年。
王　博《簡帛思想文獻論集》，臺北：台灣古籍出版公司，2001年。
王利器《呂氏春秋注疏》，成都：巴蜀書社，2002年。
王利器《鹽鐵論校注》，北京：中華書局，2015年。
牟宗三《中國哲學十九講》，臺北：臺灣學生書局，1983年。
牟宗三《中國哲學的特質》，臺北：臺灣學生書局，1974年。
牟宗三《心體與性體（第一冊）》，臺北：正中書局，1991年。
牟宗三《政道與治道》，臺北：臺灣學生書局，1984年。
牟宗三《智的直覺與中國哲學》，臺北：臺灣商務印書館，1971年。
牟宗三《圓善論》，臺北：臺灣學生書局，1985年。
牟宗三《道德的理想主義》，臺北：臺灣學生書局，1992年。
牟宗三《歷史哲學》，臺北：臺灣學生書局，1988年。
牟宗三等著《當代新儒學論文集（總論篇）》，臺北：文津出版社，1991年。
艾蘭、刑文編《新出簡帛研究：新出簡帛國際學術研討會文集》，北京：文物出版社，2004年。
余英時《中國思想傳統的現代詮釋》，臺北：聯經出版公司，1987年。
余英時《從價值系統看中國文化的現代意義》，臺北：時報文化出版公司，1992年。
余英時《歷史與思想（新版）》，臺北：聯經出版公司，2014年。
吳　光《黃老之學通論》，杭州：浙江人民出版社，1985年。
吳　怡《中庸誠的哲學》，臺北：東大圖書公司，1993年。
李　杜《中國古代天道思想論》，臺北：藍燈文化事業公司，1992年。

李　零《上博楚簡三篇校讀記》，臺北：萬卷樓圖書公司，2002年。
李明輝、陳瑋芬主編《當代儒學與西方文化：哲學篇》，臺北：中研院文哲所，2002年。
李明輝《當代儒學之自我轉化》，臺北：中研院文哲所籌備處，1994年。
李明輝主編、劉述先等著《當代新儒家人物論》，臺北：文津出版社，1994年。
李明輝主編《儒家思想的現代詮釋》，臺北：中研院文哲所籌備處，1997年。
李明輝編《中國經典詮釋傳統（二）：儒學篇》，臺北：喜馬拉雅基金會發行，2002年。
李明輝編《儒家經典詮釋方法》，臺北：喜馬拉雅基金會發行，2003年。
李學勤、林慶彰等著《新出土文獻與先秦思想重構》，臺北：臺灣書房，2007年。
沈清松《現代哲學論衡》，臺北：黎明文化事業公司，1994年。
狄百瑞等著《傳統儒家的現代詮釋》，臺北：文津出版社，1994年。
周群振等著《當代新儒學論文集（內聖篇）》，臺北：文津出版社，1991年。
林安梧主編、劉述先等著《當代儒學發展之新契機》，臺北：文津出版社，1997年。
林啓屏《儒家思想中的具體性思維》，臺北：臺灣學生書局，2004年。
金春峰《《周易》經傳梳理與郭店楚簡思想新釋》，臺北：台灣古籍出版公司，2003年。
侯外廬、趙紀彬、杜國庠《中國思想通史（第一卷）》，北京：人民出版社，1957年。
柳詒徵《國史要義》，臺北：臺灣中華書局，1959年。

胡志奎《學庸辨證》，臺北：聯經出版公司，1984 年。
唐君毅《中國哲學原論（導論篇）》，《唐君毅全集（卷十二）》，臺北：臺灣學生書局，1986 年。
唐君毅《中國哲學原論（原性篇）》，《唐君毅全集（卷十三）》，臺北：臺灣學生書局，1989 年。
唐君毅《中國哲學原論（原道篇卷一）》，《唐君毅全集（卷十四）》，臺北：臺灣學生書局，1986 年。
唐君毅《中國哲學原論（原道篇卷二）》，《唐君毅全集（卷十五）》，臺北：臺灣學生書局，1986 年。
唐君毅《中國哲學原論（原教篇）》，《唐君毅全集（卷十七）》，臺北：臺灣學生書局，1990 年。
徐復觀《中國人性論史（先秦篇）》，臺北：臺灣商務印書館，1988 年。
徐復觀《中國藝術精神》，臺北：臺灣學生書局，1988 年。
袁保新《從海德格、老子、孟子到當代新儒家》，臺北：臺灣學生書局，2008 年。
馬承源主編《上海博物館藏戰國楚竹書》，上海：上海古籍出版社，2001 年。
國立高雄師範學院國文系編輯委員會編，《中庸論文資料彙編》，高雄：復文圖書出版社，1981 年。
張岱年《中國倫理思想研究》，臺北：貫雅文化，1991 年。
張岱年《中國哲學大綱》，臺北：藍燈文化事業公司，1992 年。
曹　峰《楚地出土文獻與先秦思想研究》，臺北：臺灣書房，2010 年。
梁啟超《儒家哲學》，臺北：臺灣中華書局，1978 年。
淺野裕一、湯淺邦弘編《諸子百家「再發見」——掘り起こされる古代中國思想》，東京：岩波書店，2004 年。
淺野裕一著，佐藤將之監譯《上博楚簡與先秦思想》，臺北：萬卷樓圖書公司，2008 年。
淺野裕一著，佐藤將之監譯《戰國楚簡研究》，臺北：萬卷樓圖書公司，2004 年。
淺野裕一編《竹簡が語る古代中國思想——上博楚簡研究》，東京：汲古書院，2005 年。
郭沫若《十批判書》，北京：東方出版社，1996 年。
郭梨華《出土文獻與先秦儒道哲學》，臺北：萬卷樓圖書公司，2008 年。
郭齊勇《儒學與儒學史新論》，臺北：臺灣學生書局，2002 年。
郭靜云《親仁與天命：從《緇衣》看先秦儒學轉化成「經」》，臺北：萬卷樓圖書公司，2010 年。
陳　來《古代宗教與倫理——儒家思想的根源》，北京：三聯書店，1996 年。
陳政揚《明清《正蒙》思想詮釋研究：以理氣心性論為中心》，臺北：臺灣學生書局，2016 年。
陳德和《臺灣教育哲學論》，臺北：文史哲出版社，2002 年。
陳德和主編、王邦雄等著《當代新儒學的關懷與超越》，臺北：文津出版社，1997 年。
傅斯年《性命古訓辨證》，臺北：中研院史語所，1992 年。
勞思光《大學中庸譯註新編》，香港：中文大學出版社，2000 年。
勞思光《新編中國哲學史（一）》，臺北：三民書局，1984 年（增訂版）。
勞思光《新編中國哲學史（二）》，臺北：三民書局，1988 年（增訂版）。
曾春海《儒家的淑世哲學：治道與治術》，臺北：文津出版社，1992 年。
曾春海《儒家哲學論集》，臺北：文津出版社，1989 年。
曾昭旭《道德與道德實踐》，臺北：漢光文化公司，1983 年。
湯淺邦弘著，佐藤將之監譯《戰國楚簡與秦簡之思想史研究》，臺北：萬卷樓圖書公司，2006 年。
湯淺邦弘編《上博楚簡研究》，東京：汲古書院，2007 年 5 月。
馮友蘭《中國哲學史（上冊）》，臺北：臺灣商務印書館，1993。

黃俊傑《儒家思想與中國歷史思維》，臺北：國立臺灣大學出版中心，2014 年。
黃俊傑主編《天道與人道》，臺北：聯經出版公司，1982 年。
楊　寬《西周史》，臺北：臺灣商務印書館，1999 年。
楊　寬《戰國史》，臺北：臺灣商務印書館，1997 年（增訂版）。
楊向奎《中國古代社會與古代思想研究（上冊）》，上海：上海人民出版社，1962 年。
楊向奎《中國古代社會與古代思想研究（下冊）》，上海：上海人民出版社，1964 年。
楊向奎《宗周社會與禮樂文明（修訂本）》，北京：人民出版社，1997 年。
楊伯峻《論語譯注》，北京：中華書局，1980 年。
楊貞德主編《當代儒學與西方文化：歷史篇》，臺北：中研院文哲所，2002 年。
楊祖漢主編、牟宗三等著《儒學與當今世界》，臺北：文津出版社，1994 年。
楊朝明《出土文獻與儒家學術研究》，臺北：臺灣書房，2007 年。
楊儒賓主編《中國古代思想中的氣論及身體觀》，臺北：巨流圖書公司，1997 年。
裘錫圭《中國出土古文獻十講》，上海：復旦大學出版社，2004 年。
廖名春《出土簡帛叢考》，武漢：湖北教育出版社，2004 年。
廖名春《新出楚簡試論》，臺北：台灣古籍出版公司，2001 年。
廖名春《簡帛思想文獻論集》，臺北：台灣古籍出版公司，2001 年。
蒙文通《中國哲學思想探原》，臺北：台灣古籍出版公司，1997 年。
蒙培元《中國心性論》，臺北：臺灣學生書局，1990 年。
趙建偉《出土簡帛《周易》疏證》，臺北：萬卷樓圖書公司，2000 年。

劉文典《淮南鴻烈集解》，臺北：文史哲出版社，1992 年。
劉述先《現代新儒學之省察論集》，臺北：中研院文哲所，2004 年。
劉述先《儒家思想意涵之現代闡釋論集》，臺北：中研院文哲所籌備處，2000 年。
劉述先主編《當代儒學論集：挑戰與回應》，臺北：中研院文哲所籌備處，1995 年。
劉述先主編《當代儒學論集：傳統與創新》，臺北：中研院文哲所籌備處，1995 年。
劉述先主編《儒家思想在現代東亞：中國大陸與臺灣篇》，臺北：中研院文哲所籌備處，2000 年。
劉述先主編《儒家思想與現代世界》，臺北：中研院文哲所籌備處，1997 年。
劉述先等著《當代新儒學論文集（外王篇）》，臺北：文津出版社，1991 年。
蔡仁厚《孔孟荀哲學》，臺北：臺灣學生書局，1984 年。
錢　遜《先秦儒學》，瀋陽：遼寧教育出版社，1991 年。
錢　穆《中國學術思想史論叢》，臺北：東大圖書公司，1990 年。
錢　穆《四書釋義》，臺北：臺灣學生書局，1978 年。
錢　穆《先秦諸子繫年》，臺北：東大圖書公司，1990 年。
錢存訓《書於竹帛：中國古代的文字記錄》，上海：上海書店出版社，2004 年。
駢宇騫、段書安編《本世紀以來出土簡帛概述（資料篇、論著目錄篇）》，臺北：萬卷樓圖書公司，1999 年。
駢宇騫《簡帛文獻概述》，臺北：萬卷樓圖書公司，2005 年。
龍宇純《中國文字學》，臺北：五四書店，1994 年。
戴君仁《梅園論學集》，臺北：臺灣開明書店，1970 年。
戴璉璋《易傳之形成及其思想》，臺北：文津出版社，1989 年。
謝維揚、朱淵清主編《新出土文獻與古代文明研究》，上海：上海大學出版社，2004 年。

羅　光《中國哲學思想史（先秦篇）》，臺北：臺灣學生書局，1982 年。

蘇新鋈《先秦儒學論集》，臺北：文津出版社，1992 年。

David Hall（郝大維）、Roger Ames（安樂哲）著，蔣弋為、李志林譯《孔子哲學思微》，南京：江蘇人民出版社，2012 年。

Dilthey 著，安延明譯《精神科學中歷史世界的建構》，北京：中國人民大學出版社，2010 年。

Gadamer 著，洪漢鼎翻譯《真理與方法》，臺北：時報文化出版公司，1993 年。

Immanuel Kant *Critique of Pure Reason*, Translated by Norman Kemp Smith, London: Macmillan, 1964。

Johann Gustav Droysen 著，Jorn Rusen 編，胡昌智譯《歷史知識的理論》，臺北：聯經出版公司，1986 年。

Paul Ricoeur，姜志輝譯《歷史與真理》，上海：上海譯文出版社，2004 年。

Robin George Collingwood 著，Jan van der Dussen 編，何兆武、張文傑、陳新譯《歷史的觀念（增補版）》，北京：北京大學出版社，2010 年。

九、期刊與專書論文

丁原植〈有關「儒家哲學」探討之辨析〉，《哲學與文化月刊》，第 18 卷第 4 期，1991 年 4 月。

尹武學〈從天人關係看原始儒教中的禮與法〉，《儒教文化研究》第 2 期，2002 年 2 月。（韓國成均館大學東亞學術院儒教文化研究所發行國際中文版）

王中江〈儒家「聖人」觀念的早期型態及其變異〉，《中國哲學史》，1999 年第 4 期。

王克奇〈齊魯文化和儒道二家〉，《中國哲學史》，1999 年第 3 期。

王邦雄〈論孔孟儒學的安身立命之道〉，《鵝湖》第 318 期，2001

年 12 月。
王啟發〈禮的道德意義〉，《華學》第 3 輯，1998 年 11 月。
田倩君〈許氏說文部首字詮釋——釋一〉，《中國文字》第 29 冊，1968 年 9 月。
田倩君〈說「人」〉，《中國文字》第 2 冊，1961 年 1 月。
田倩君〈說「明」〉，《中國文字》第 6 冊，1962 年 1 月。
白　奚〈「仁」字古文考辨〉，《中國哲學史》，2000 年第 3 期。
任劍濤〈內聖外王：早期儒家倫理政治構想的理想境界〉，《齊魯學刊》，1999 年第 1 期。
牟宗三、徐復觀、張君勱與唐君毅〈中國文化與世界——我們對中國學術研究及中國文化與世界文化前途之共同認識〉，《中華人文與當今世界（下冊）．附錄四》，臺北：臺灣學生書局，1975 年。
呂紹綱〈性命說——由孔子到思孟〉，《孔子研究》，1999 年第 3 期。
車行健〈論三重證據法〉，中央大學中文系主編《第七屆近代中國學術研討會論文集》，2001 年。
林素英〈〈表記〉政治思想探析——結合郭店儒簡之討論〉，《漢學研究》第 27 卷第 1 期，2009 年 3 月。
林素英〈從「禮記」探究「中庸」之義旨——兼論「中庸」在朱熹以前儒學思想中的地位〉，《國文學報》35 期，2004 年 6 月。
林啟屏〈出土文獻與中國思想研究的相關課題〉，《哲學與文化》第 34 卷 3 期，2007 年 3 月。
林啟屏〈古代文獻中的「德」及其分化——以先秦儒學為討論中心〉，《清華學報》第 35 卷第 1 期，2005 年 6 月。
林義正〈先秦儒學流衍的再探討〉，臺灣大學哲學系主辦「先秦儒家思想學術研討會」，2001 年 4 月 21 日。
金祥恆〈釋生——止之〉（上），《中國文字》，1961 年第 5 期。
金祥恆〈釋生——止之〉（下），《中國文字》，1962 年第 6 期。

金祥恆〈釋物〉，《中國文字》第 30 冊，1968 年 12 月。
金榮權〈許國的世系及五次遷徙論考〉，《信陽師範學院學報（哲學社會科學版）》第 30 卷第 6 期，2010 年 11 月。
俞志慧〈古「語」述論〉，政治大學文學院主編《「孔學與二十一世紀」國際學術研討會論文集》，2001 年。
洪漢鼎〈從詮釋學看中國傳統哲學「理一而分殊」命題的意義變遷〉，《中國文哲研究通訊》第 9 卷第 3 期，1999 年 9 月。
唐健垣〈釋自〉，《中國文字》第 32 冊，1969 年 6 月。
孫長祥〈儒家禮樂思想中的身體思維——從《禮記》論起〉，《東吳哲學學報》第 10 期，2004 年 8 月。
孫聚友〈先秦儒家之人道觀探析〉，《齊魯學刊》，1997 年第 1 期。
徐復觀〈原史——由宗教通向人文的史學的成立〉，《兩漢思想史（卷三）》，臺北：臺灣學生書局，1979 年。
袁保新〈試論儒家心性之學的現代意涵及其與科學的關係——兼論當代儒學對西方近代科技的理解與回應〉，《從海德格、老子、孟子到當代新儒家》，臺北：臺灣學生書局，2008 年。
馬育良〈先秦儒家對於「情」的理論探索〉，《安徽大學學報（哲學社會科學版）》，2001 年第 1 期。
高明士〈論中國傳統教育與統治之關係〉，《中國傳統政治與教育》，臺北：文津出版社，2003 年。
常　森〈孔子天命意識綜論〉，《孔子研究》，1999 年第 3 期。
張　亨〈「天人合一」的原始及其轉化〉，《思文之際論集——儒道思想的現代詮釋》，臺北：允晨文化公司，1997 年。
張　亨〈張載「太虛即氣」疏釋〉，《思文之際論集——儒道思想的現代詮釋》，臺北：允晨文化公司，1997 年。
張岱年〈論心性與天道——中國哲學中「性與天道」學說評析〉，《河北大學學報》，1994 年第 2 期。
梅　廣〈釋「修辭立其誠」：原始儒家的天道觀與語言觀——兼論宋儒的章句學〉，《臺大文史哲學報》第55卷，2001年11月。

連劭名〈卜辭所見商代早期性命學說〉，《周易研究》，2001 年第 2 期，總第 48 期。
曾春海〈先秦儒家正義觀及現代省思〉，《哲學與文化月刊》第 18 卷第 4 期，1991 年 4 月。
葛榮晉〈內聖外王：儒家的理想人格〉，《文史知識》，1999 年第 9 期。
廖名春〈論六經並稱的時代兼及疑古說的方法論問題〉，《孔子研究》，2000 年第 1 期。
劉昌元〈研究中國哲學所需遵循的解釋學原則〉，沈清松主編《跨世紀的中國哲學》，臺北：五南圖書公司，2001 年。
戴璉璋〈儒家天命觀及其涉及的問題〉，鍾彩鈞主編《傳承與創新：中央研究院中國文哲研究所十周年紀念論文集》，臺北：中研院文哲所籌備處，1999 年。
戴璉璋〈儒家慎獨說的解讀〉，《中國文哲研究集刊》第 23 期，2003 年 9 月。
謝大寧〈儒學的基源問題——「德」的哲學史意涵〉，《鵝湖學誌》第 16 期，1996 年 6 月。
謝君直〈郭店楚簡〈太一生水〉的天道思想及其重詮〉，《揭諦》第 27 期，2014 年 7 月。
顏炳罡〈依仁以成禮，還是設禮以顯仁——從儒家的仁禮觀看儒學發展的兩種方式〉，《文史哲》，2002 年第 3 期。
嚴一萍〈再釋「道」〉，《中國文字》第 15 冊，1965 年 3 月。
嚴一萍〈釋大〉，《中國文字》第 5 冊，1961 年 9 月。
嚴一萍〈釋天〉，《中國文字》第 5 冊，1961 年 9 月。
嚴一萍〈釋太（汰泰）〉，《中國文字》第 3 冊，1961 年 4 月。
嚴一萍〈釋文〉，《中國文字》第 9 冊，1962 年 9 月。
嚴一萍〈釋得〉，《中國文字》第 1 冊，1960 年 10 月。
饒宗頤〈「貞」的哲學〉，《華學》第 3 輯，1998 年 11 月。

國家圖書館出版品預行編目資料

郭店儒簡〈性自命出〉與儒學禮樂思想的哲學研究

謝君直著. – 初版. – 臺北市：臺灣學生，2019.04
面；公分

ISBN 978-957-15-1795-7 (平裝)

1. 儒學 2. 簡牘 3. 先秦哲學

121.2　　108003632

郭店儒簡〈性自命出〉與儒學禮樂思想的哲學研究

著作者　謝君直
出版者　臺灣學生書局有限公司
發行人　楊雲龍
發行所　臺灣學生書局有限公司
地址　臺北市和平東路一段 75 巷 11 號
劃撥帳號　00024668
電話　(02)23928185
傳真　(02)23928105
E-mail　student.book@msa.hinet.net
網址　www.studentbook.com.tw
登記證字號　行政院新聞局局版北市業字第玖捌壹號
定價　新臺幣五〇〇元
出版日期　二〇一九年四月初版
ISBN　978-957-15-1795-7

12170